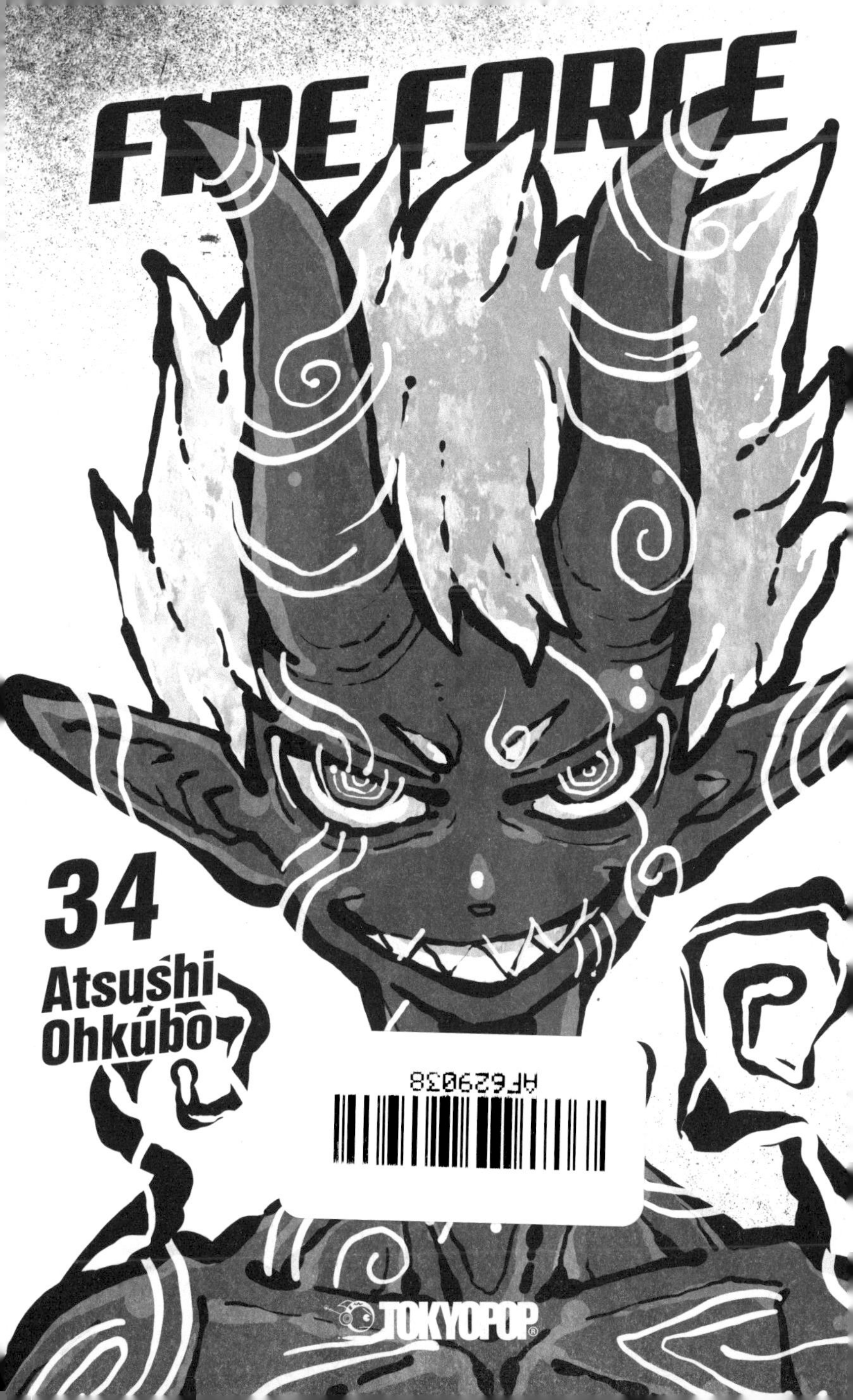
FIRE FORCE
34
Atsushi Ohkubo
TOKYOPOP

LO,

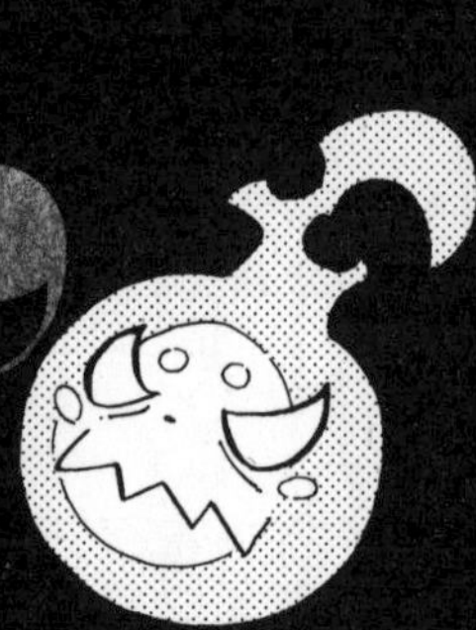

RLD!!

Band 34

Atsushi Ohkubo

HEL
NEW
WO

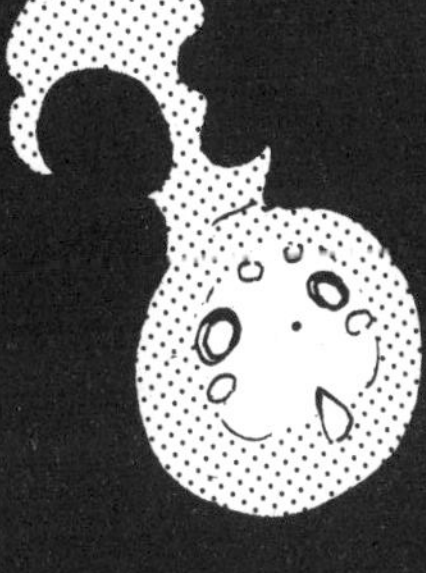

FIRE FORCE

FIRE FORCE Die Feuerwehrsoldaten der Sondereinheit

Die 8. Sondereinheit der Feuerwehr

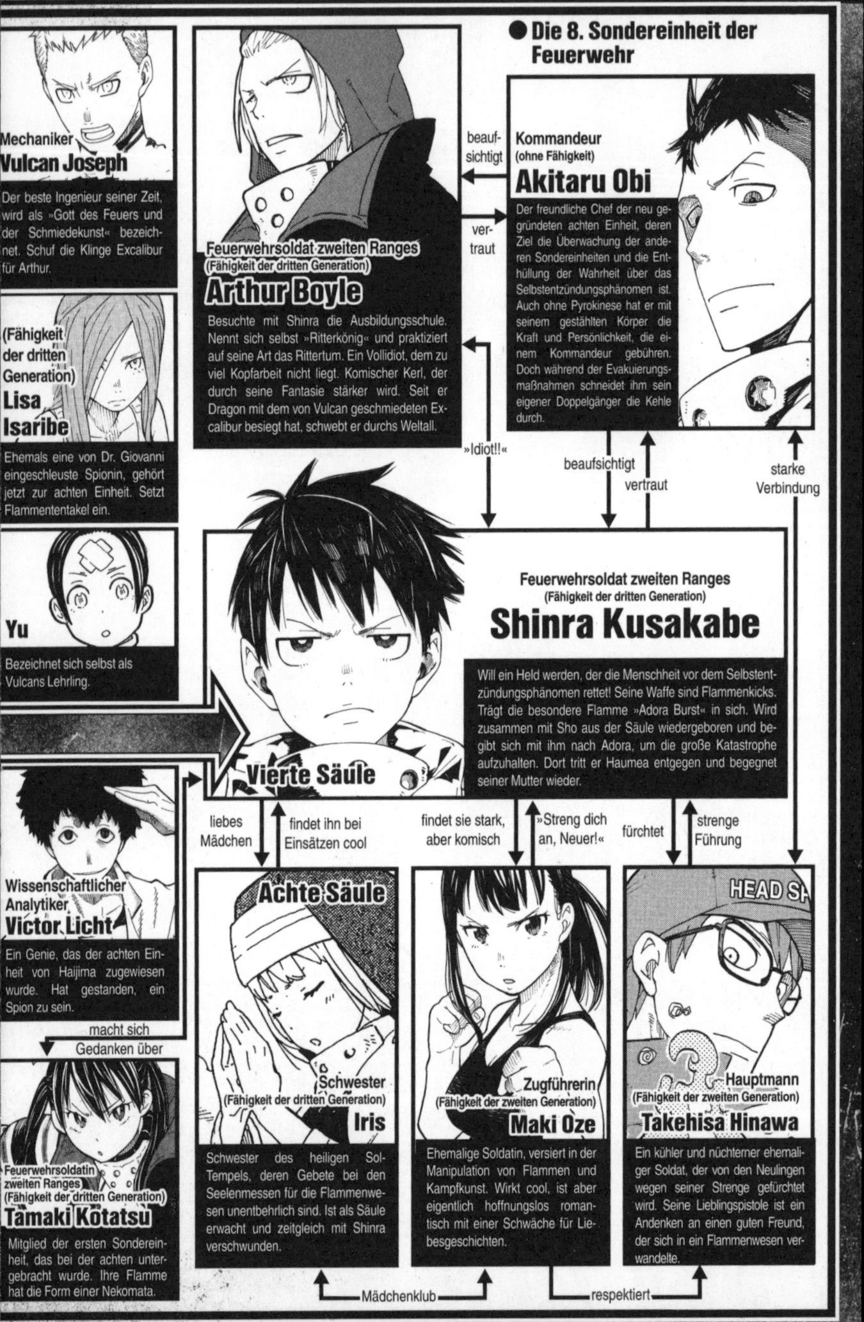

Mechaniker
Vulcan Joseph
Der beste Ingenieur seiner Zeit, wird als »Gott des Feuers und der Schmiedekunst« bezeichnet. Schuf die Klinge Excalibur für Arthur.

Feuerwehrsoldat zweiten Ranges
(Fähigkeit der dritten Generation)
Arthur Boyle
Besuchte mit Shinra die Ausbildungsschule. Nennt sich selbst »Ritterkönig« und praktiziert auf seine Art das Rittertum. Ein Vollidiot, dem zu viel Kopfarbeit nicht liegt. Komischer Kerl, der durch seine Fantasie stärker wird. Seit er Dragon mit dem von Vulcan geschmiedeten Excalibur besiegt hat, schwebt er durchs Weltall.

Kommandeur
(ohne Fähigkeit)
Akitaru Obi
Der freundliche Chef der neu gegründeten achten Einheit, deren Ziel die Überwachung der anderen Sondereinheiten und die Enthüllung der Wahrheit über das Selbstentzündungsphänomen ist. Auch ohne Pyrokinese hat er mit seinem gestählten Körper die Kraft und Persönlichkeit, die einem Kommandeur gebühren. Doch während der Evakuierungsmaßnahmen schneidet ihm sein eigener Doppelgänger die Kehle durch.

(Fähigkeit der dritten Generation)
Lisa Isaribe
Ehemals eine von Dr. Giovanni eingeschleuste Spionin, gehört jetzt zur achten Einheit. Setzt Flammententakel ein.

Yu
Bezeichnet sich selbst als Vulcans Lehrling.

Feuerwehrsoldat zweiten Ranges
(Fähigkeit der dritten Generation)
Shinra Kusakabe
Vierte Säule
Will ein Held werden, der die Menschheit vor dem Selbstentzündungsphänomen rettet! Seine Waffe sind Flammenkicks. Trägt die besondere Flamme »Adora Burst« in sich. Wird zusammen mit Sho aus der Säule wiedergeboren und begibt sich mit ihm nach Adora, um die große Katastrophe aufzuhalten. Dort tritt er Haumea entgegen und begegnet seiner Mutter wieder.

Wissenschaftlicher Analytiker
Victor Licht
Ein Genie, das der achten Einheit von Haijima zugewiesen wurde. Hat gestanden, ein Spion zu sein.

Feuerwehrsoldatin zweiten Ranges
(Fähigkeit der dritten Generation)
Tamaki Kotatsu
Mitglied der ersten Sondereinheit, das bei der achten untergebracht wurde. Ihre Flamme hat die Form einer Nekomata.

Achte Säule
Schwester
(Fähigkeit der dritten Generation)
Iris
Schwester des heiligen Sol-Tempels, deren Gebete bei den Seelenmessen für die Flammenwesen unentbehrlich sind. Ist als Säule erwacht und zeitgleich mit Shinra verschwunden.

Zugführerin
(Fähigkeit der zweiten Generation)
Maki Oze
Ehemalige Soldatin, versiert in der Manipulation von Flammen und Kampfkunst. Wirkt cool, ist aber eigentlich hoffnungslos romantisch mit einer Schwäche für Liebesgeschichten.

Hauptmann
(Fähigkeit der zweiten Generation)
Takehisa Hinawa
Ein kühler und nüchterner ehemaliger Soldat, der von den Neulingen wegen seiner Strenge gefürchtet wird. Seine Lieblingspistole ist ein Andenken an einen guten Freund, der sich in ein Flammenwesen verwandelte.

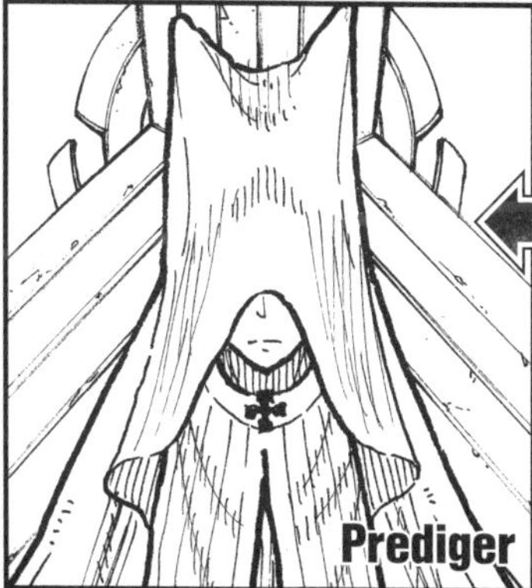

Der Ursprung der heiligen Kirche. Trachtet nach der Vernichtung der Menschheit. In Wahrheit die personifizierte Verzweiflung im kollektiven Unterbewusstsein der Menschen und Maris Doppelgänger.

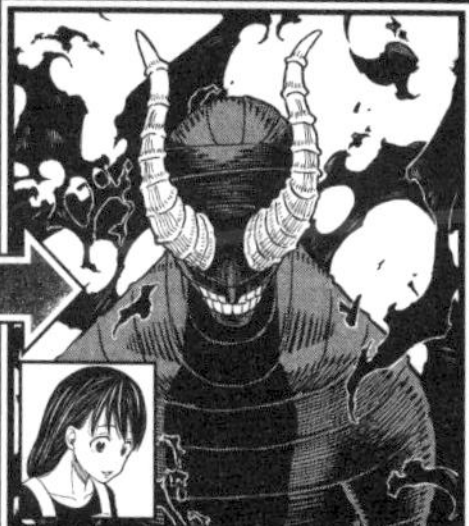

Mari Kusakabe

Pyrokinetikerin der ersten Generation (Flammenwesen). Shinras und Shos Mutter. Starb im Feuer vor zwölf Jahren. Verwandelte sich in ein gehörntes Flammenwesen, als Shos Adora Burst erwachte. Sie war verschollen, taucht aber plötzlich wieder auf und entpuppt sich als Doppelgängerin des Predigers.

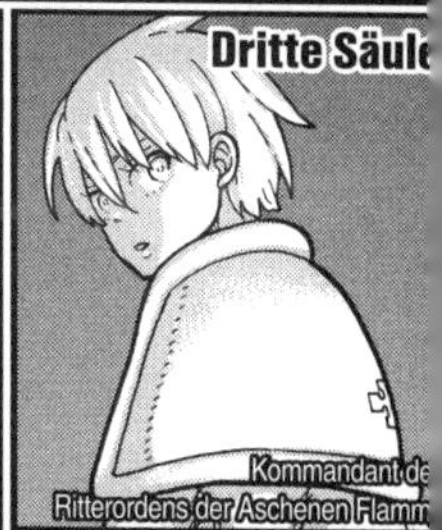

Sho Kusakab

Shinras kleiner Bruder, der getrennt vo diesem aufwuchs und einen Ritterorde des Predigers leitet. War Haumeas Pup pe, floh jedoch, als er durch den Ador Link die Wärme seines Bruders spürt Nachdem er die Wahrheit über seine Fa milie erfahren hat, glaubt er an seine Bruder als Helden und bekämpft de Untergang der Welt.

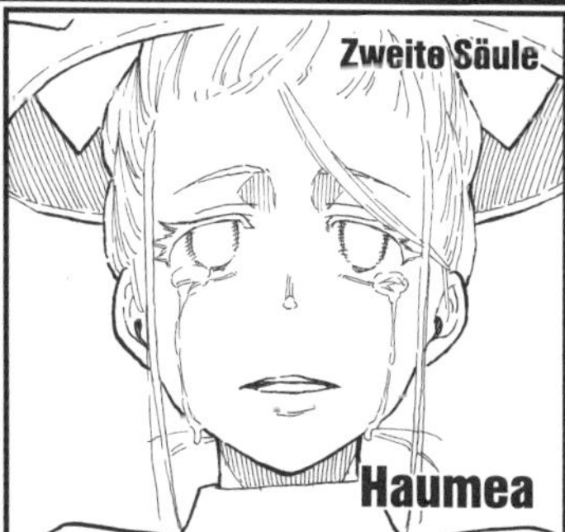

Ehemals eine der Weißen Kapuzen. Als heilige Jungfrau geboren, litt sie ihr Leben lang unter der Verderbtheit der Menschheit. Als Shinra und Sho ihr in Adora wiederbegegnen, vollendet sie vorerst die große Katastrophe. Die Bürde der Verzweiflung schulternd, tritt sie den drei Kusakabes entgegen. Was erwartet sie am Ende des stillen Kampfes?

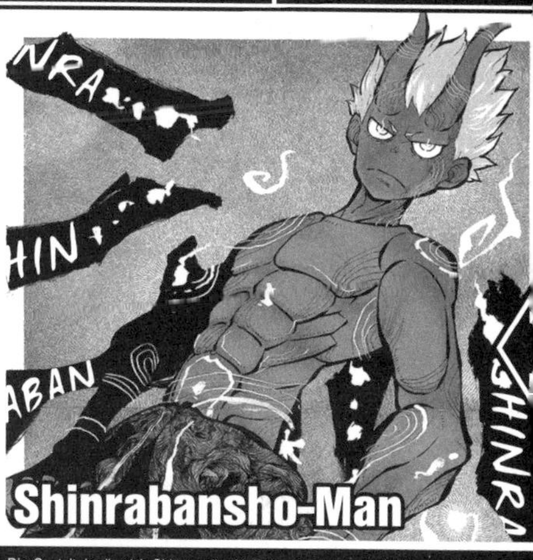

Die Gestalt, in die sich Shinra voller Hoffnung durch eine Vereinigung mit den Seele von Sho und seiner Mutter Mari verwandelt. Will auf der Erde, die von schwarzen Flammen verschlungen wird, ein Wunder vollbringen!

Was bisher geschah ...

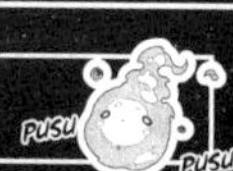

Als Shinra und Sho nach Adora gelangen, begegnen sie Haumea, die ihnen ihr wahres Gesicht zeigt und die Wahrheit über die Welt eröffnet. Alles Leben strebt der Verzweiflung entgegen und findet somit Erlösung in der großen Katastrophe. Als Shinra ihr widerspricht, zeigt sie ihm Obis Tod, um seinen Zorn anzufachen. Befeuert von Shinras Verzweiflung wird die Welt allmählich von den schwarzen Flammen der Katastrophe verschlungen. Da taucht das gehörnte Flammenwesen auf, das in Wahrheit Mari ist! Die drei Kusakabes vereinen mit der Macht der Hoffnung ihre Seelen, woraufhin sich Shinra in den Shinrabansho-Man verwandelt! Nun beginnt der finale Kampf!

FIRE FORCE 34
INHALT

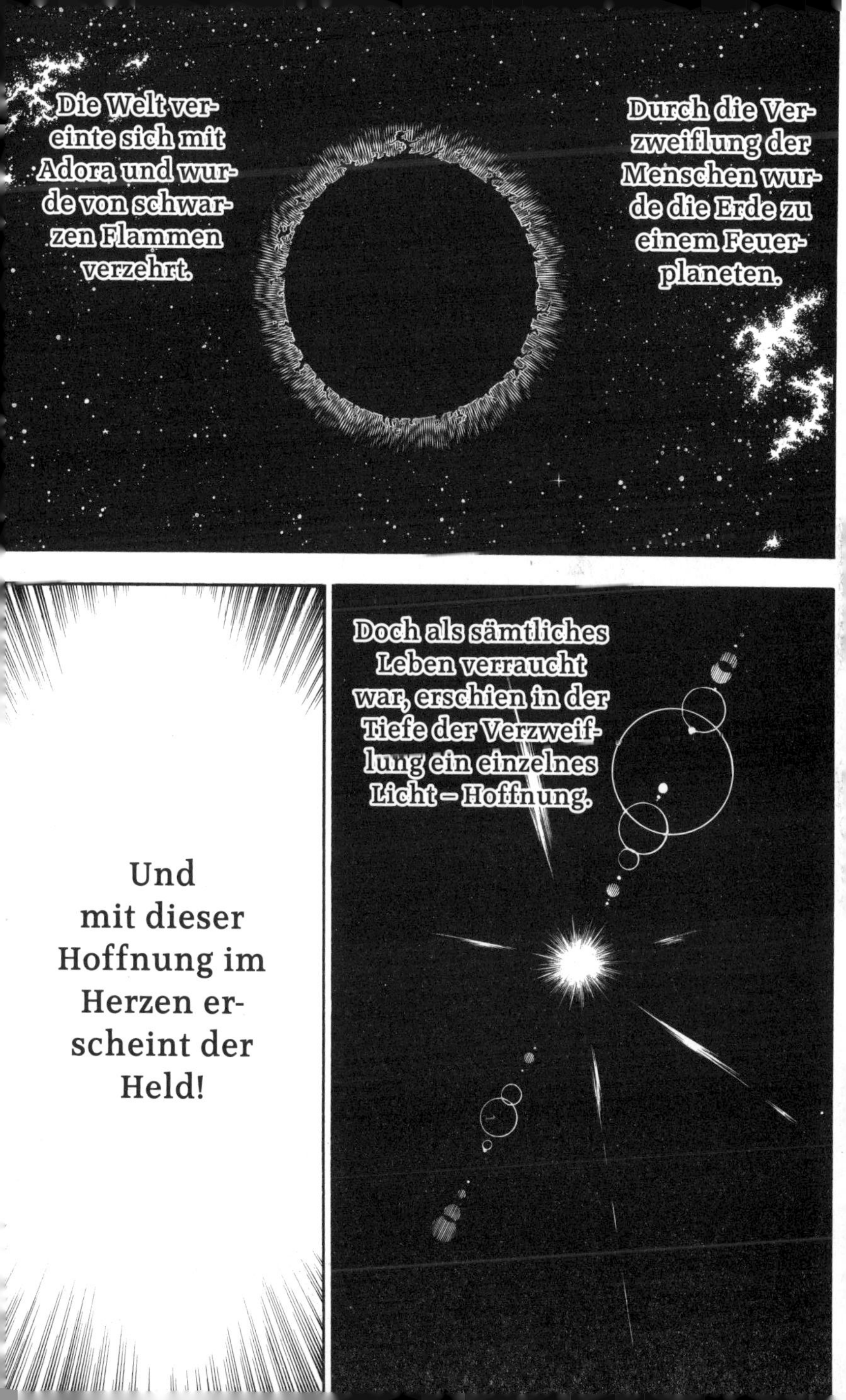
Durch die Verzweiflung der Menschen wurde die Erde zu einem Feuerplaneten.
Die Welt vereinte sich mit Adora und wurde von schwarzen Flammen verzehrt.
Doch als sämtliches Leben verraucht war, erschien in der Tiefe der Verzweiflung ein einzelnes Licht – Hoffnung.
Und mit dieser Hoffnung im Herzen erscheint der Held!

Shinrabansho-Man!

Shinrabansho-Man

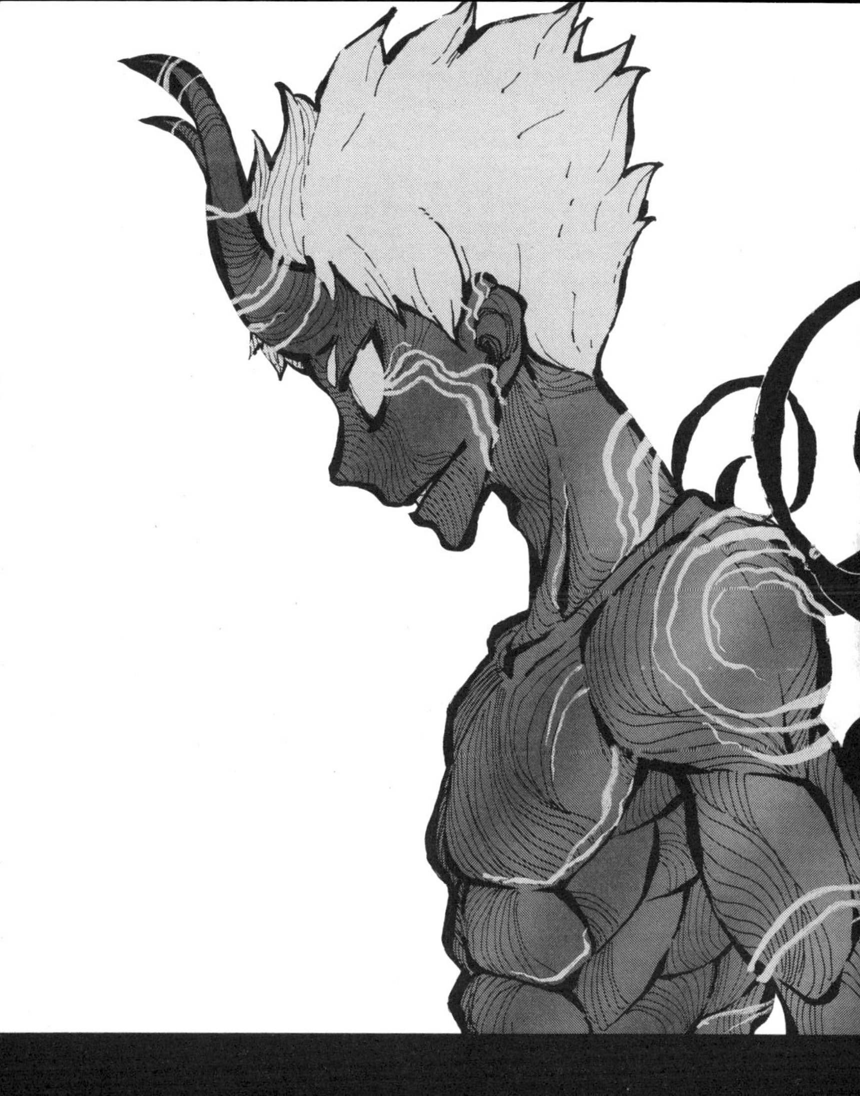

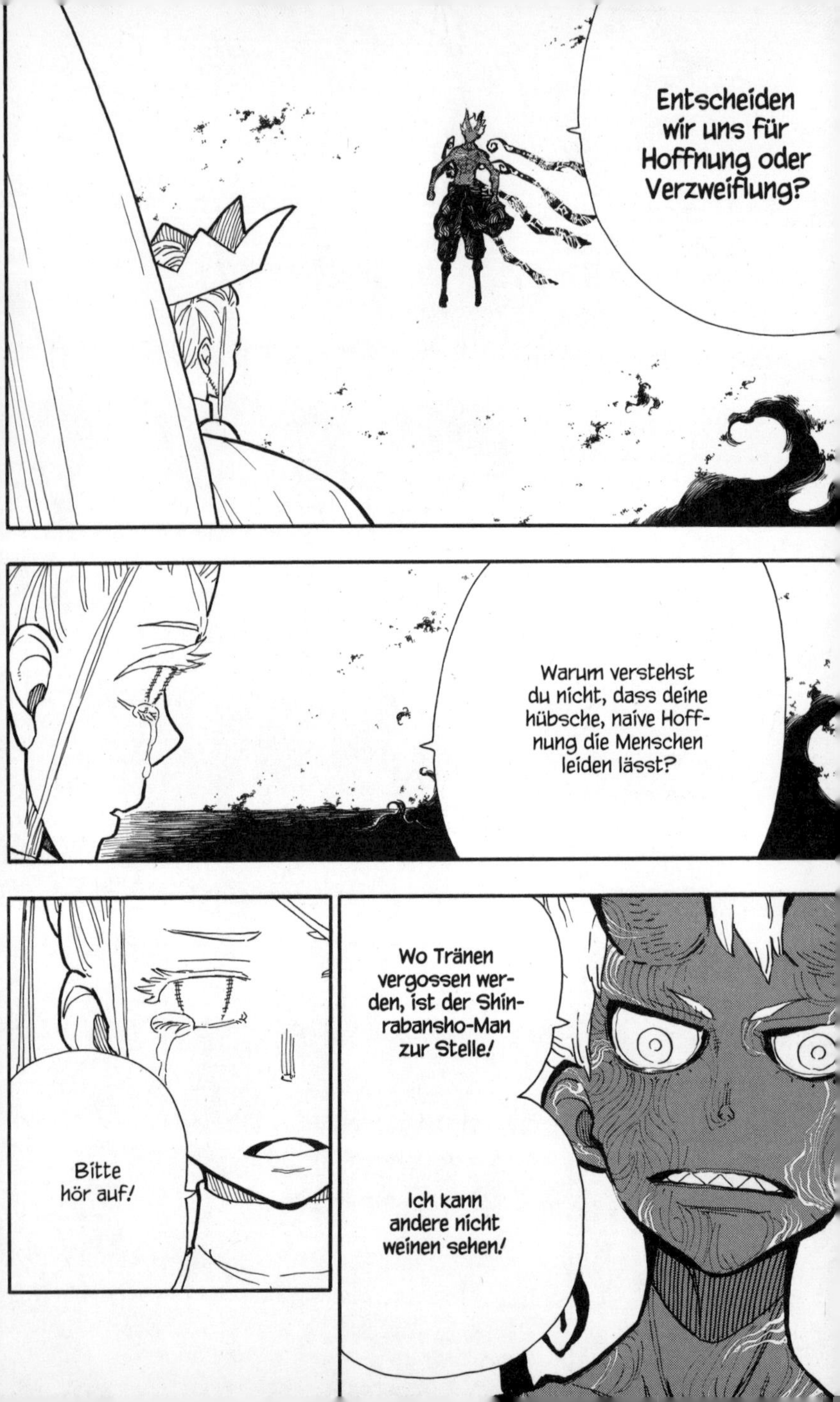
Entscheiden wir uns für Hoffnung oder Verzweiflung?
Warum verstehst du nicht, dass deine hübsche, naive Hoffnung die Menschen leiden lässt?
Wo Tränen vergossen werden, ist der Shinrabansho-Man zur Stelle!
Ich kann andere nicht weinen sehen!
Bitte hör auf!

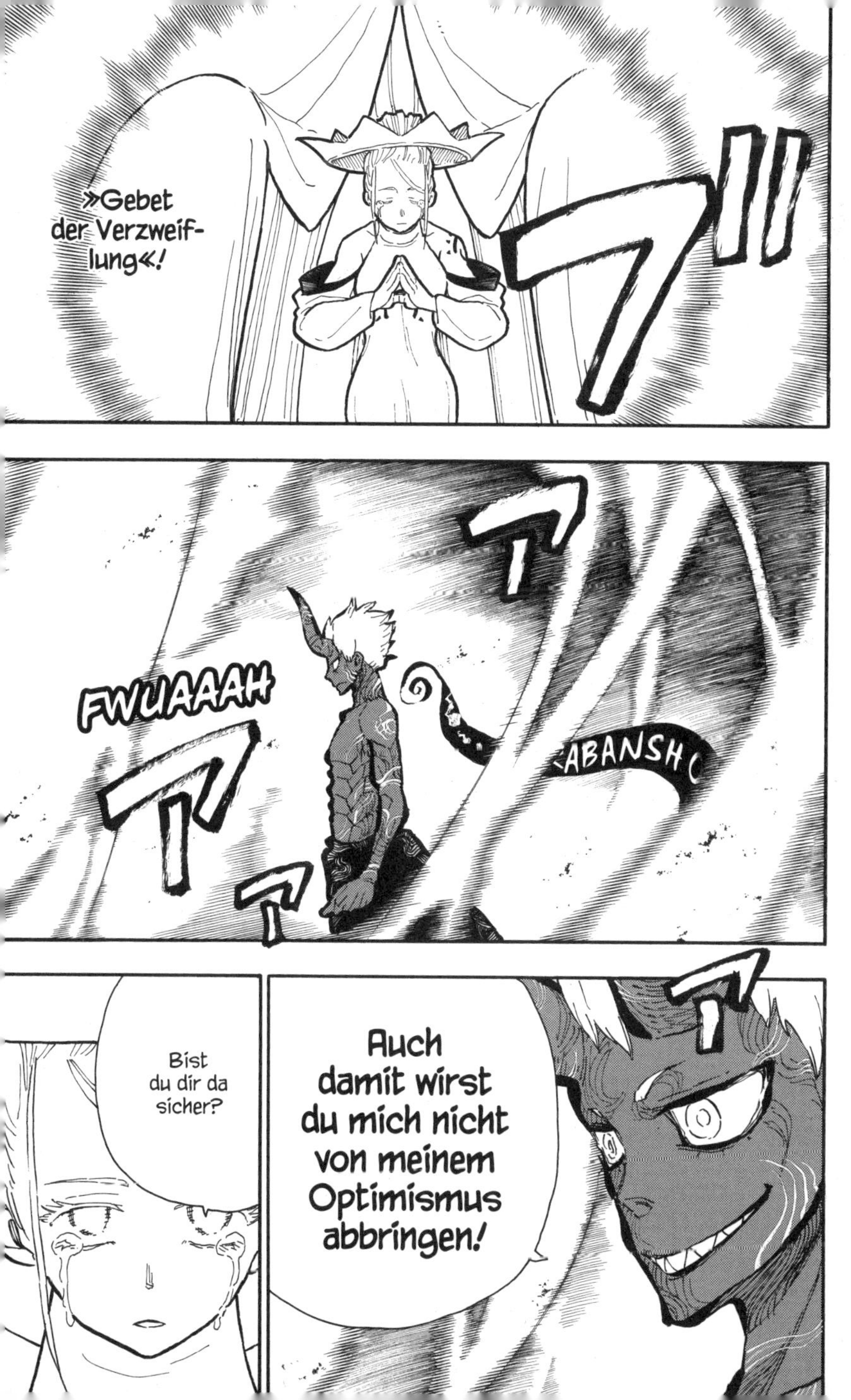
»Gebet der Verzweiflung«!
FWUAAAH
Auch damit wirst du mich nicht von meinem Optimismus abbringen!
Bist du dir da sicher?

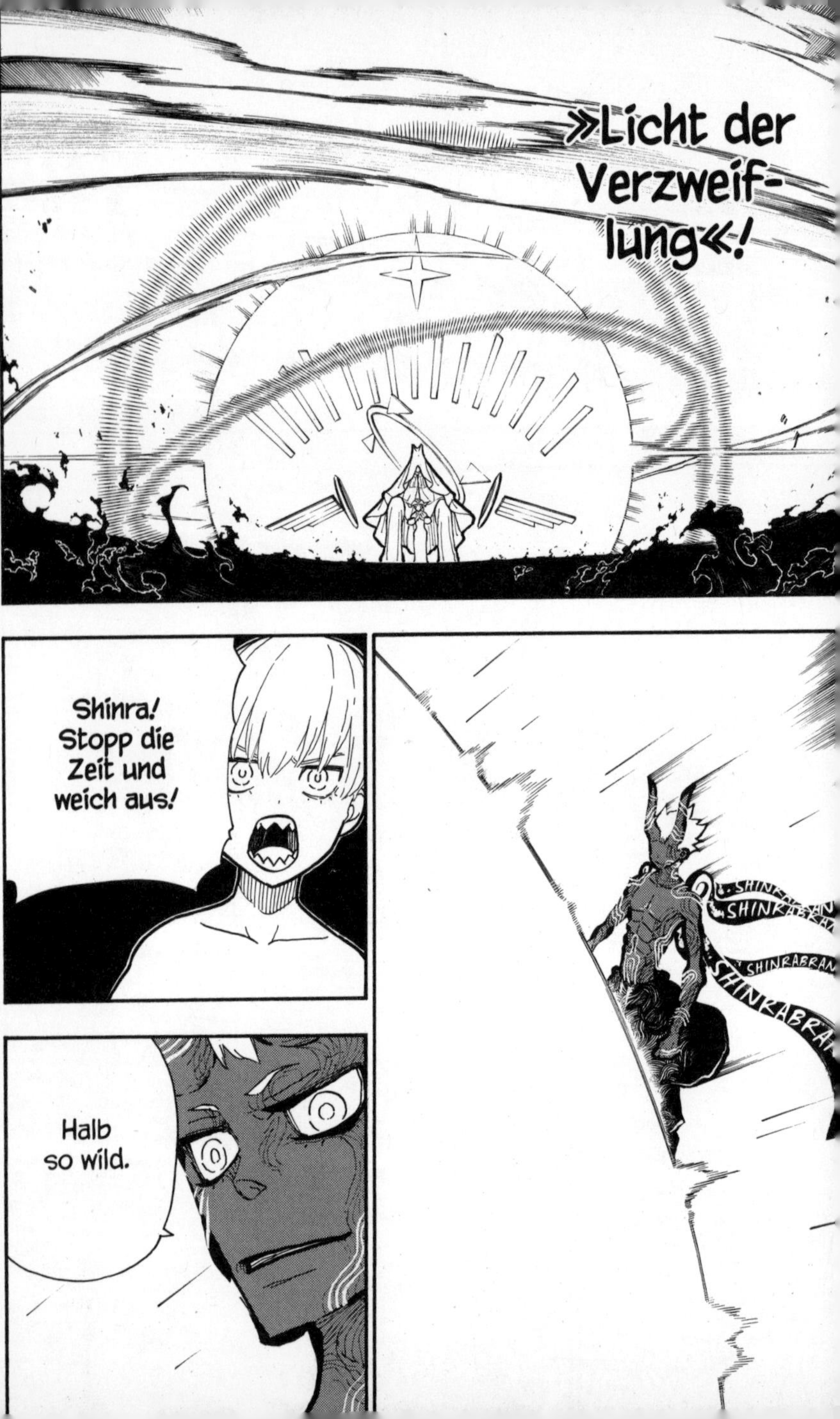
»Licht der Verzweif-lung«!
SHINRABRAN
SHINRABRAN
SHINRABRAN
SHINRABRAN
Shinra! Stopp die Zeit und weich aus!
Halb so wild.

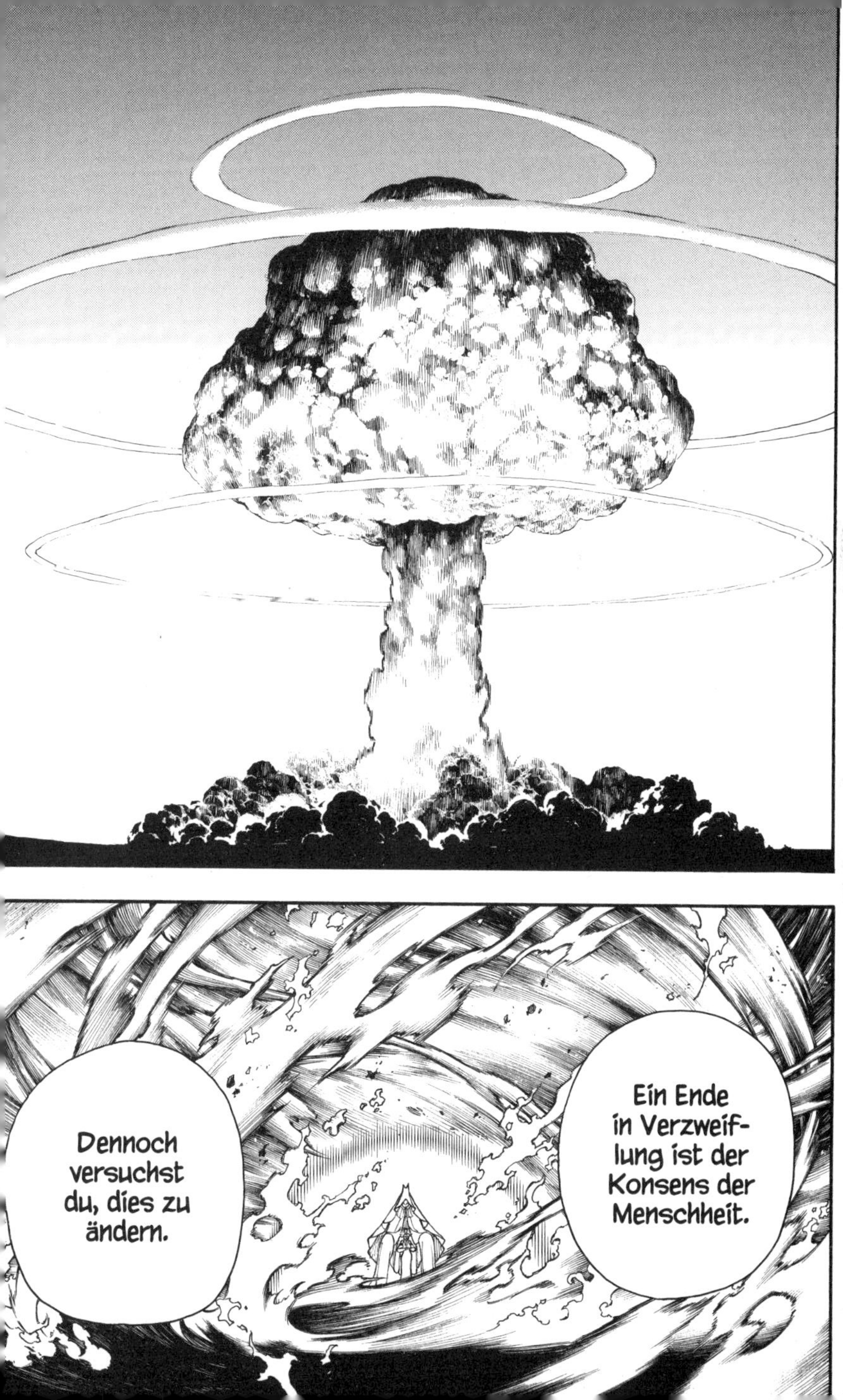
Ein Ende in Verzweiflung ist der Konsens der Menschheit.
Dennoch versuchst du, dies zu ändern.

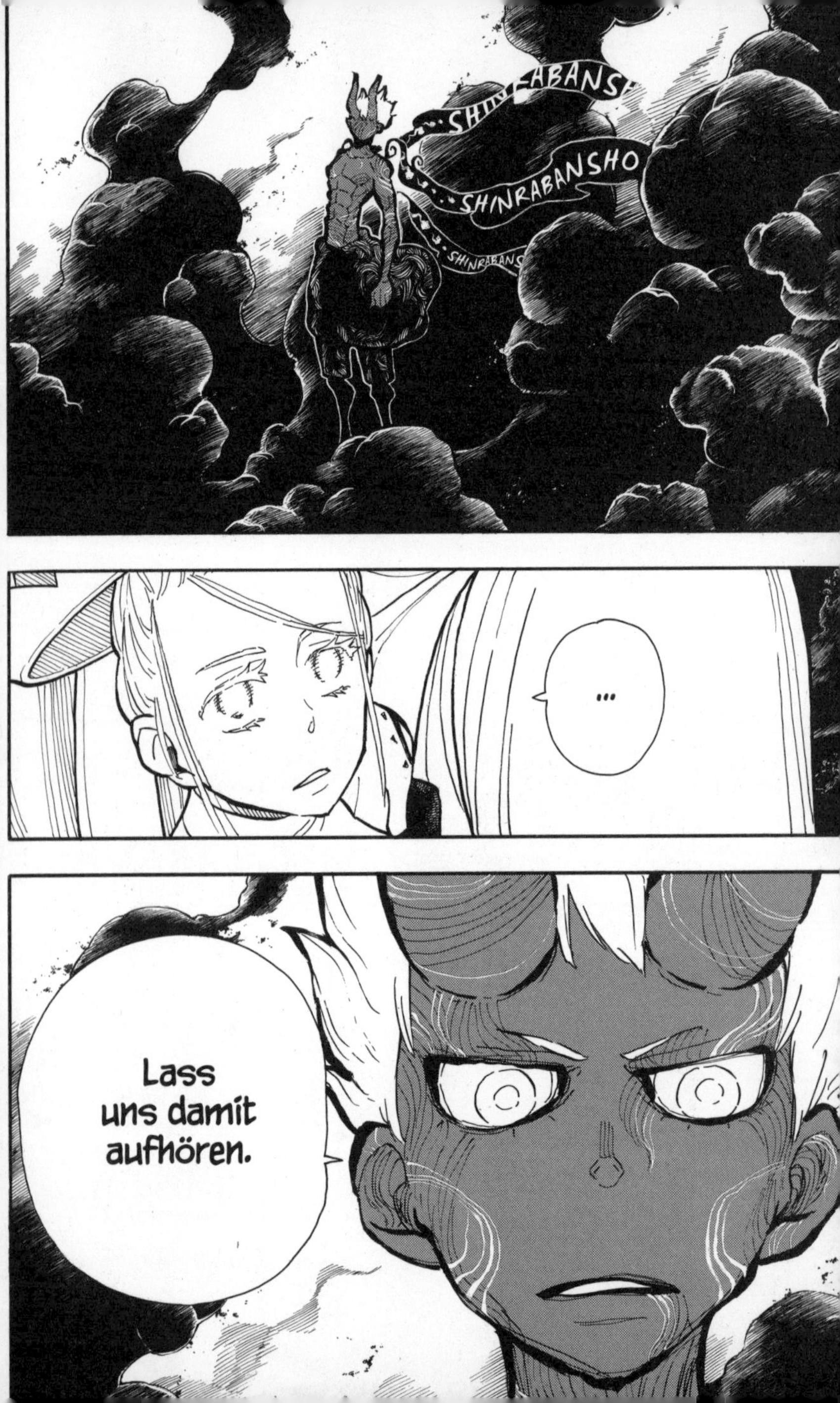
SHINRABANSHO
SHINRABANSHO
SHINRABANS
...
Lass uns damit aufhören.

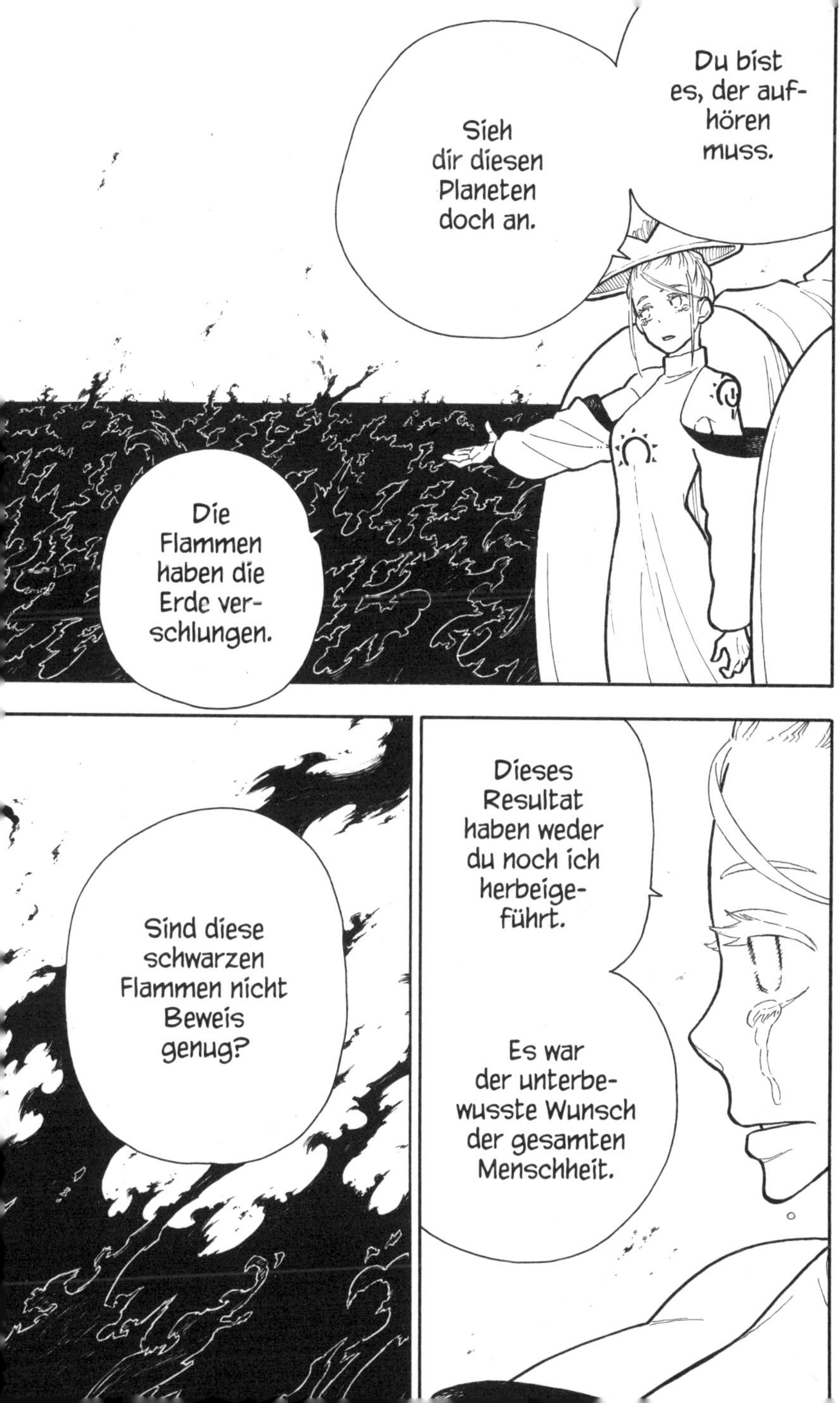
Du bist es, der aufhören muss.
Sieh dir diesen Planeten doch an.
Die Flammen haben die Erde verschlungen.
Dieses Resultat haben weder du noch ich herbeigeführt.
Es war der unterbewusste Wunsch der gesamten Menschheit.
Sind diese schwarzen Flammen nicht Beweis genug?

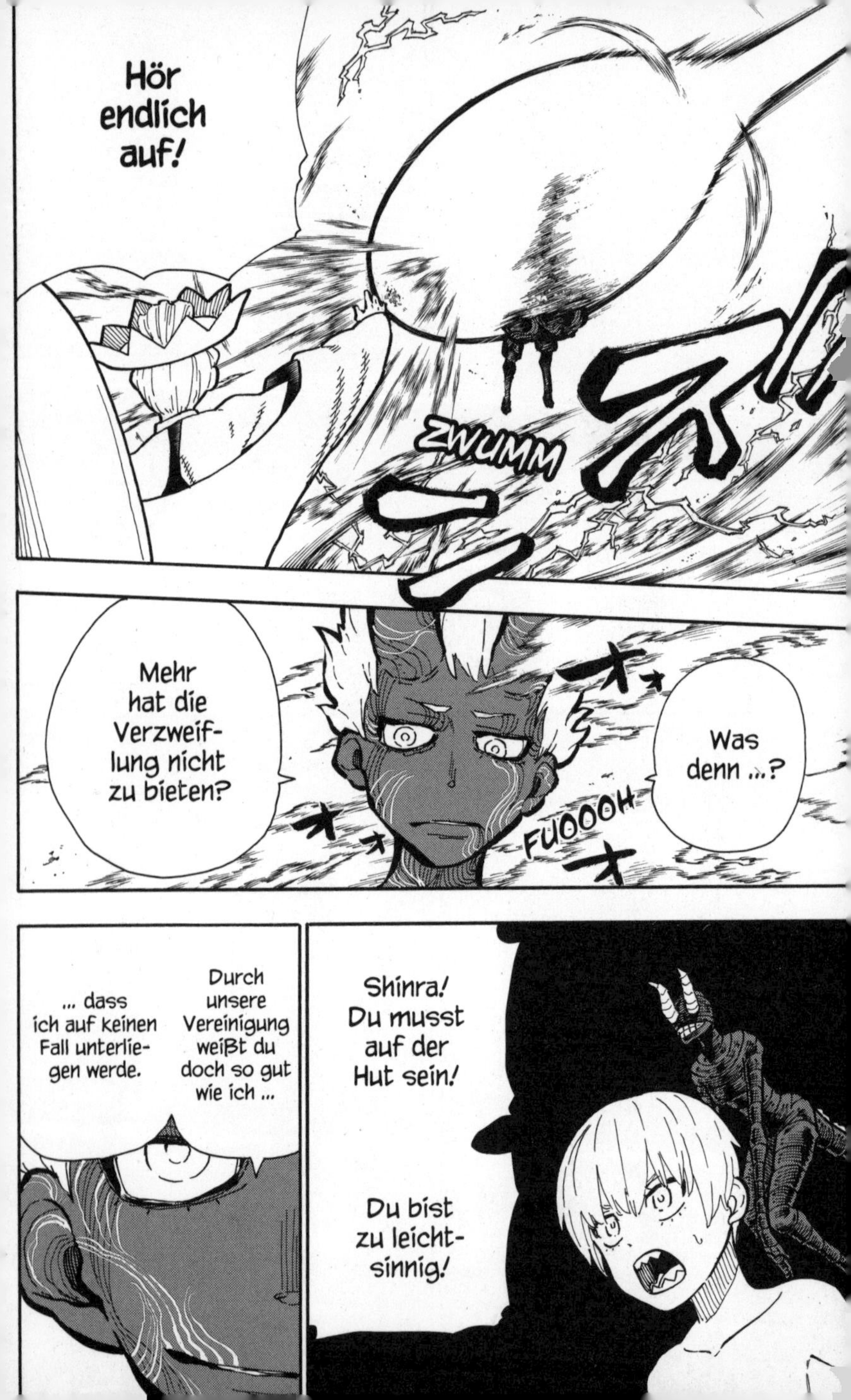
Hör endlich auf!
ZWUMM
Was denn ...?
FUOOOH
Mehr hat die Verzweif-lung nicht zu bieten?
Shinra! Du musst auf der Hut sein!
Du bist zu leicht-sinnig!
Durch unsere Vereinigung weißt du doch so gut wie ich ...
... dass ich auf keinen Fall unterlie-gen werde.

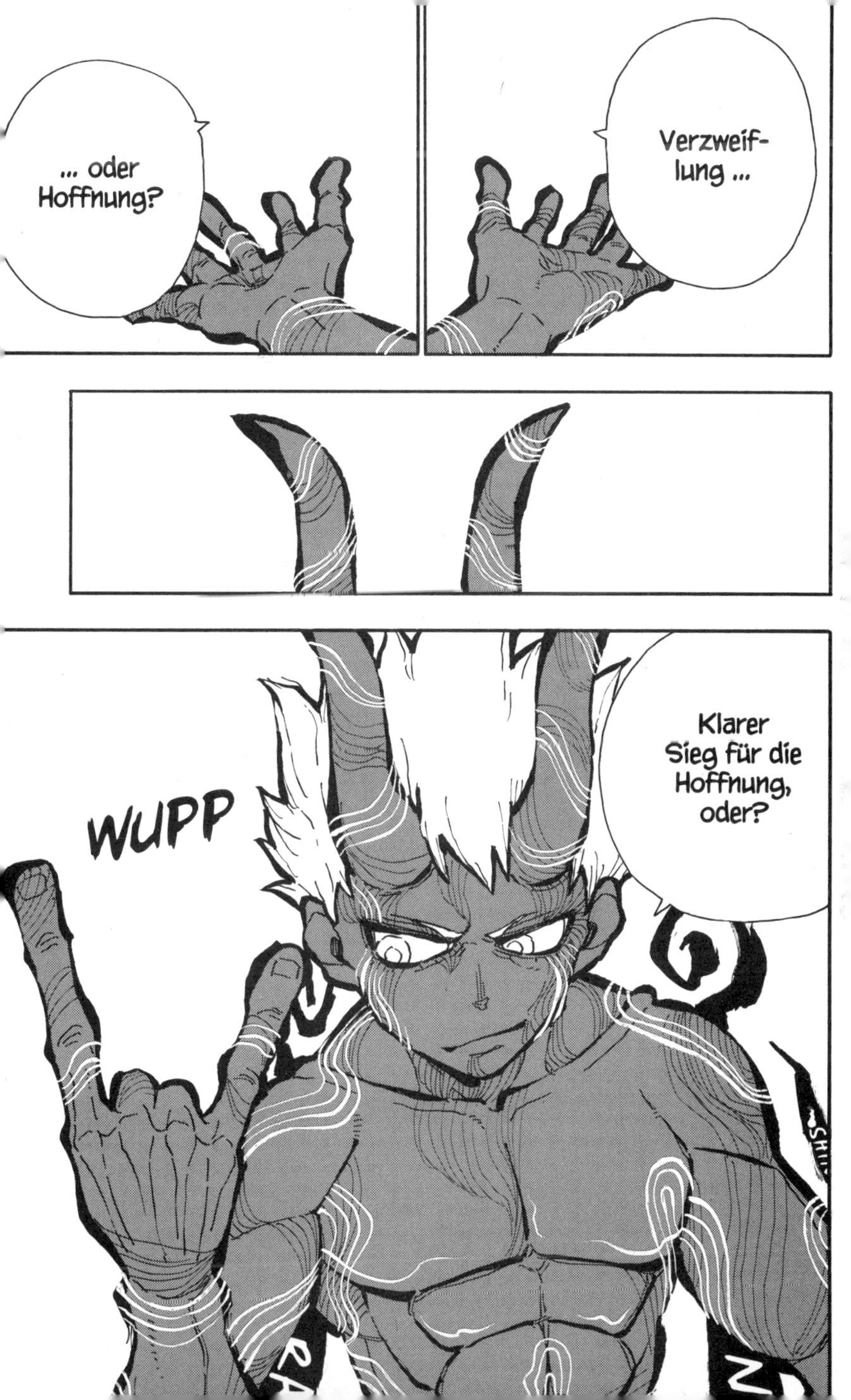
Verzweif-
lung ...
... oder
Hoffnung?
Klarer
Sieg für die
Hoffnung,
oder?
WUPP

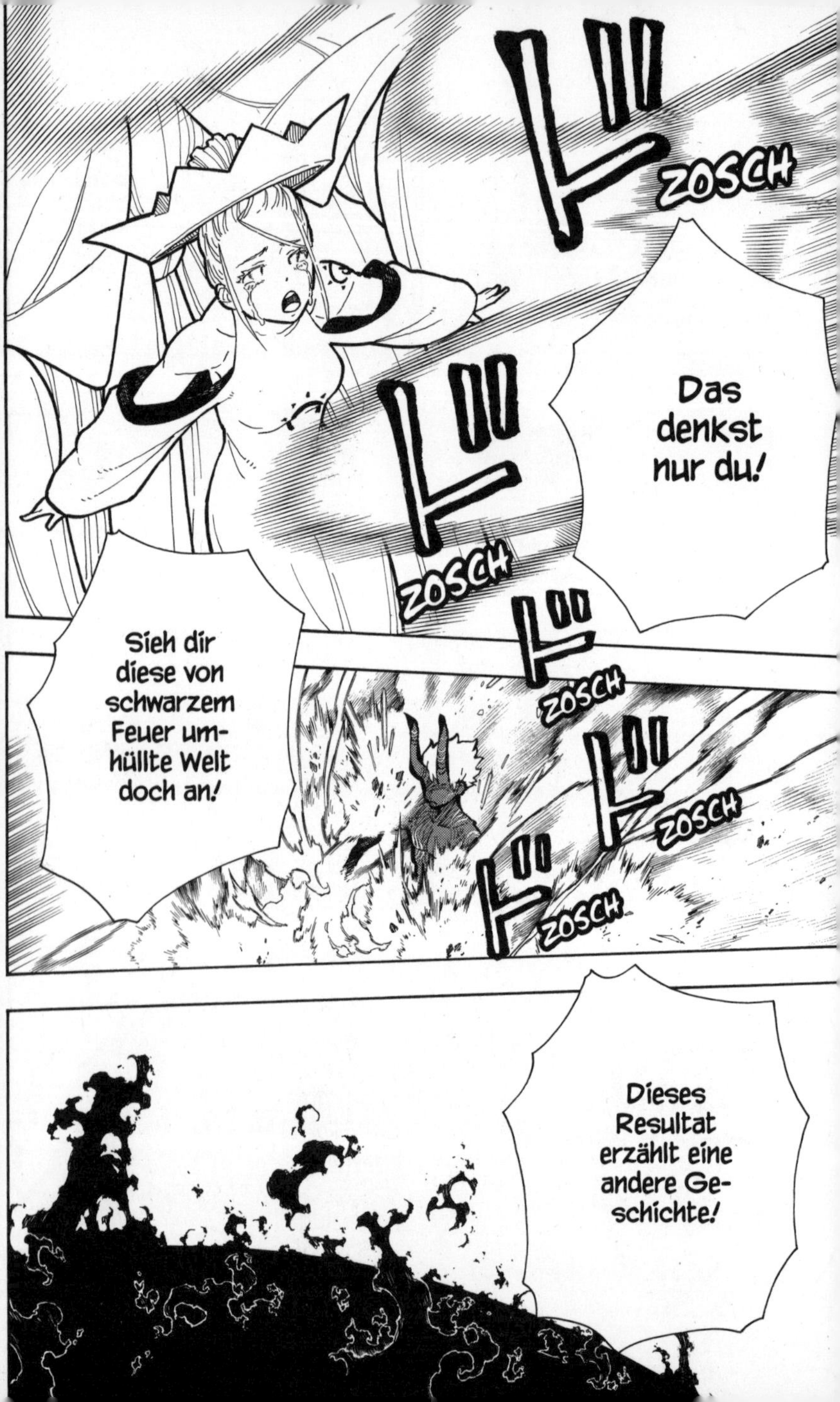
ZOSCH
Das denkst nur du!
ZOSCH
Sieh dir diese von schwarzem Feuer umhüllte Welt doch an!
ZOSCH
ZOSCH
ZOSCH
Dieses Resultat erzählt eine andere Geschichte!

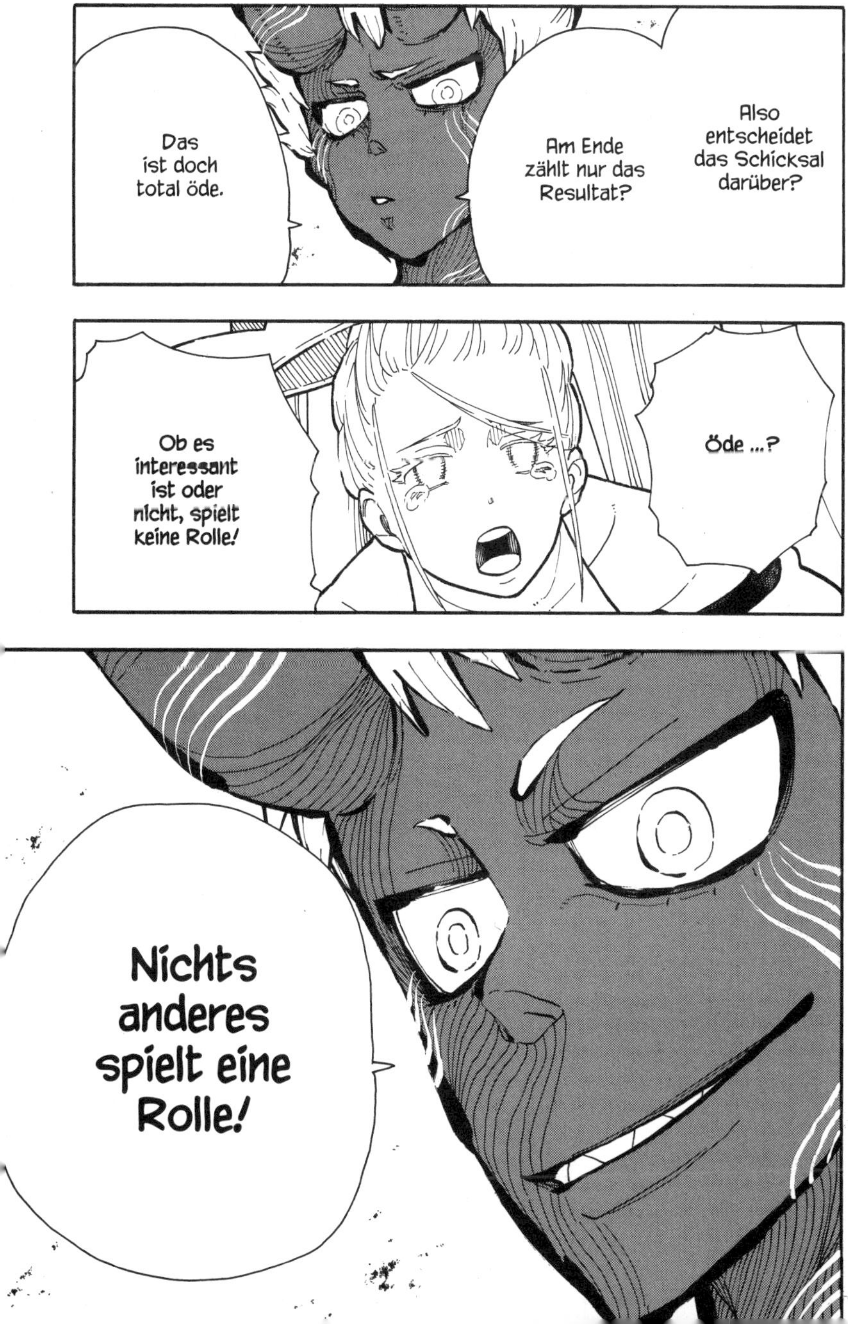
Also entscheidet das Schicksal darüber?
Am Ende zählt nur das Resultat?
Das ist doch total öde.
Öde ...?
Ob es interessant ist oder nicht, spielt keine Rolle!
Nichts anderes spielt eine Rolle!

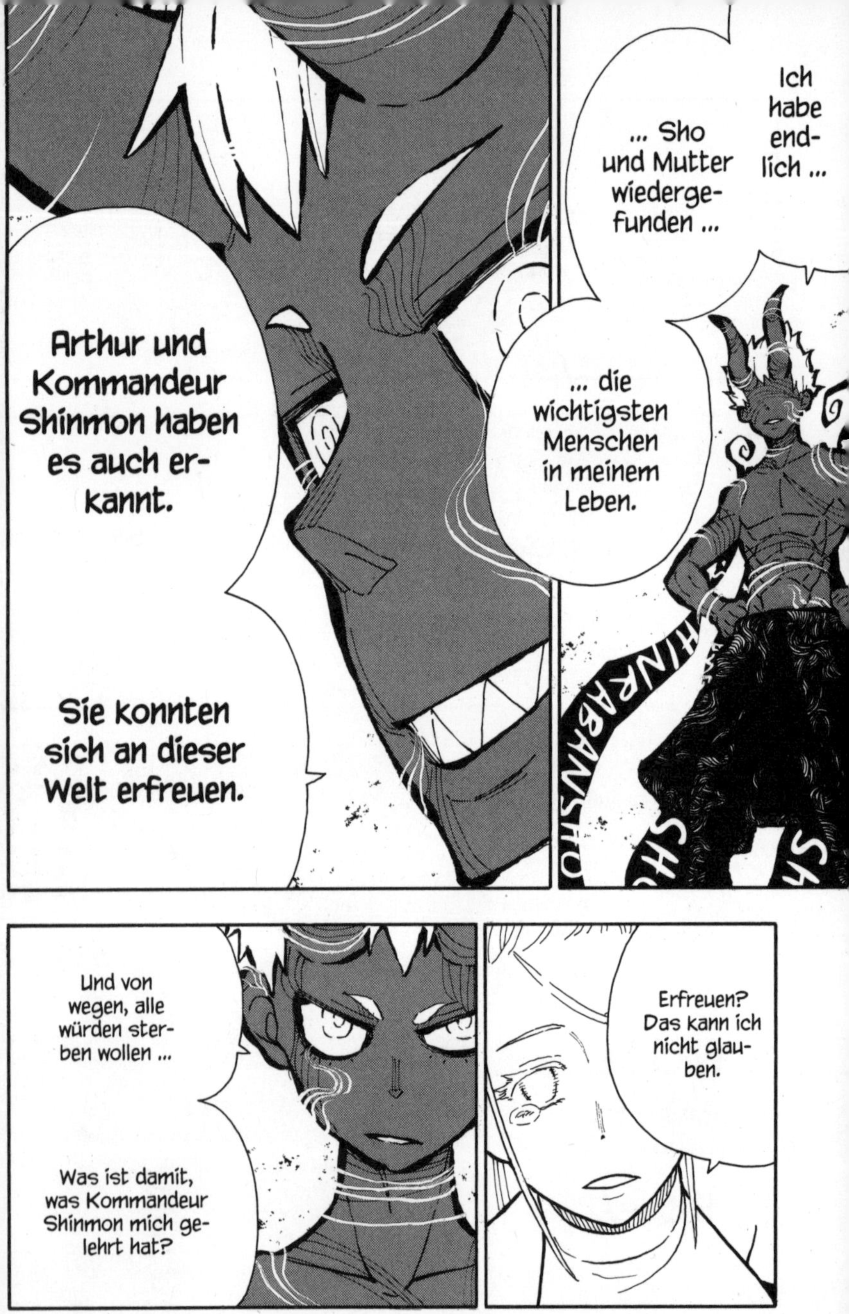
Ich habe end-lich ...
... Sho und Mutter wiederge-funden ...
... die wichtigsten Menschen in meinem Leben.
SHINRABANSHO
Arthur und Kommandeur Shinmon haben es auch er-kannt.
Sie konnten sich an dieser Welt erfreuen.
Erfreuen? Das kann ich nicht glau-ben.
Und von wegen, alle würden ster-ben wollen ...
Was ist damit, was Kommandeur Shinmon mich ge-lehrt hat?

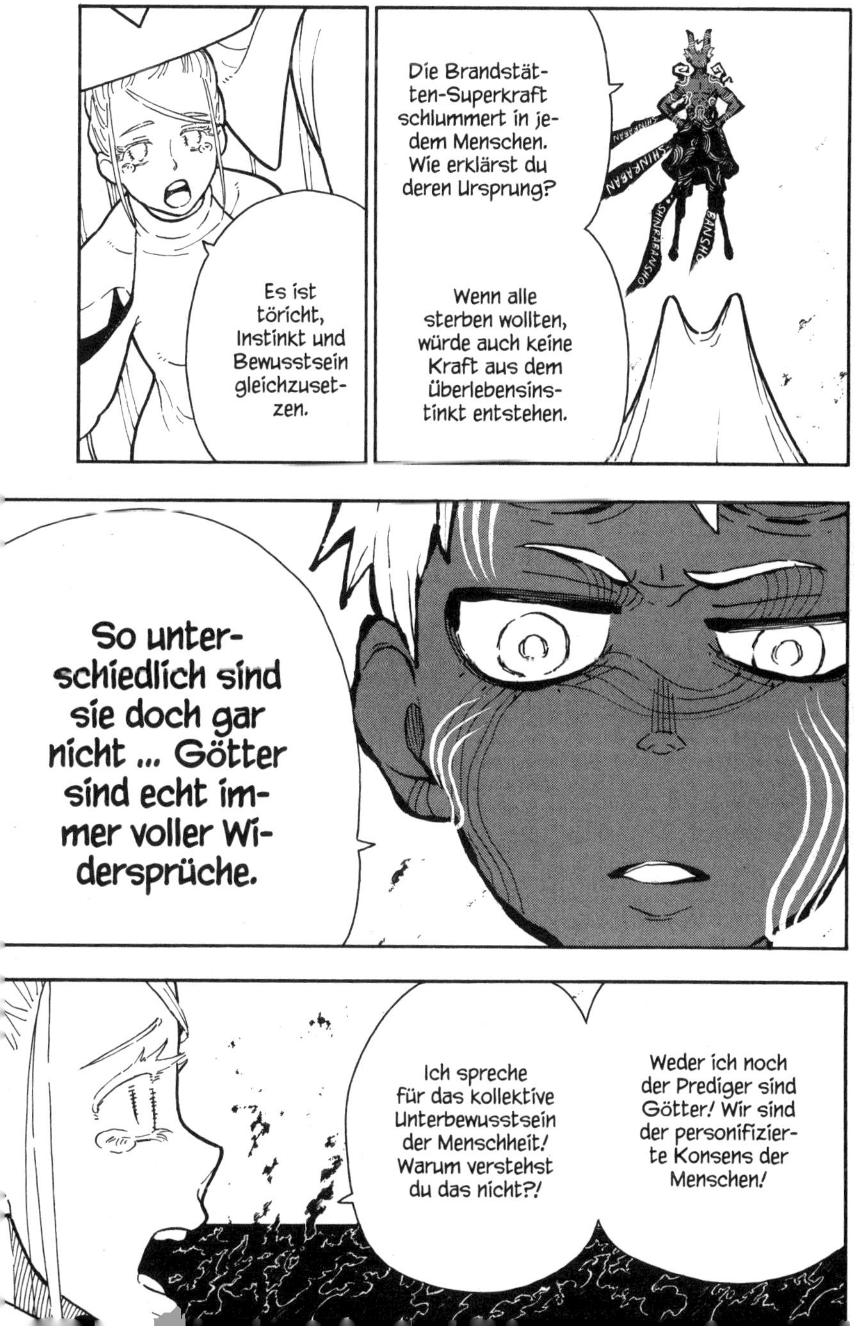
Die Brandstätten-Superkraft schlummert in jedem Menschen. Wie erklärst du deren Ursprung?
Wenn alle sterben wollten, würde auch keine Kraft aus dem Überlebensinstinkt entstehen.
Es ist töricht, Instinkt und Bewusstsein gleichzusetzen.
So unterschiedlich sind sie doch gar nicht ... Götter sind echt immer voller Widersprüche.
Weder ich noch der Prediger sind Götter! Wir sind der personifizierte Konsens der Menschen!
Ich spreche für das kollektive Unterbewusstsein der Menschheit! Warum verstehst du das nicht?!

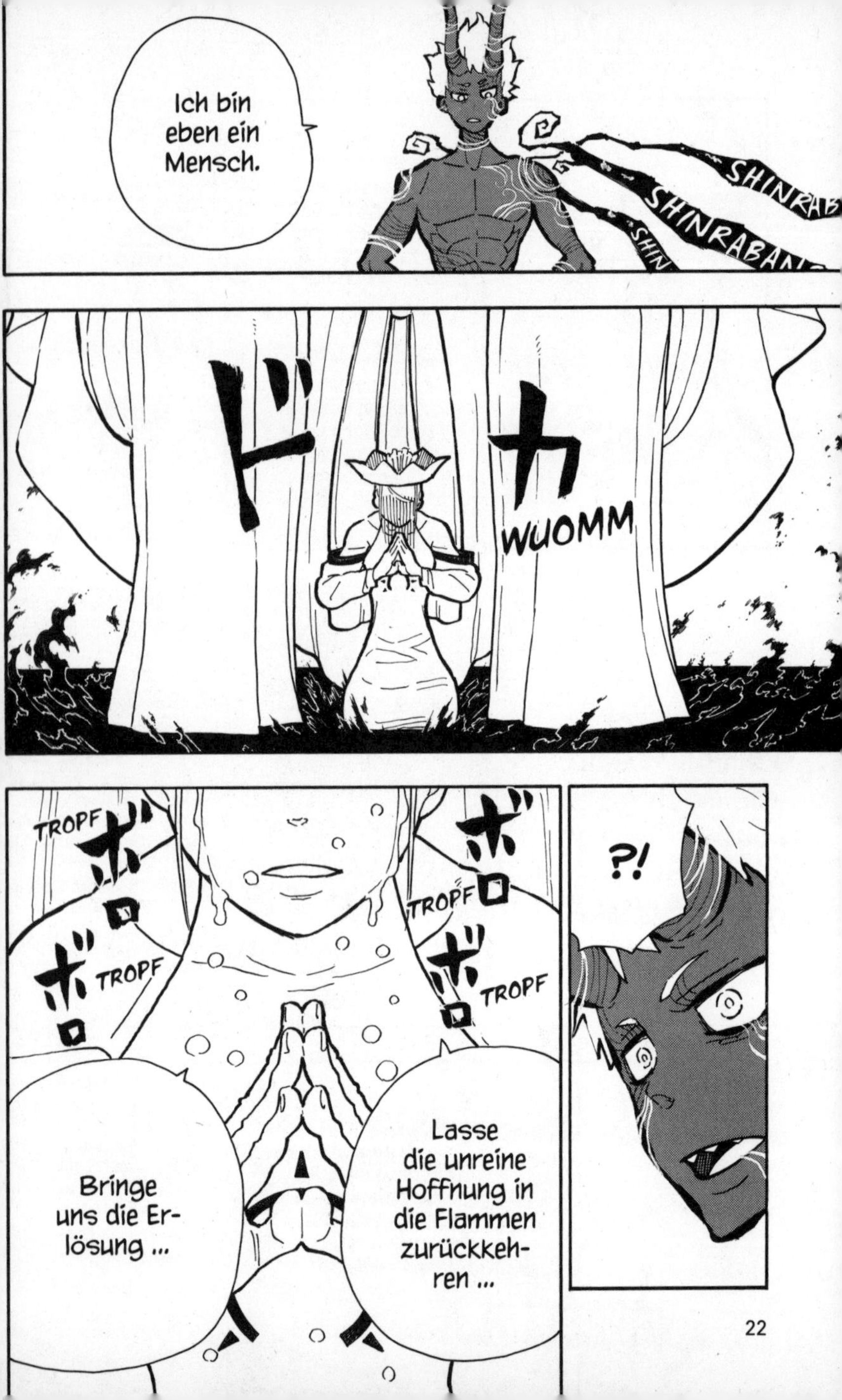
Ich bin eben ein Mensch.
SHINRAB
SHINRABAN
SHIN
ドカ
WUOMM
?!
ボロ TROPF
ボロ TROPF
ボロ TROPF
ボロ TROPF
Lasse die unreine Hoffnung in die Flammen zurückkehren ...
Bringe uns die Erlösung ...

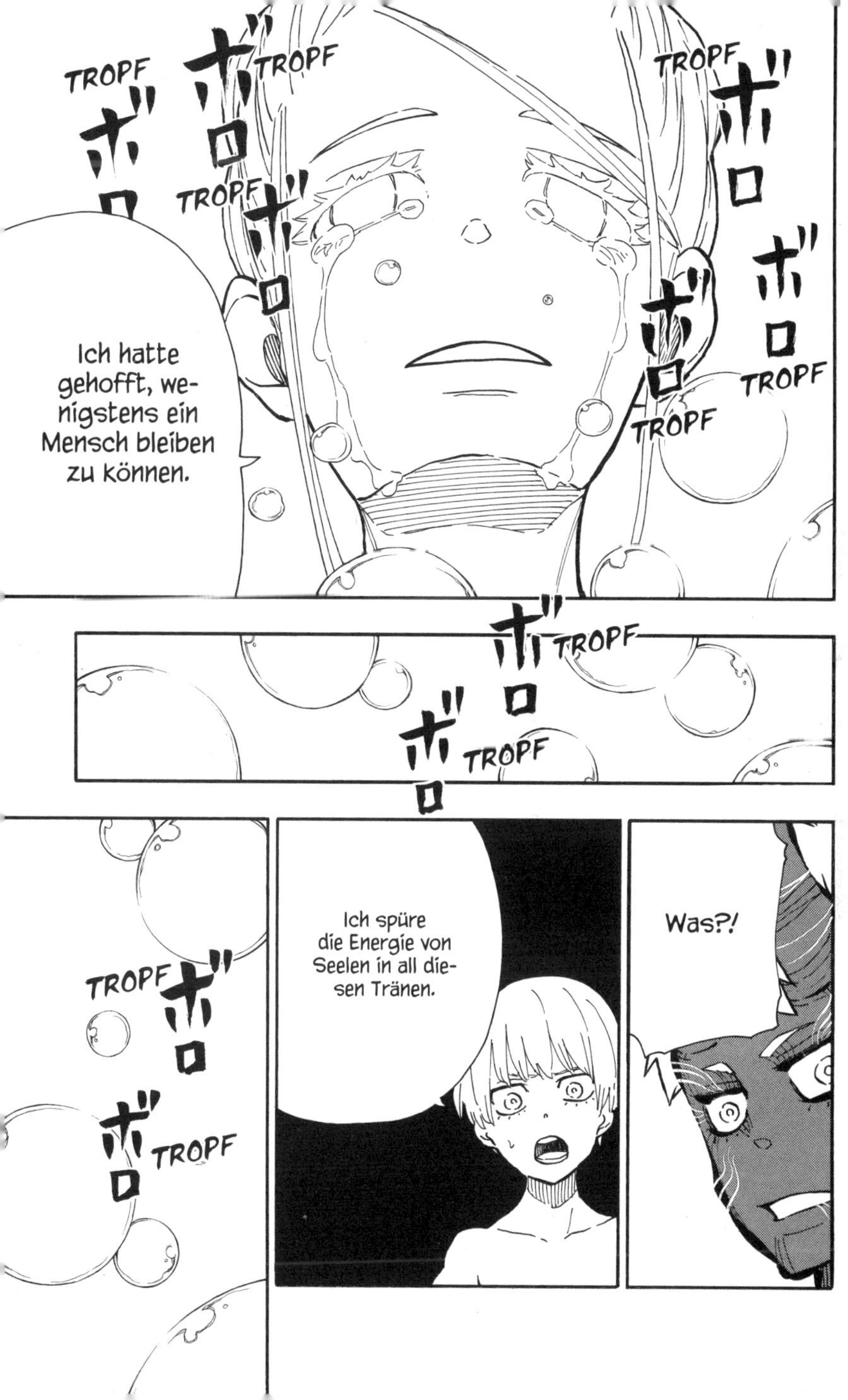
ボロ TROPF
ボロ TROPF
ボロ TROPF
ボロ TROPF
ボロ TROPF
Ich hatte gehofft, wenigstens ein Mensch bleiben zu können.
ボロ TROPF
ボロ TROPF
TROPF ボロ
ボロ TROPF
Was?!
Ich spüre die Energie von Seelen in all diesen Tränen.

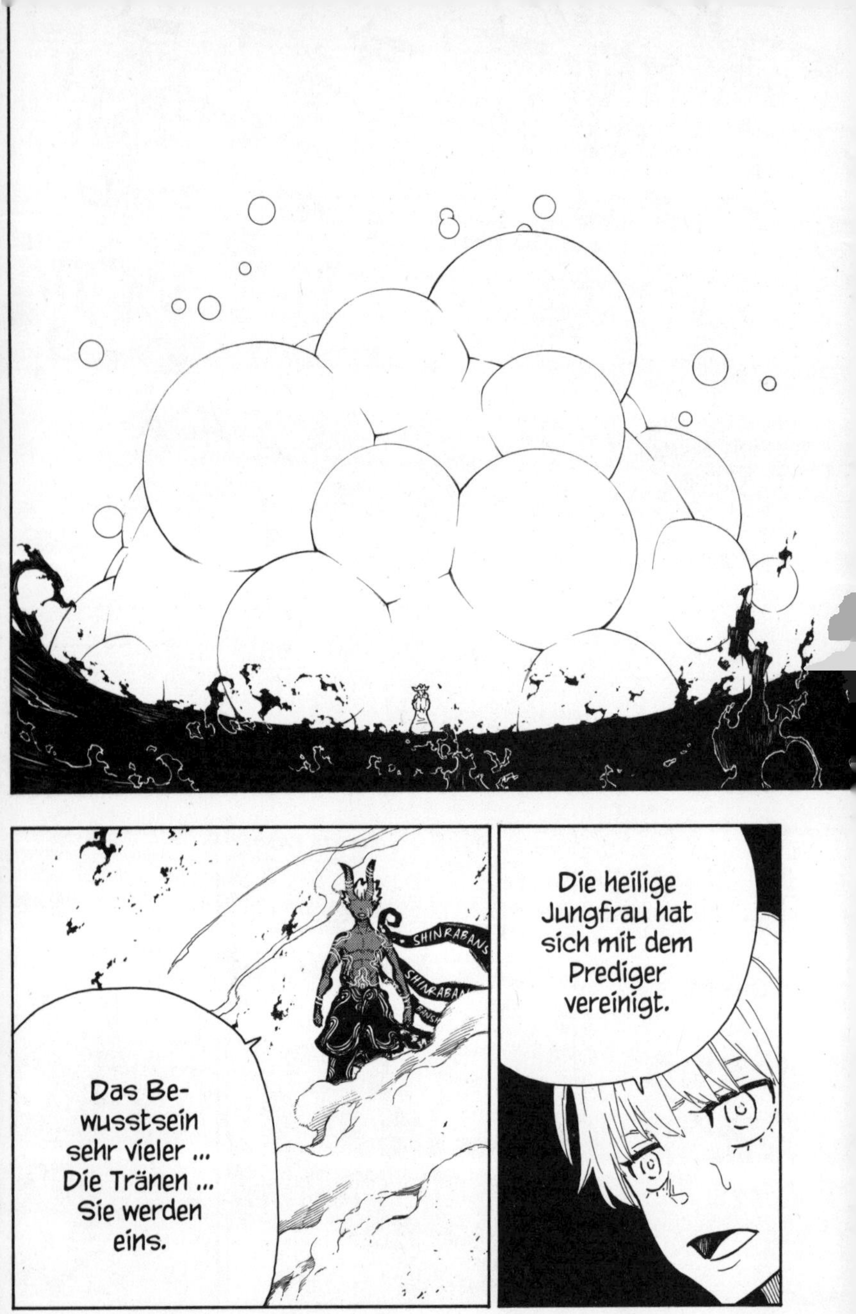
Die heilige Jungfrau hat sich mit dem Prediger vereinigt.
SHINRABANS
SHINRABAN
Das Be-wusstsein sehr vieler ... Die Tränen ... Sie werden eins.

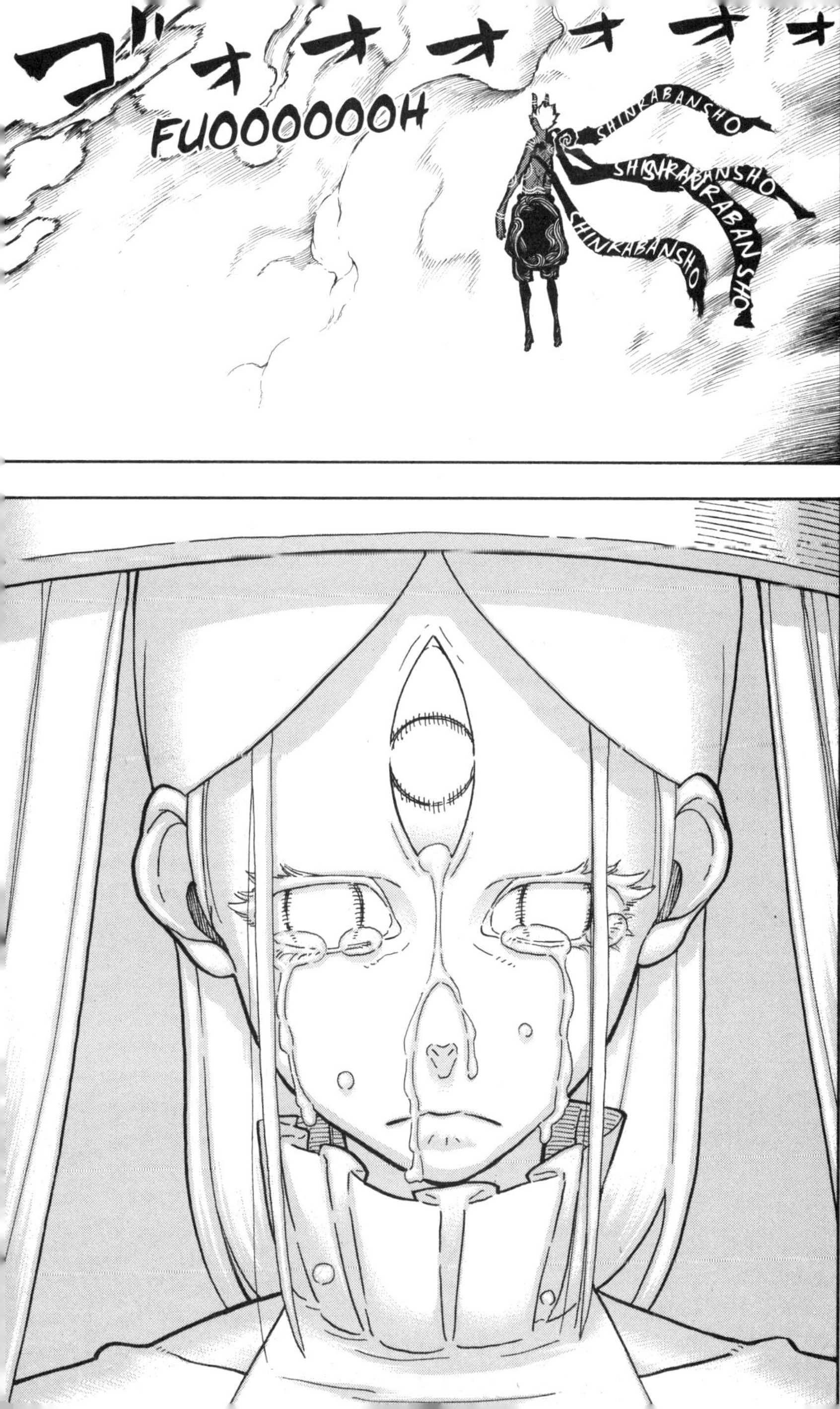
ゴォオオオオォ
FUOOOOOOH
SHINRABANSHO
SHINRABANSHO
SHINRABANSHO
SHINRABANSHO

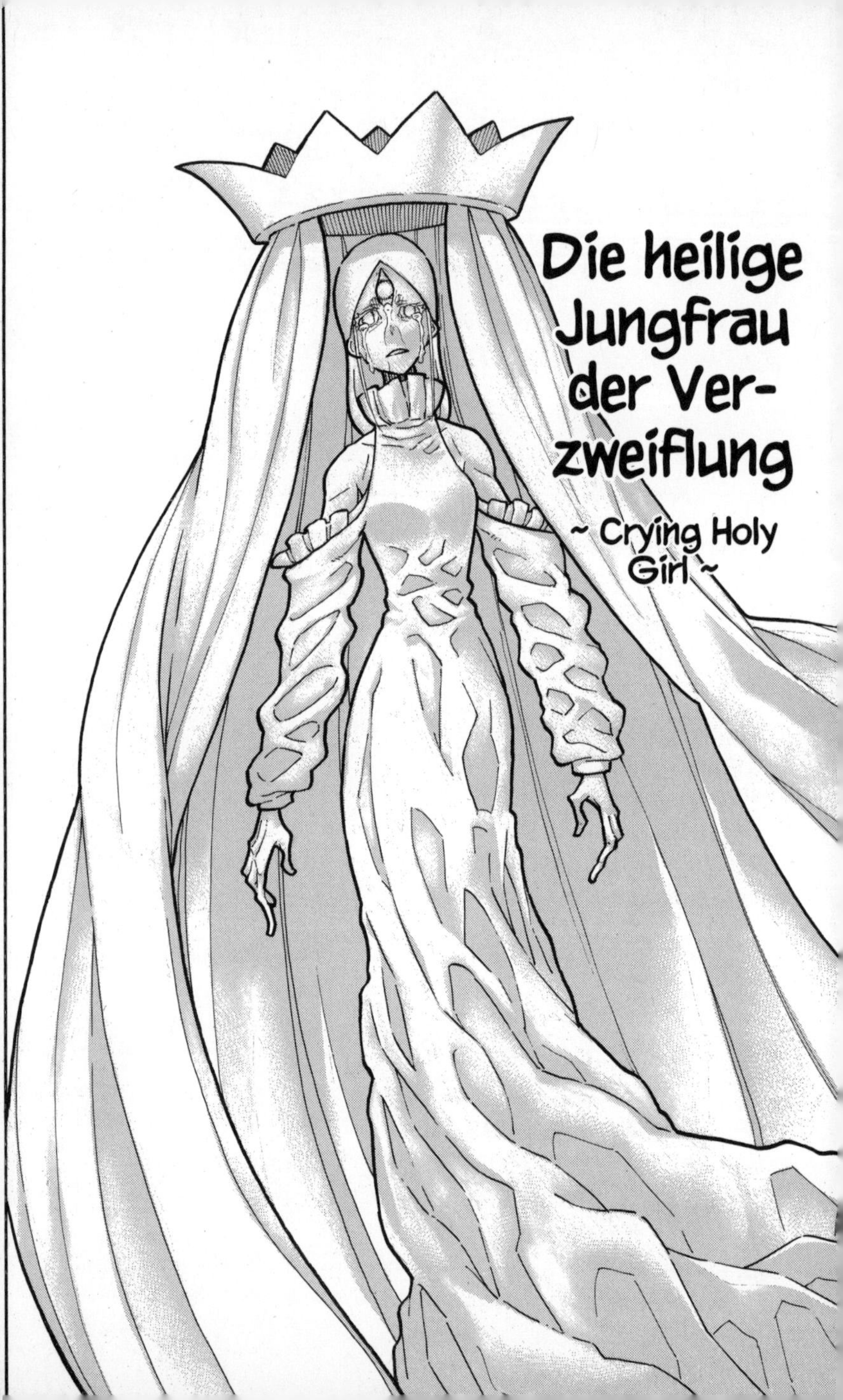
Die heilige Jungfrau der Ver-zweiflung
~ Crying Holy Girl ~

FIRE FORCE

FIRE FORCE

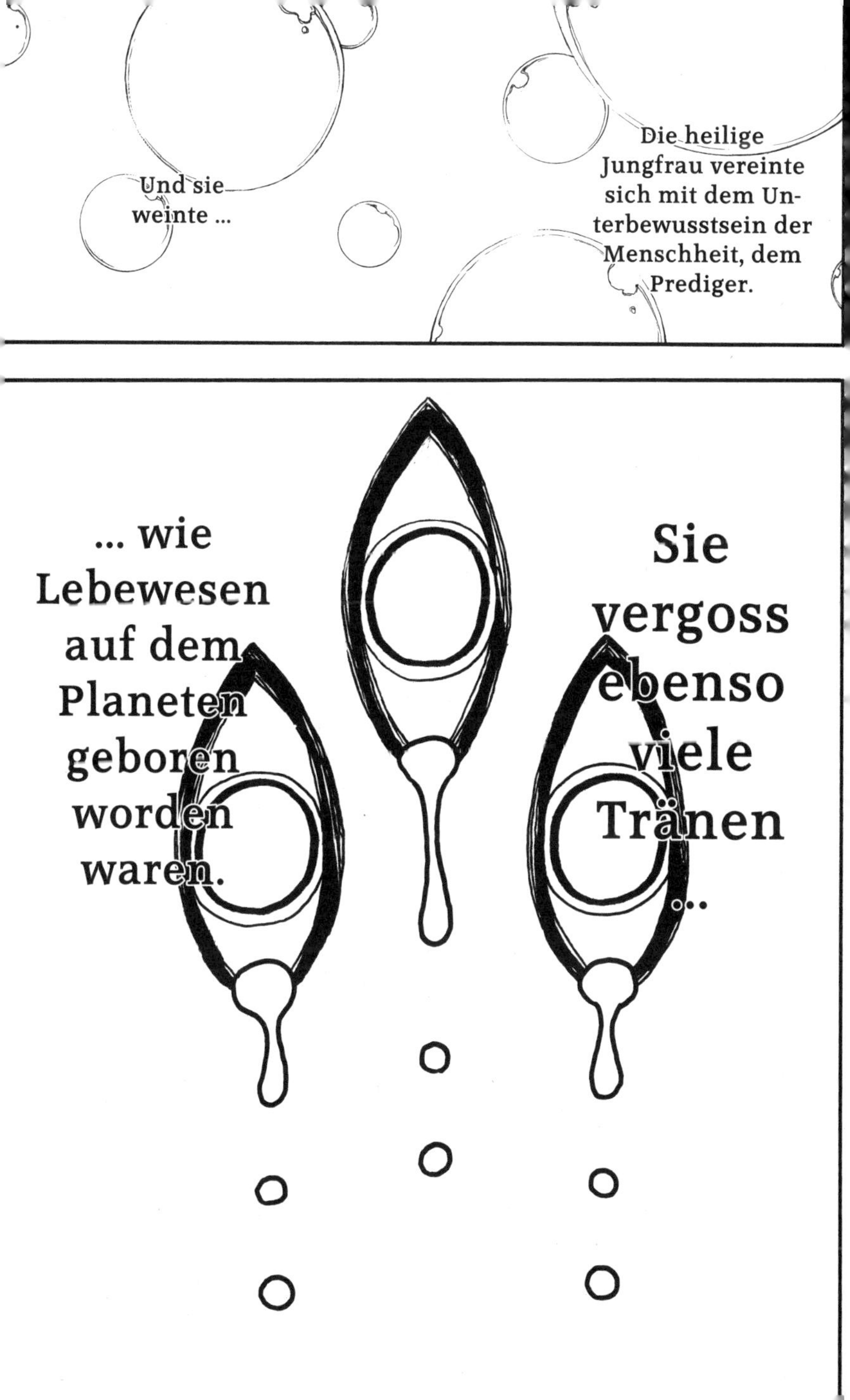
Die heilige Jungfrau vereinte sich mit dem Unterbewusstsein der Menschheit, dem Prediger.
Und sie weinte ...
Sie vergoss ebenso viele Tränen ...
... wie Lebewesen auf dem Planeten geboren worden waren.

Kapitel 297: Der Big Bang der Hoffnung

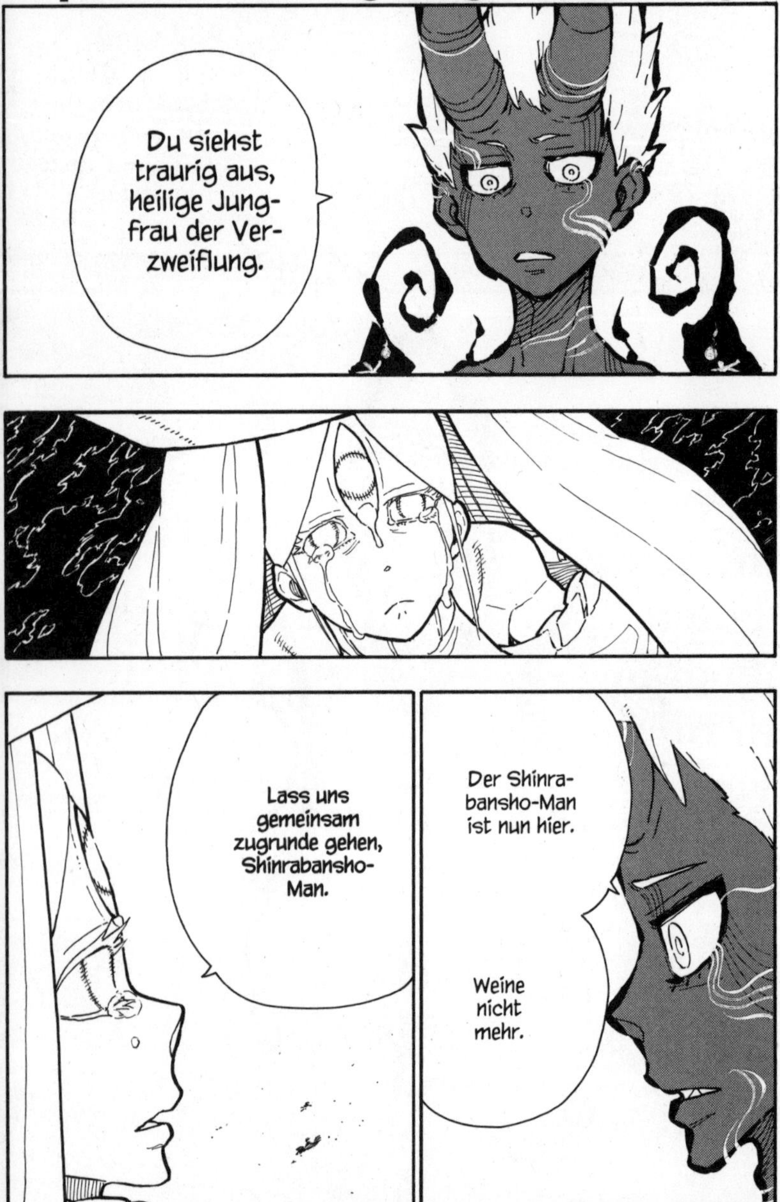

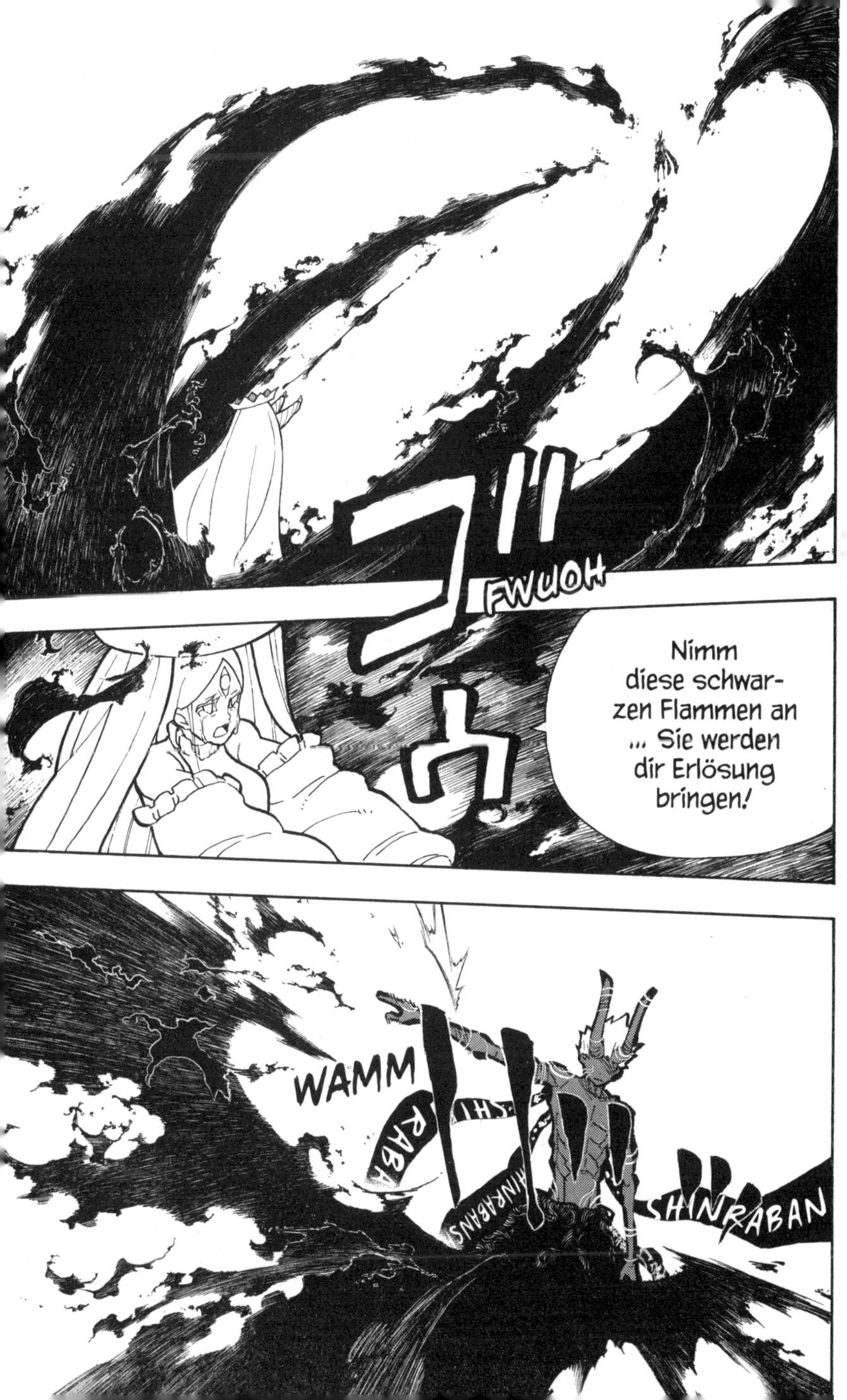
FWUOH
Nimm diese schwarzen Flammen an ... Sie werden dir Erlösung bringen!
WAMM
SHINRABAN

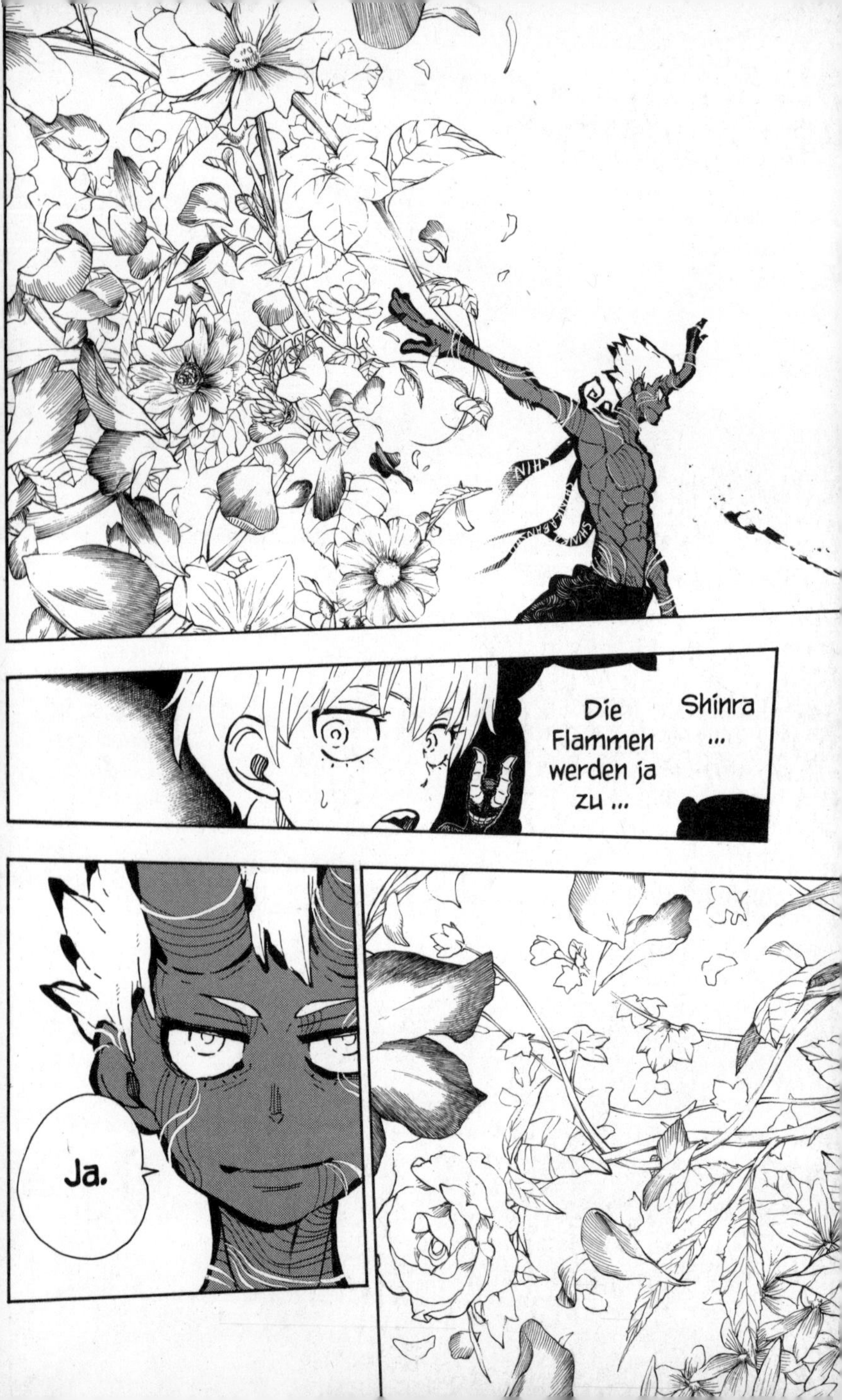

Shinra ...
Die Flammen werden ja zu ...
Ja.

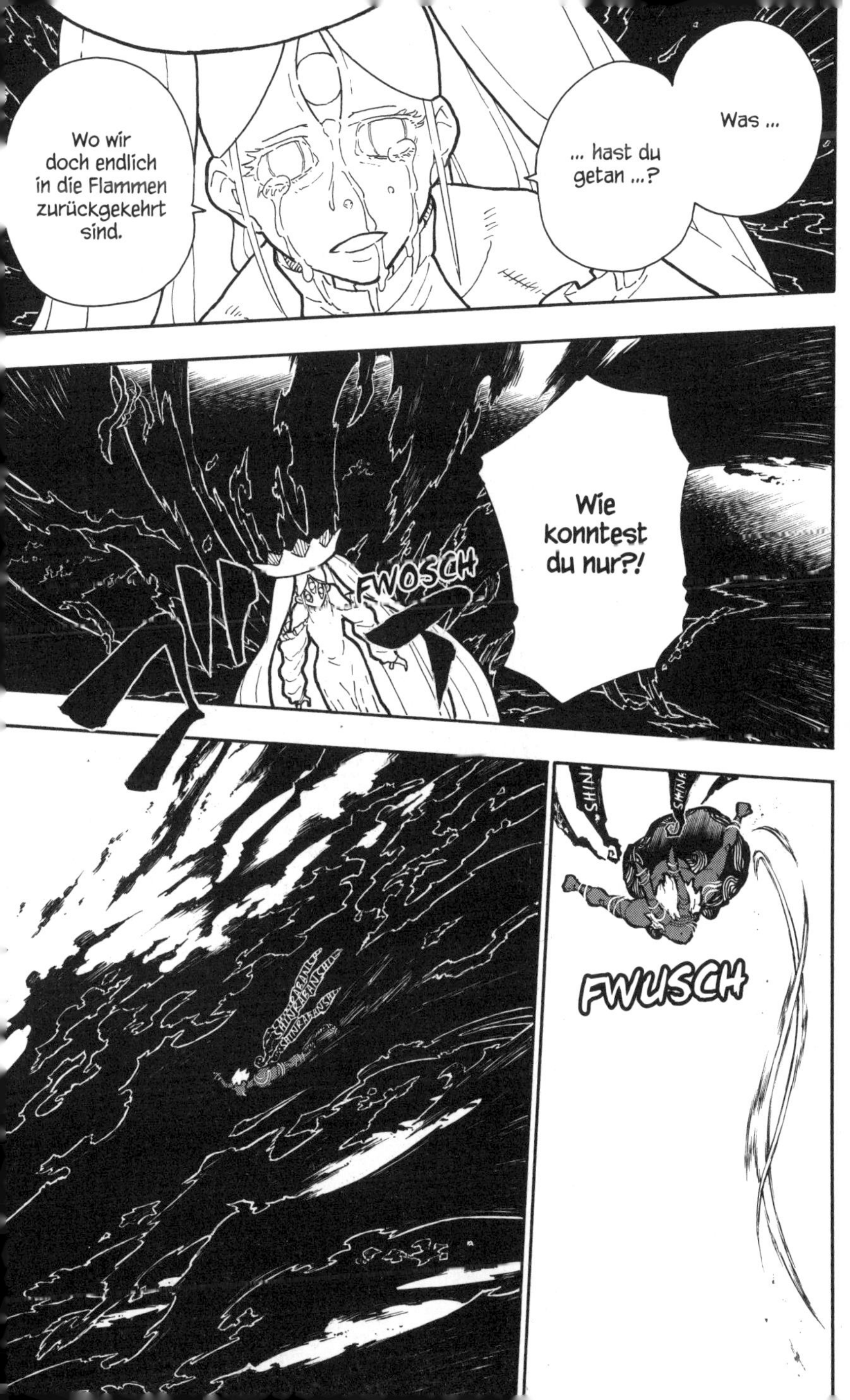
Was ...
... hast du getan ...?
Wo wir doch endlich in die Flammen zurückgekehrt sind.
Wie konntest du nur?!
FWOSCH
FWUSCH

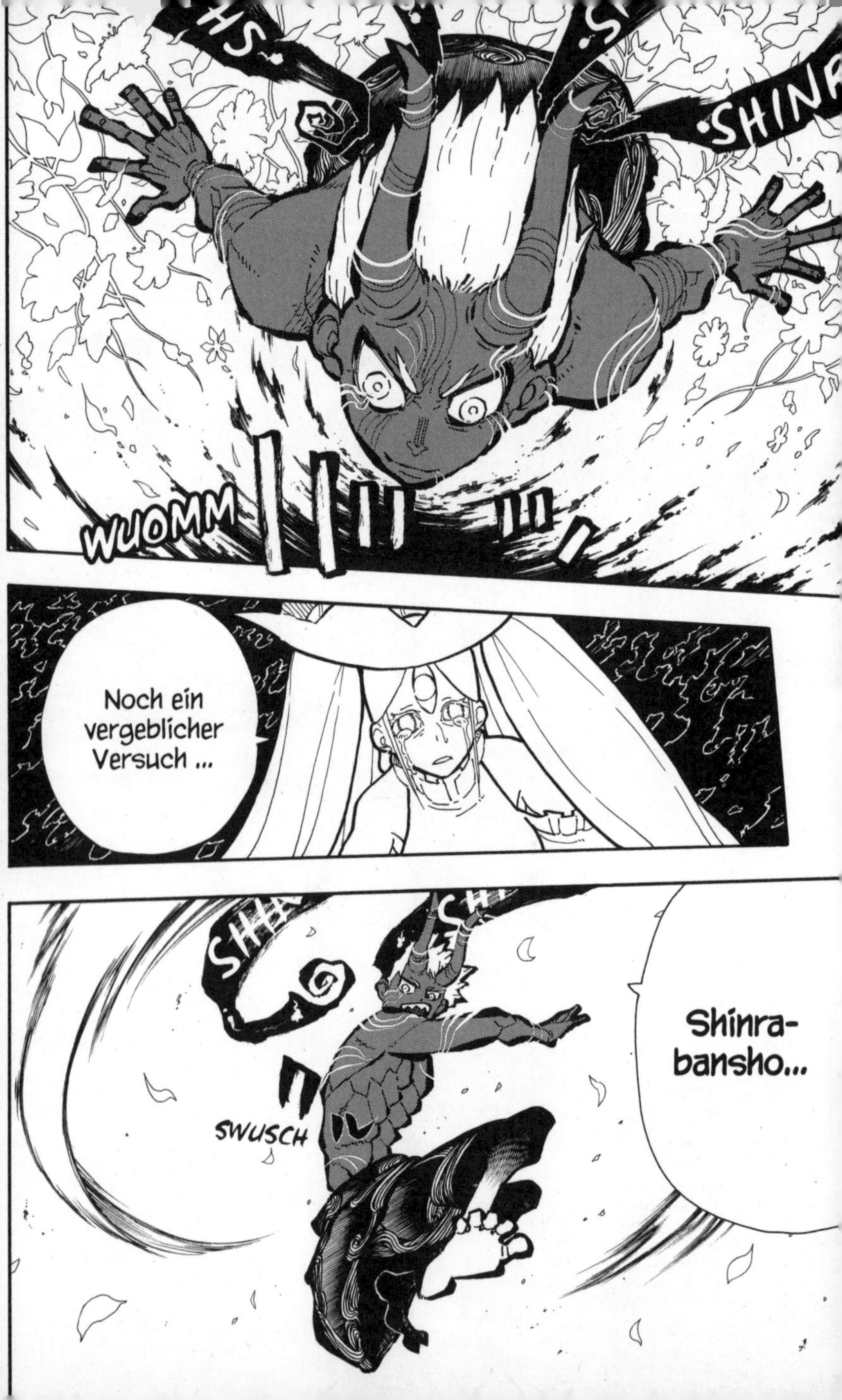
WUOMM
Noch ein vergeblicher Versuch ...
Shinra-bansho...
SWUSCH

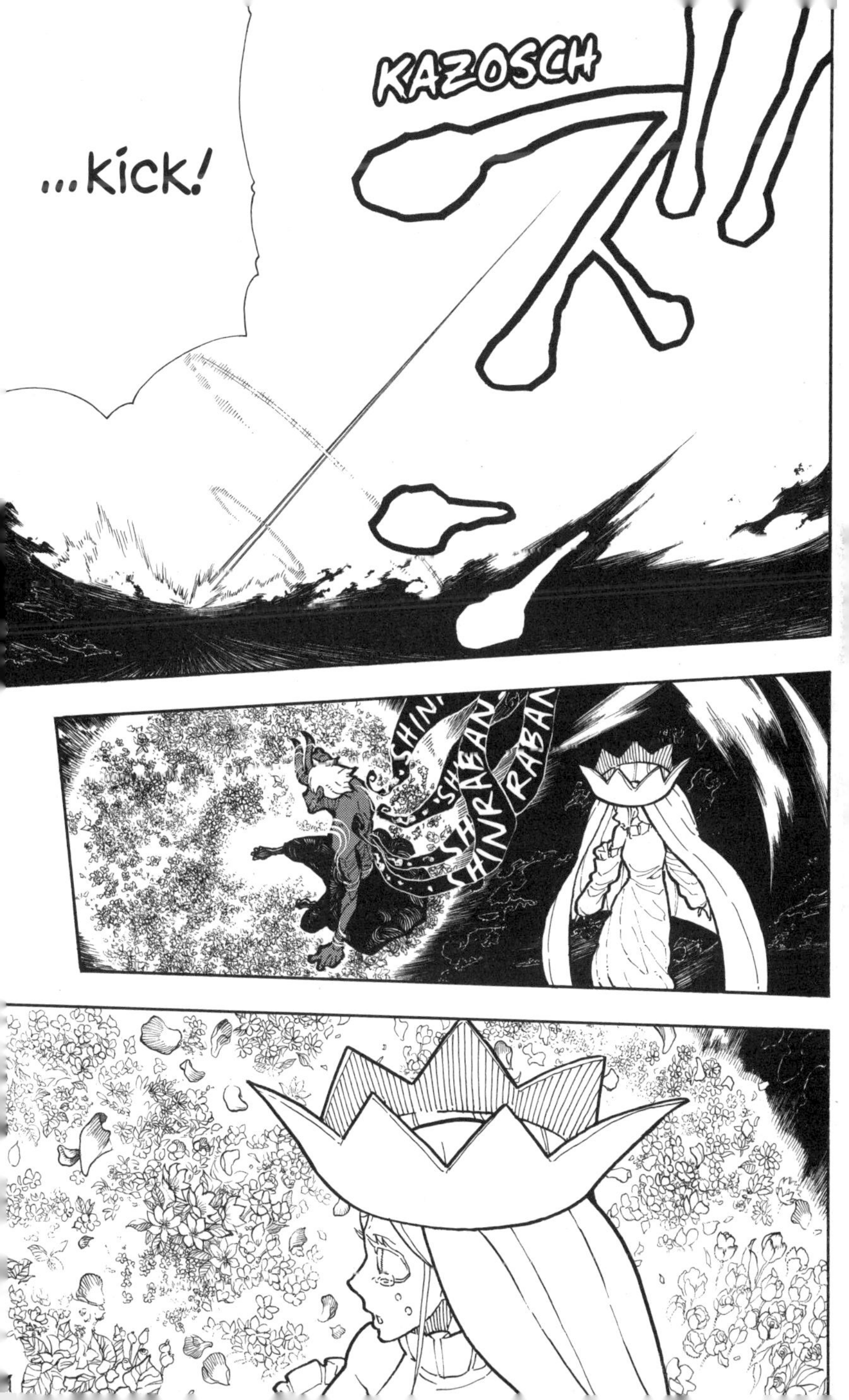

KAZOSCH
...kick!
SHIN' SHABAN' SHINRABAN'
SHINRA RABAN

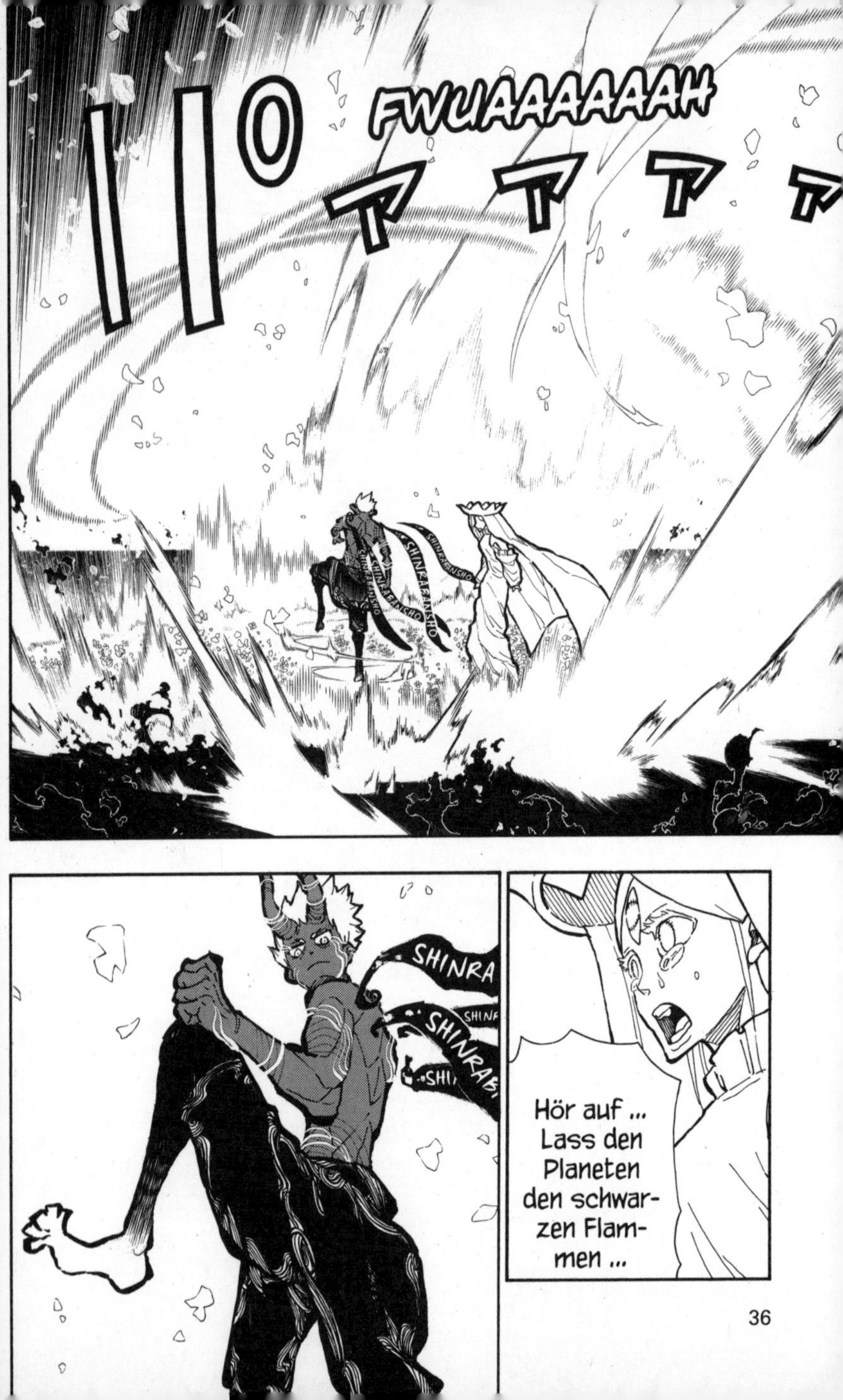
FWUAAAAAAH
SHINRABANSHO
Hör auf ... Lass den Planeten den schwarzen Flammen ...

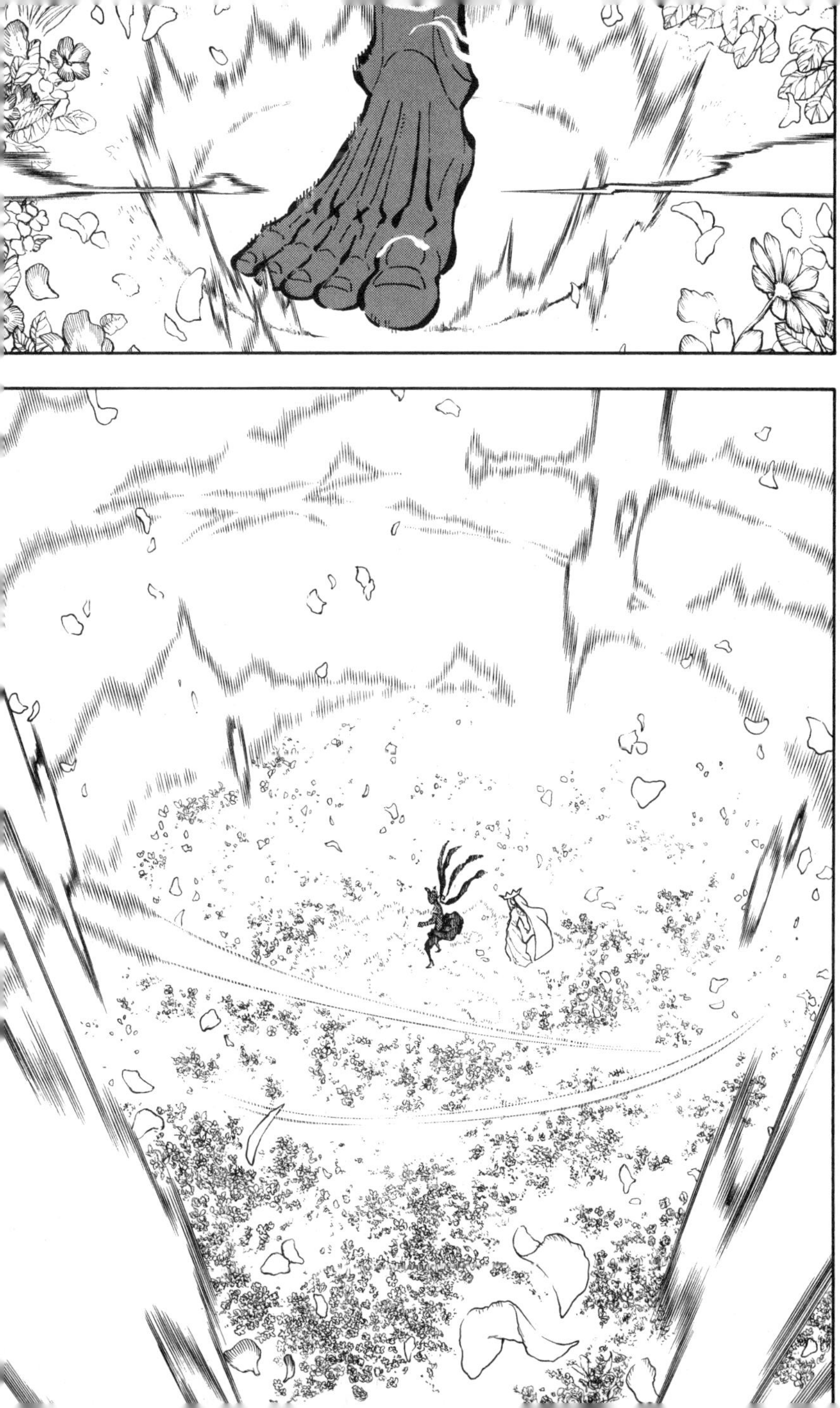

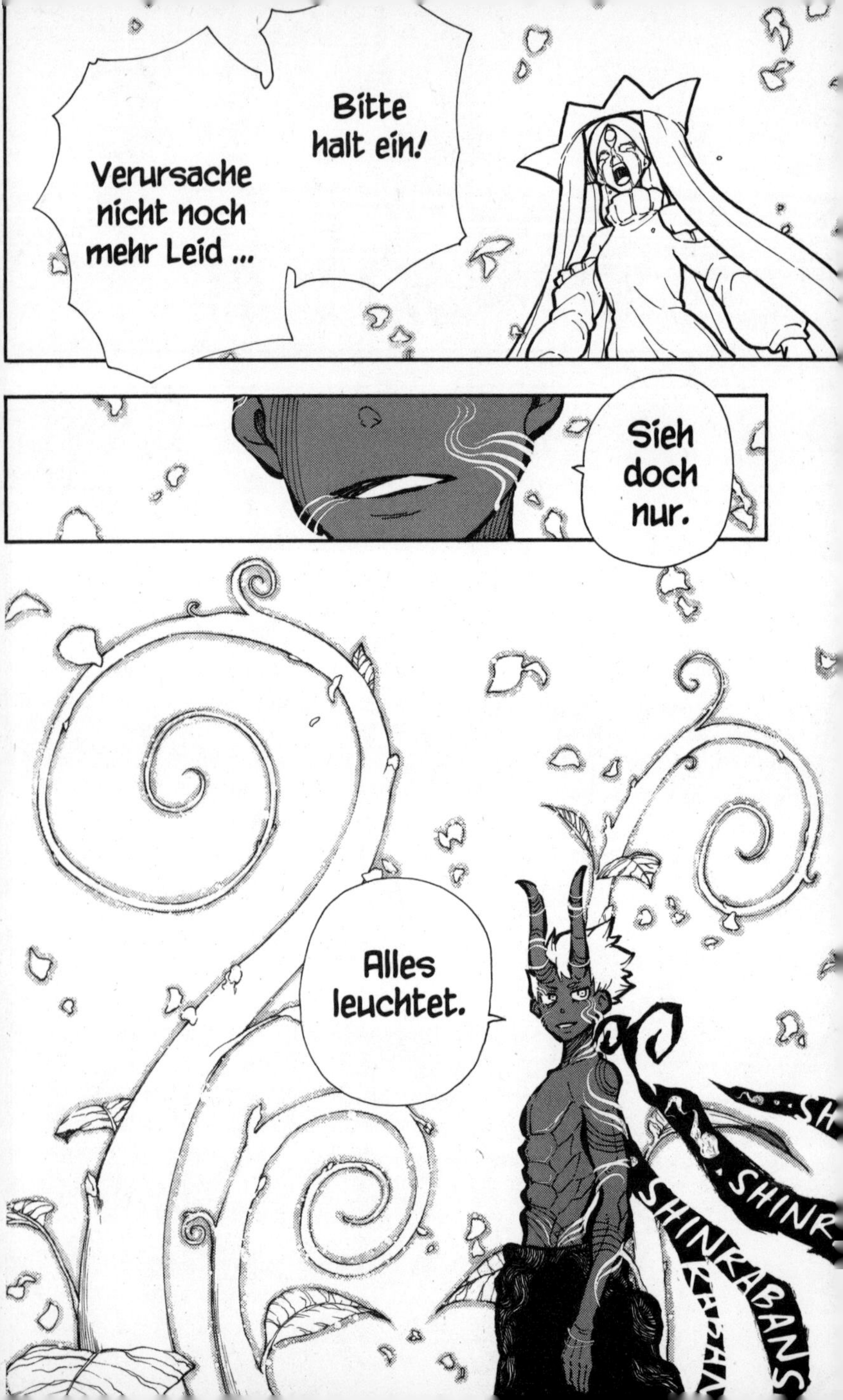
Bitte halt ein!
Verursache nicht noch mehr Leid ...
Sieh doch nur.
Alles leuchtet.
SHINKABANS
SHINR
SH

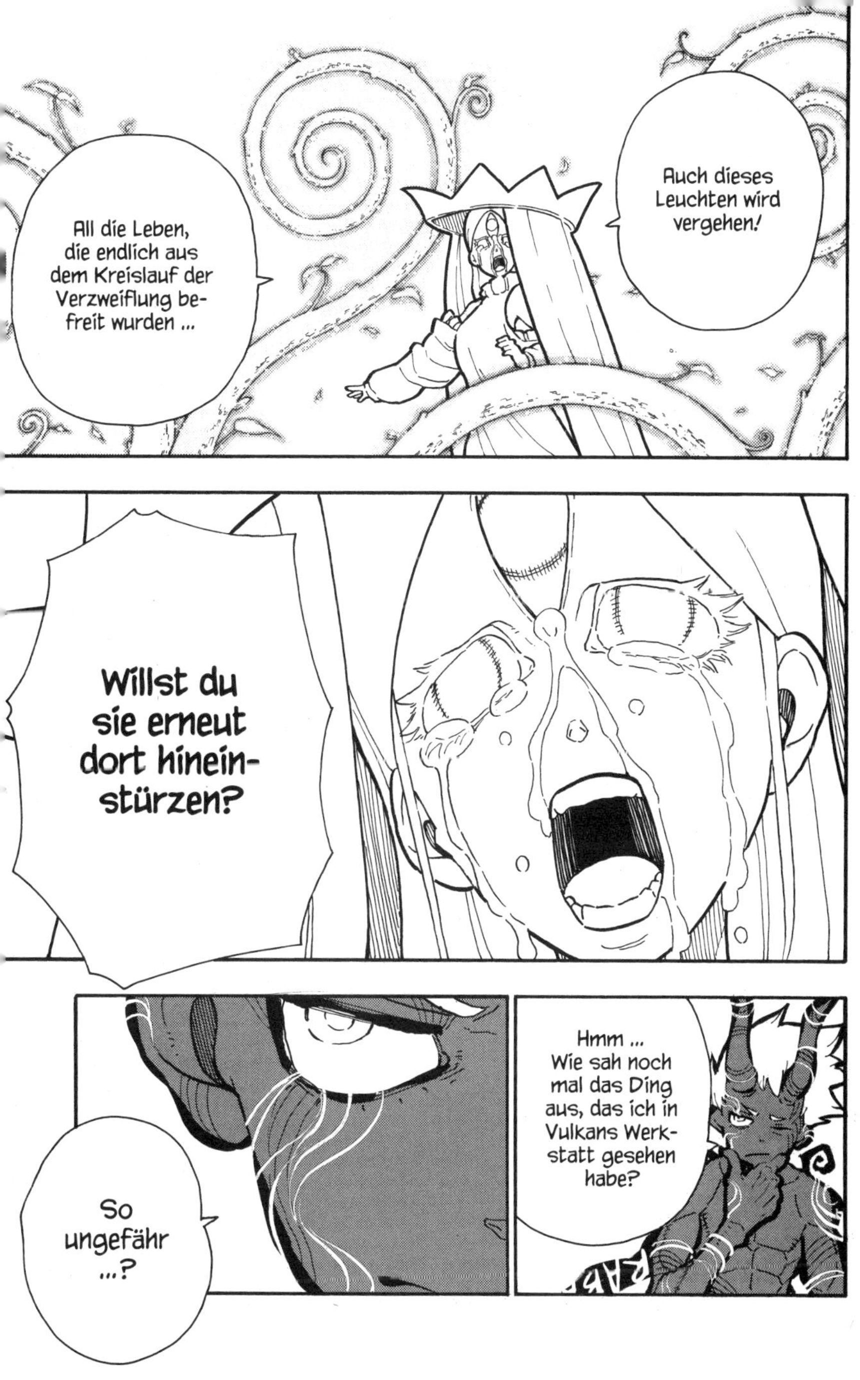
Auch dieses Leuchten wird vergehen!
All die Leben, die endlich aus dem Kreislauf der Verzweiflung befreit wurden ...
Willst du sie erneut dort hineinstürzen?
Hmm ... Wie sah noch mal das Ding aus, das ich in Vulkans Werkstatt gesehen habe?
So ungefähr ...?

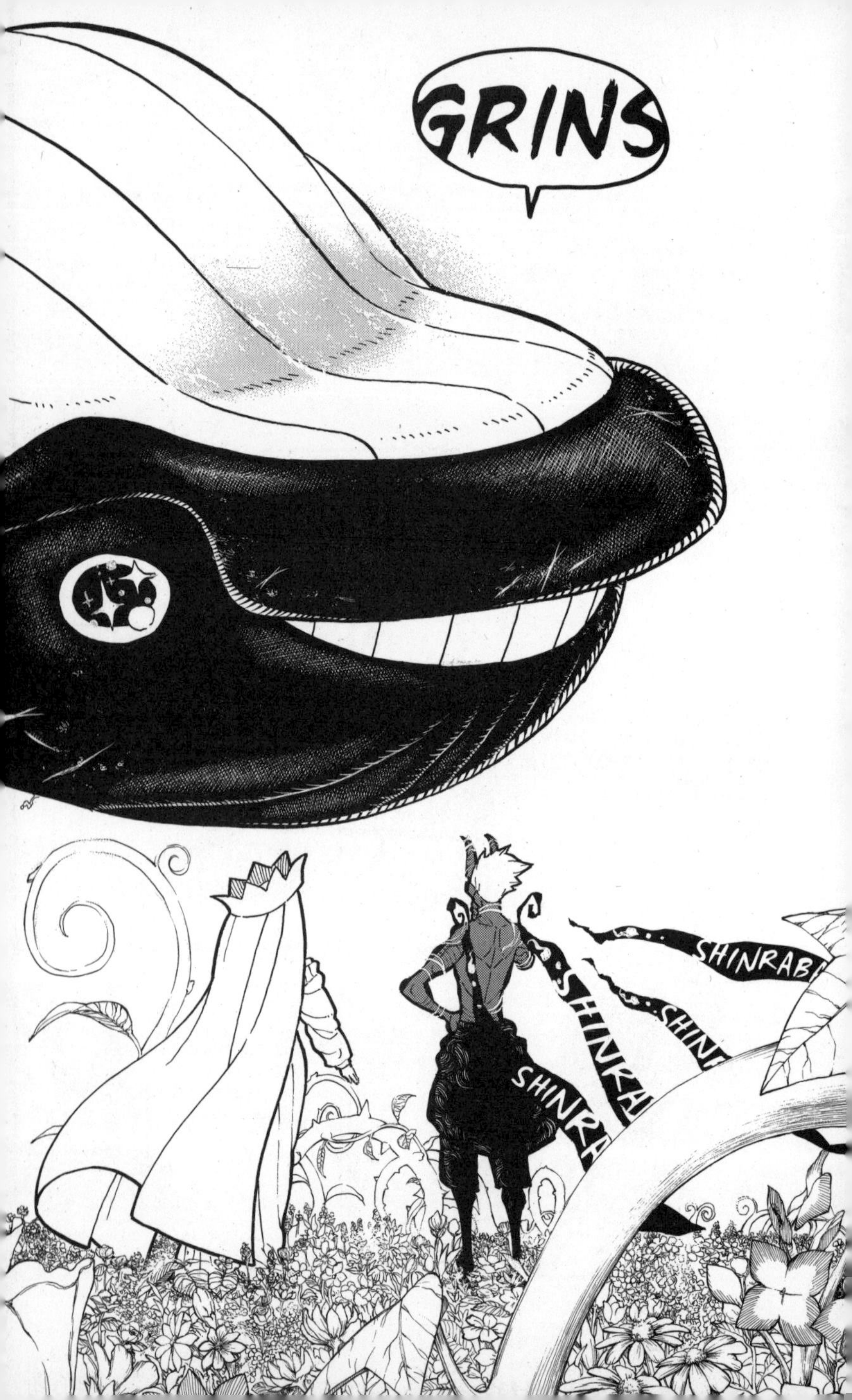
GRINS
SHINRAB
SHINRA
SHINRA
SHINRA
SHIN

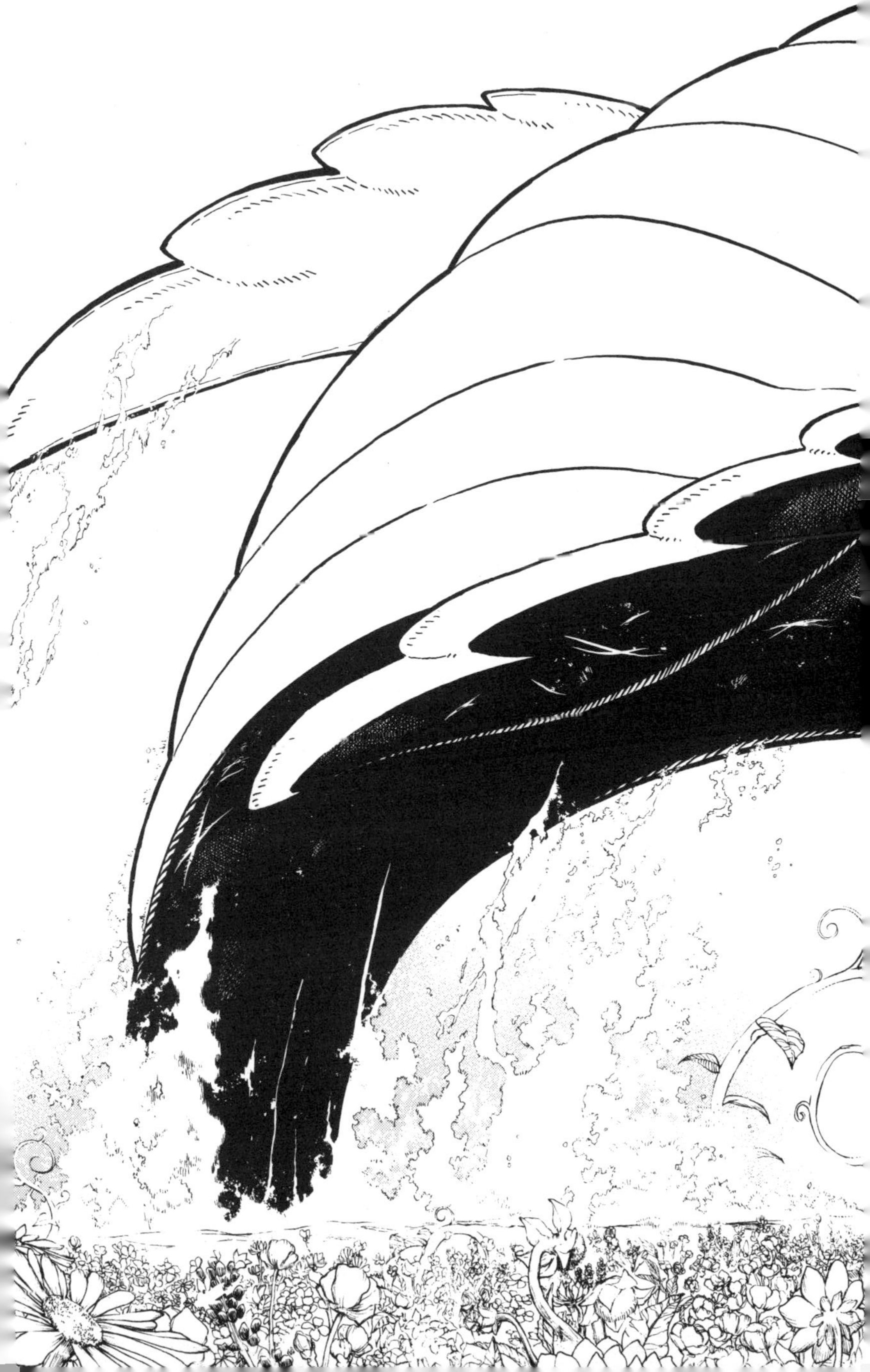

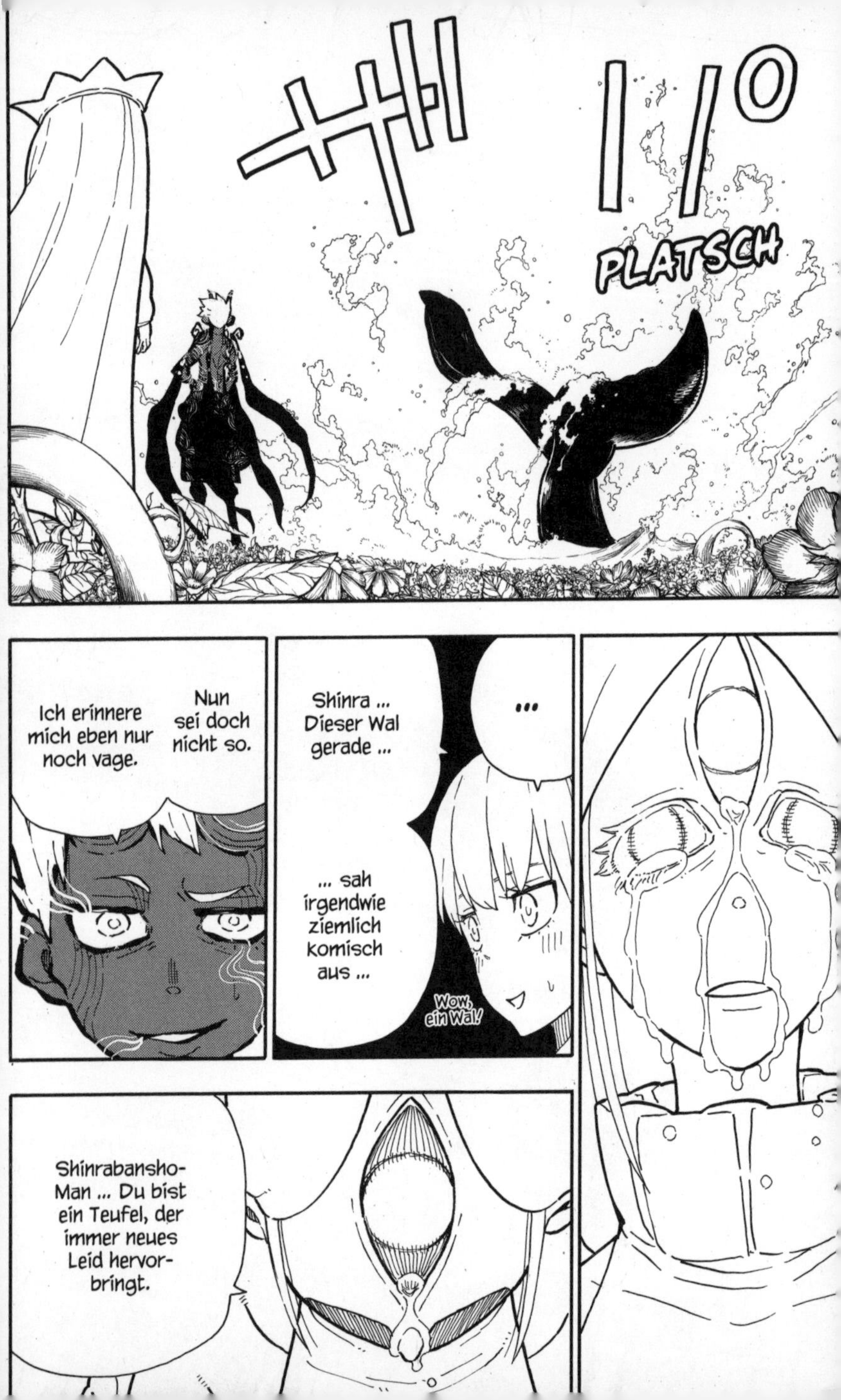
PLATSCH
...
Shinra ... Dieser Wal gerade ...
... sah irgendwie ziemlich komisch aus ...
Wow, ein Wal!
Nun sei doch nicht so.
Ich erinnere mich eben nur noch vage.
Shinrabansho-Man ... Du bist ein Teufel, der immer neues Leid hervorbringt.

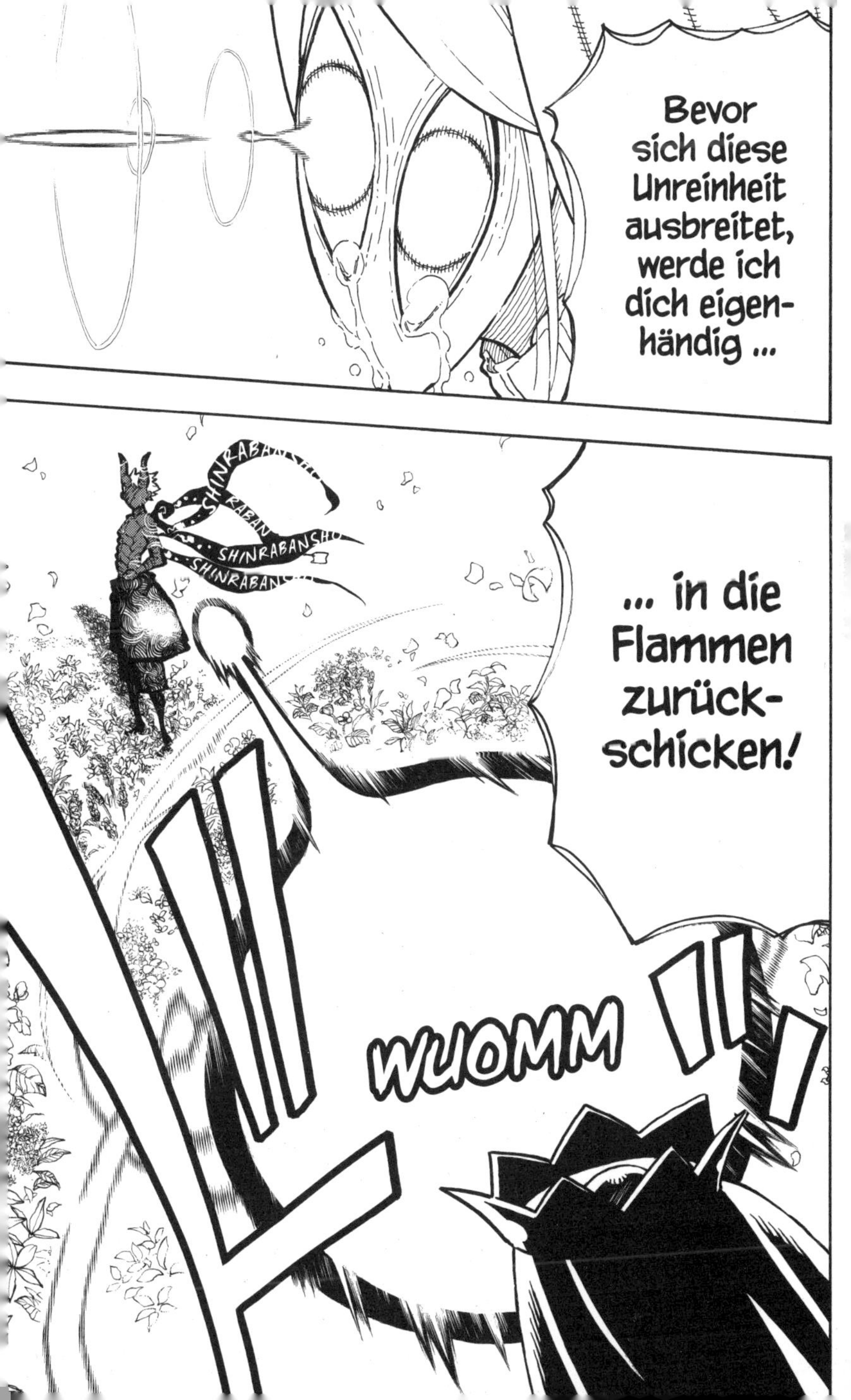
Bevor sich diese Unreinheit ausbreitet, werde ich dich eigenhändig ...
... in die Flammen zurückschicken!
SHINRABANSHO
WUOMM

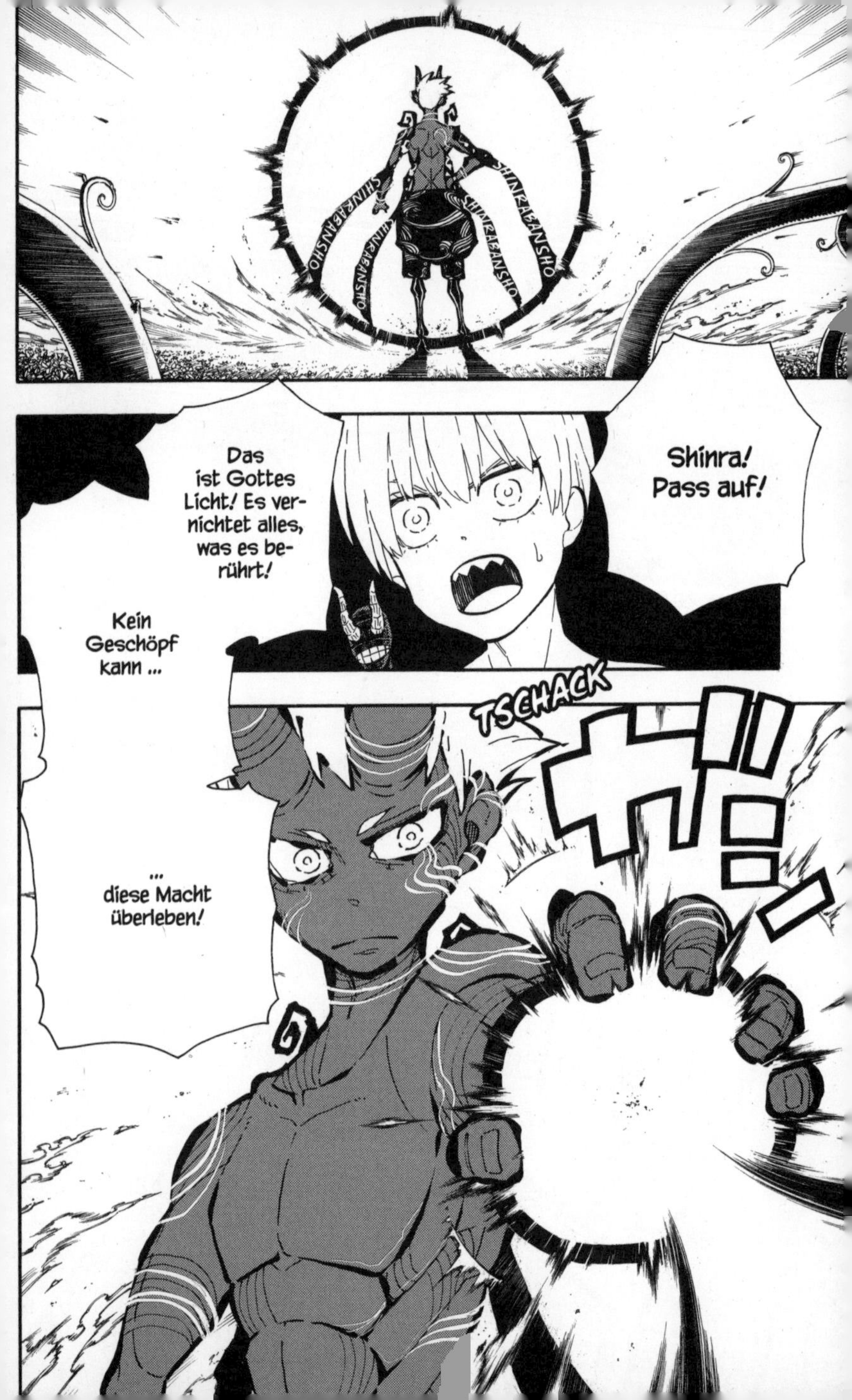
SHINRABANSHO
SHINRABANSHO
SHINRABANSHO
SHINRABANSHO
Shinra! Pass auf!
Das ist Gottes Licht! Es vernichtet alles, was es berührt!
Kein Geschöpf kann ...
TSCHACK
... diese Macht überleben!

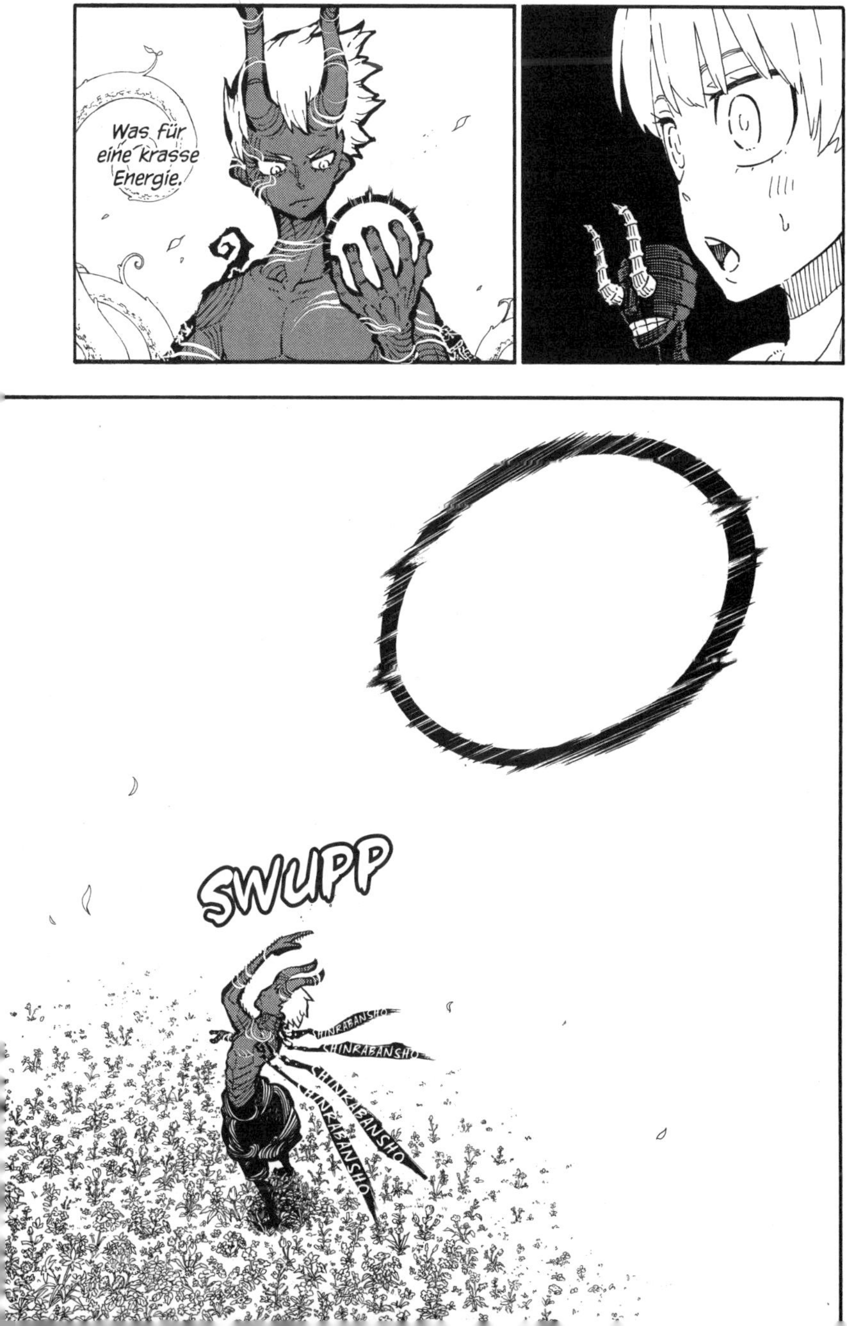
Was für eine krasse Energie.
SWUPP
SHINRABANSHO
SHINRABANSHO
SHINRABANSHO
SHINRABANSHO

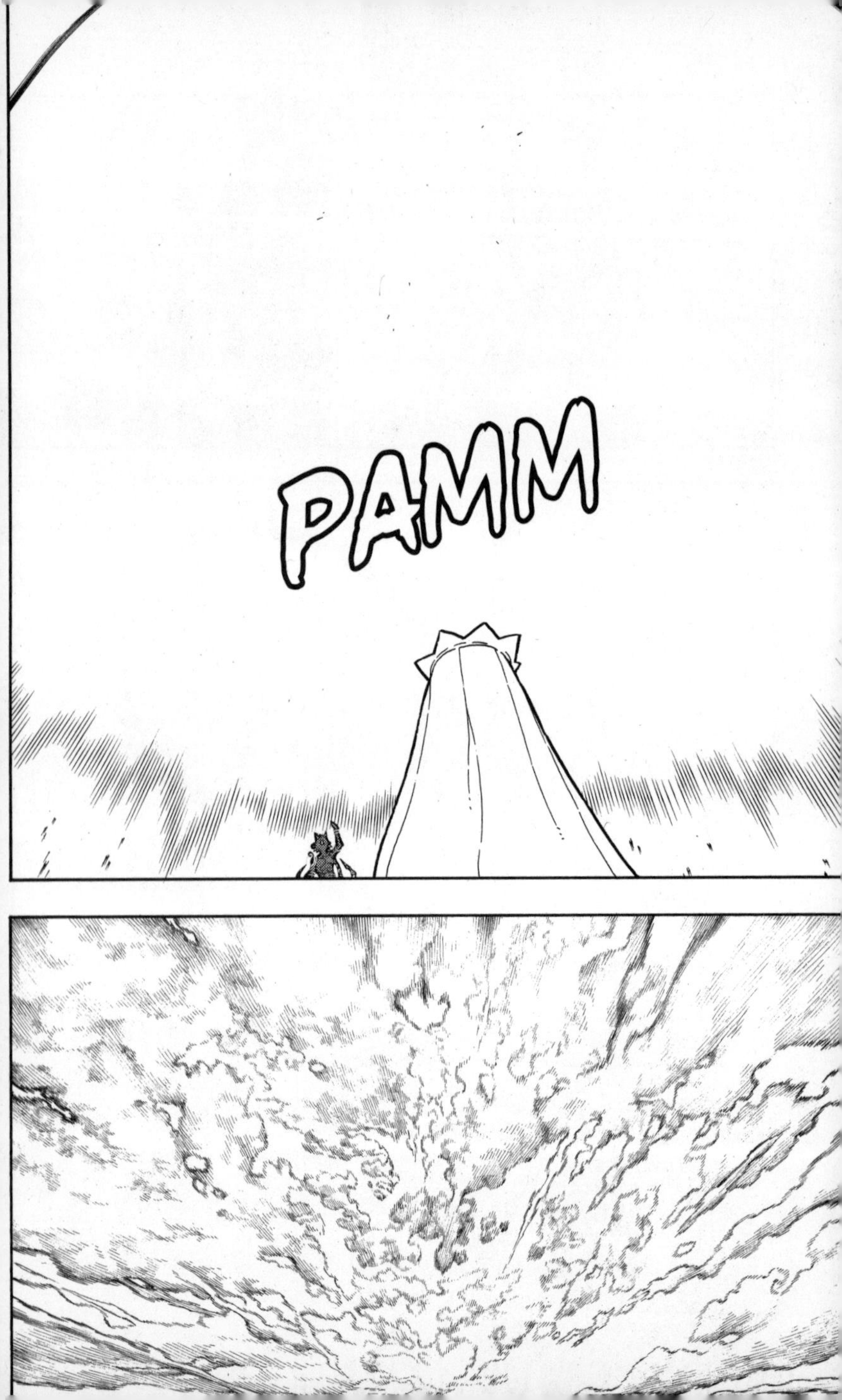
PAMM

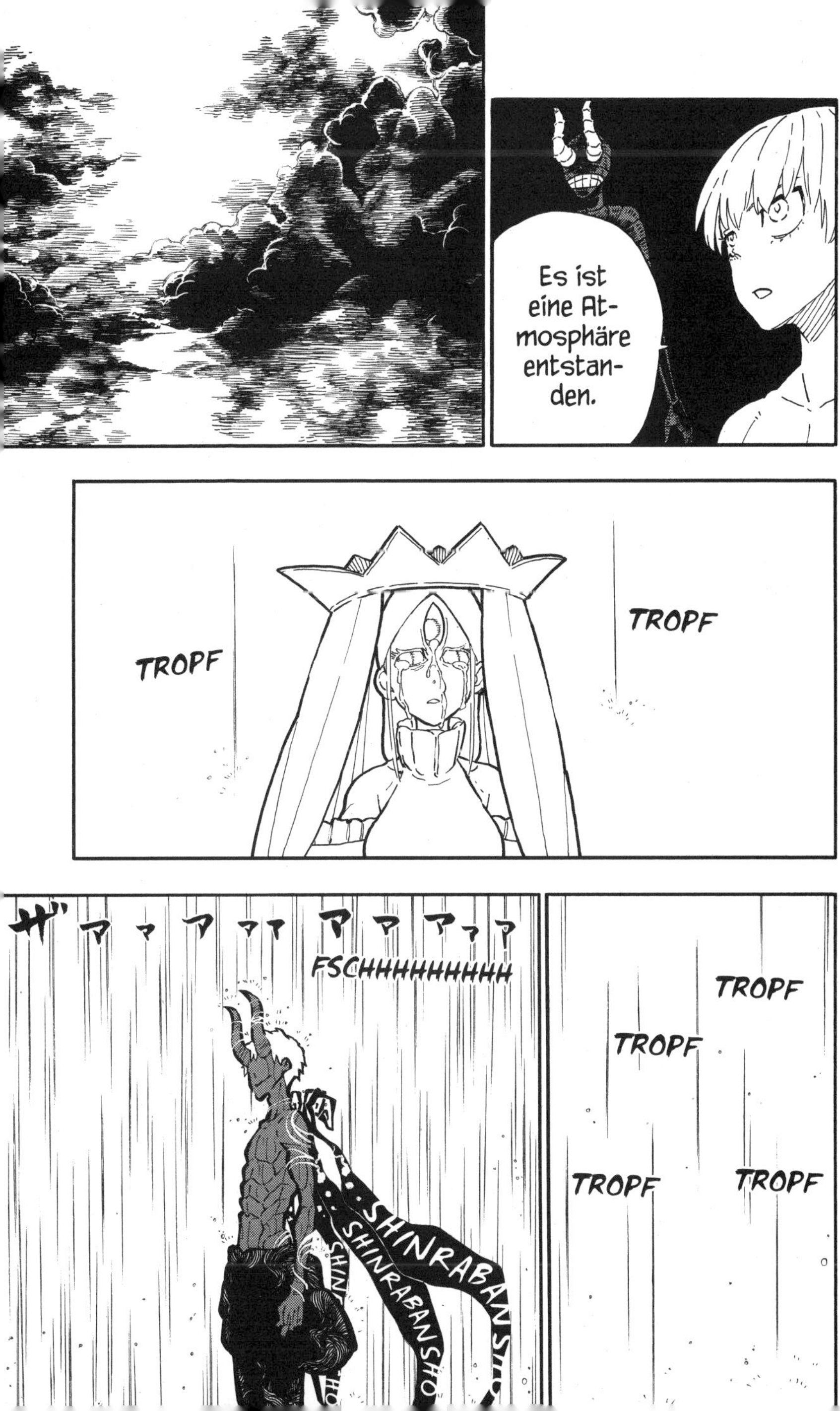
Es ist eine Atmosphäre entstanden.
TROPF
TROPF
TROPF
TROPF
TROPF
TROPF
FSCHHHHHHHHH
SHINRABANSHO
SHINRABANSHO

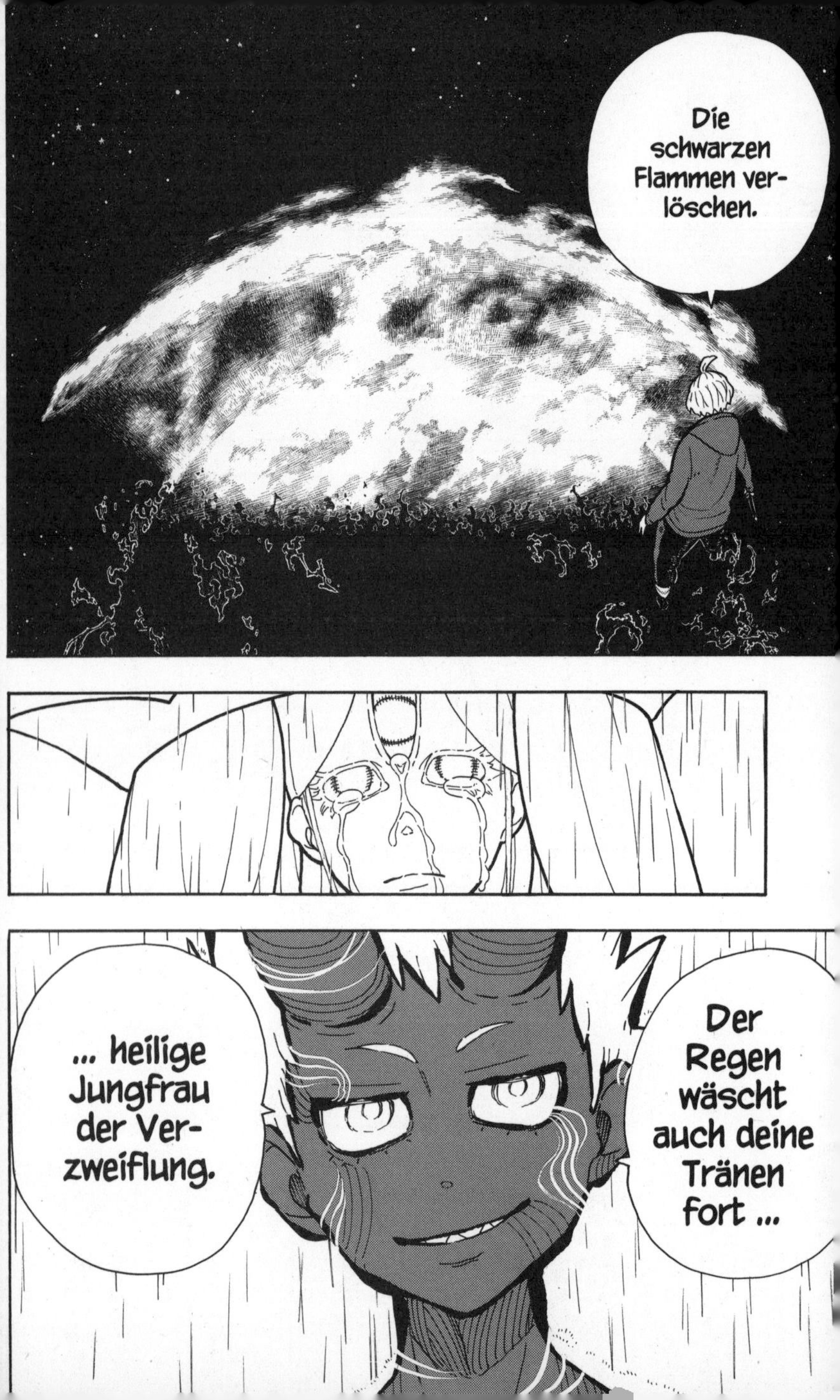
Die schwarzen Flammen ver- löschen.
Der Regen wäscht auch deine Tränen fort ...
... heilige Jungfrau der Ver- zweiflung.

FIRE FORCE

FIRE FORCE

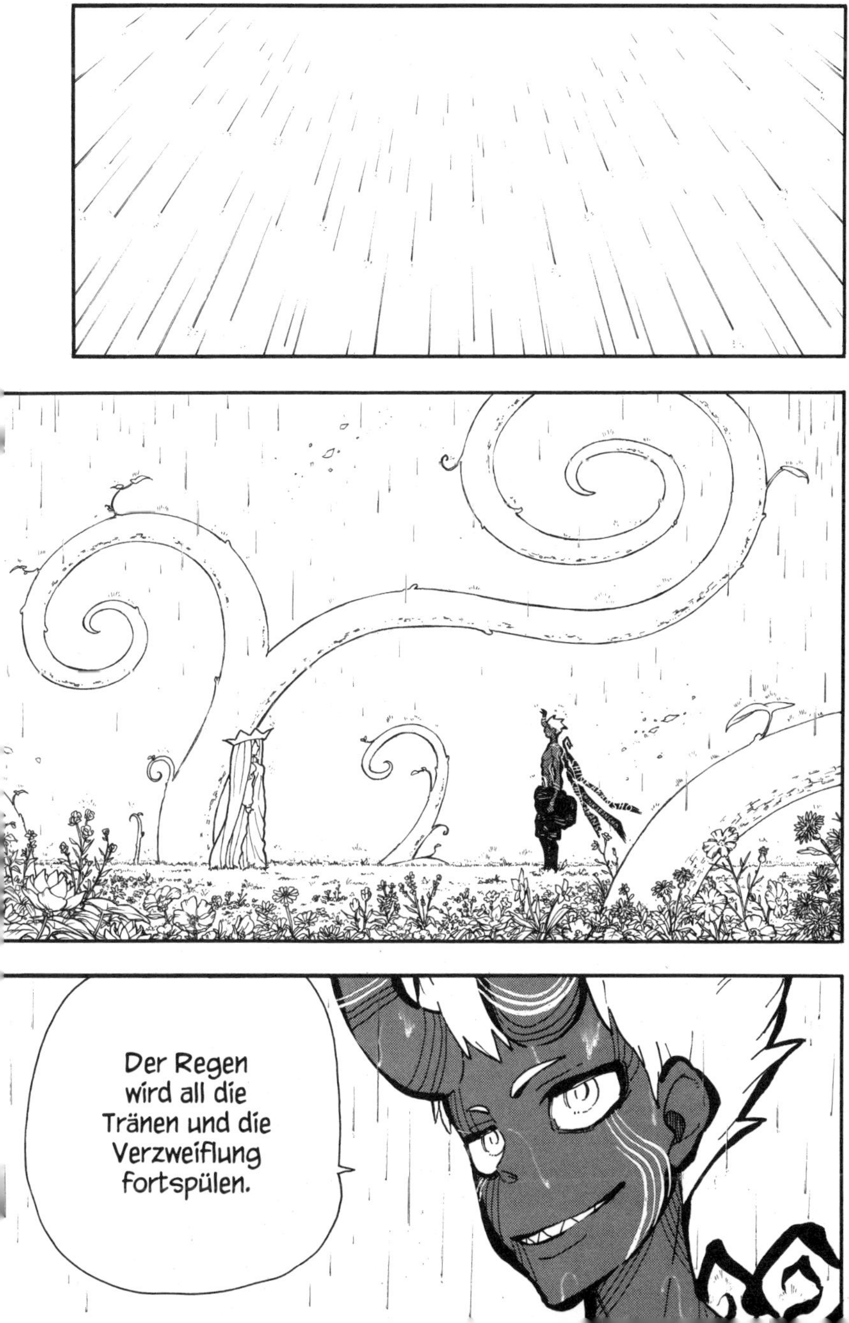
Der Regen wird all die Tränen und die Verzweiflung fortspülen.

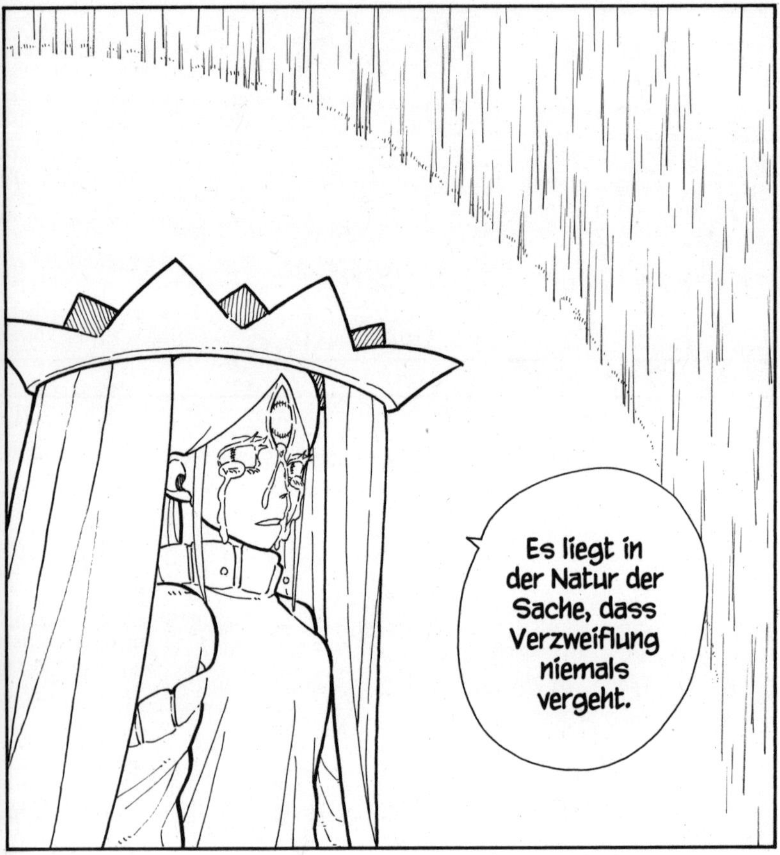

Kapitel 298: Großer Gott

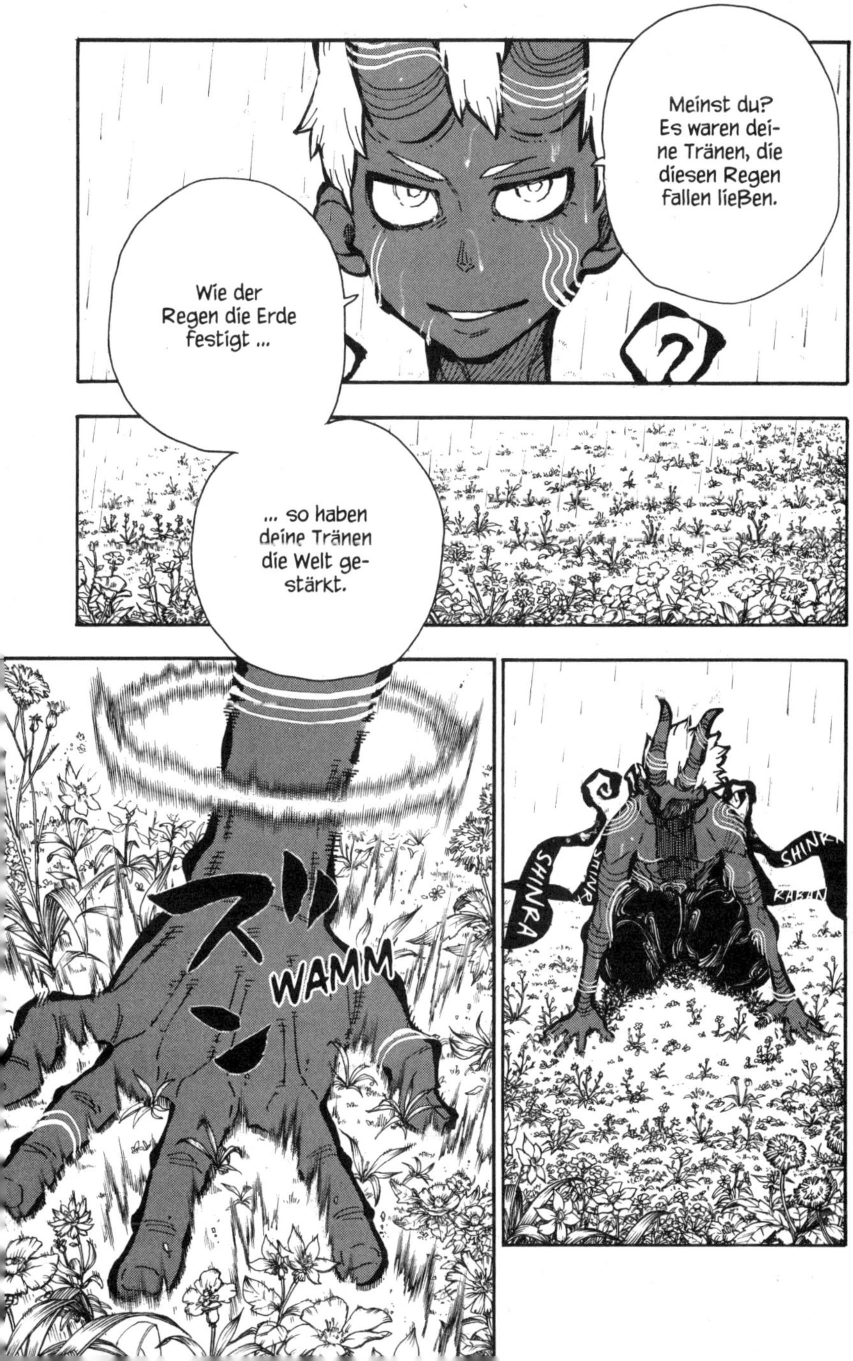
Meinst du? Es waren deine Tränen, die diesen Regen fallen ließen.
Wie der Regen die Erde festigt ...
... so haben deine Tränen die Welt gestärkt.
WAMM
SHINRA

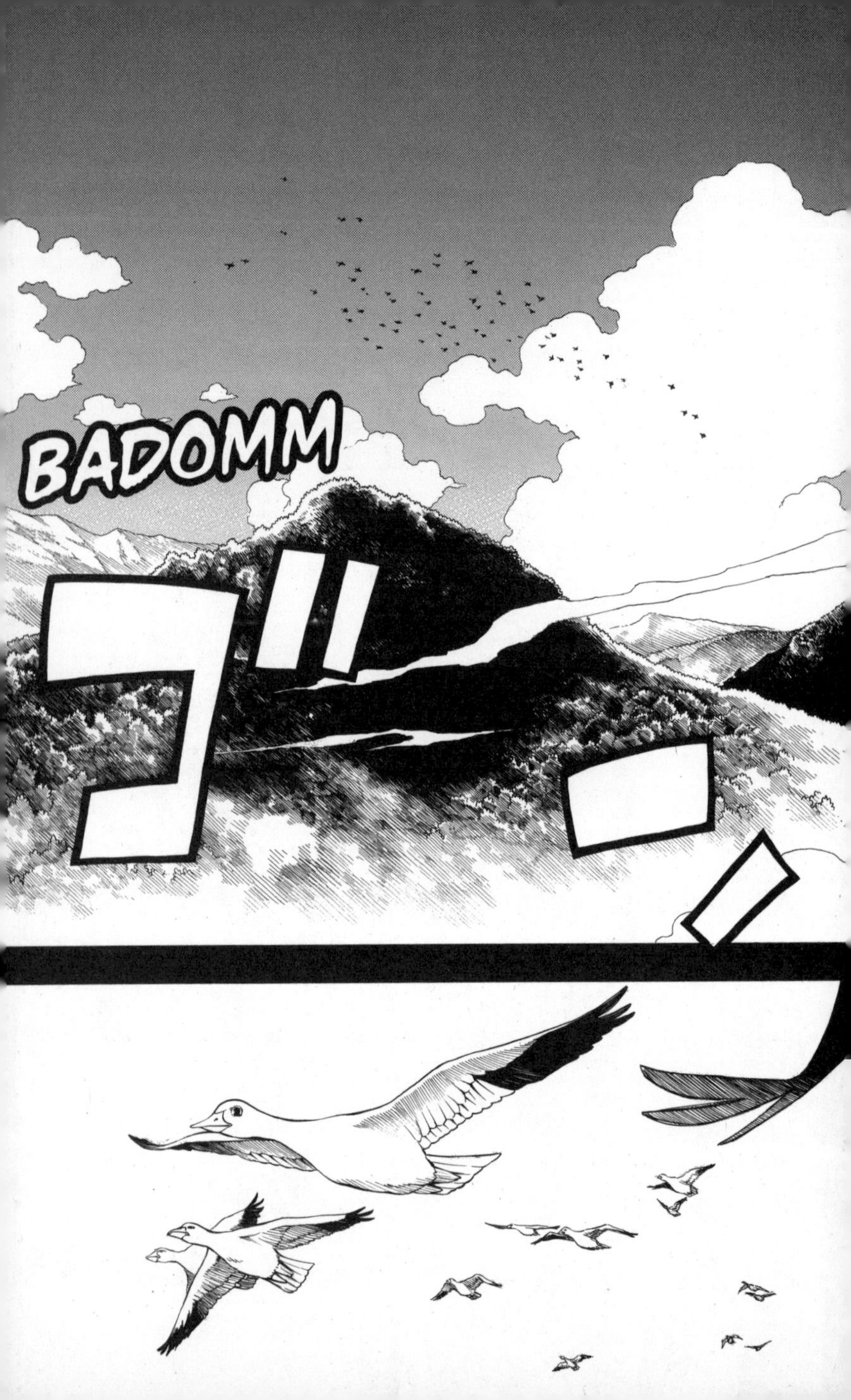
BADOMM

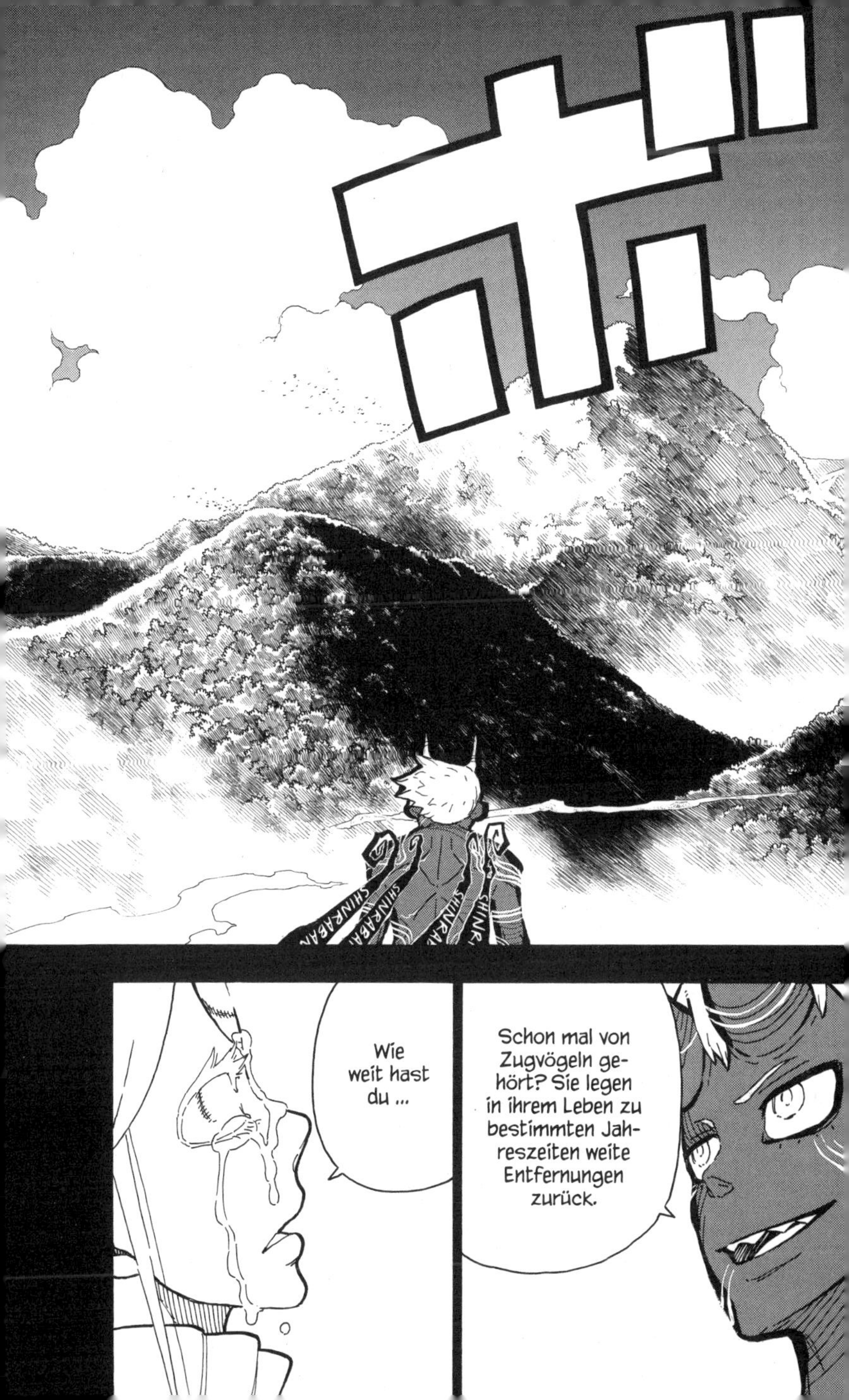
Schon mal von Zugvögeln gehört? Sie legen in ihrem Leben zu bestimmten Jahreszeiten weite Entfernungen zurück.
Wie weit hast du ...

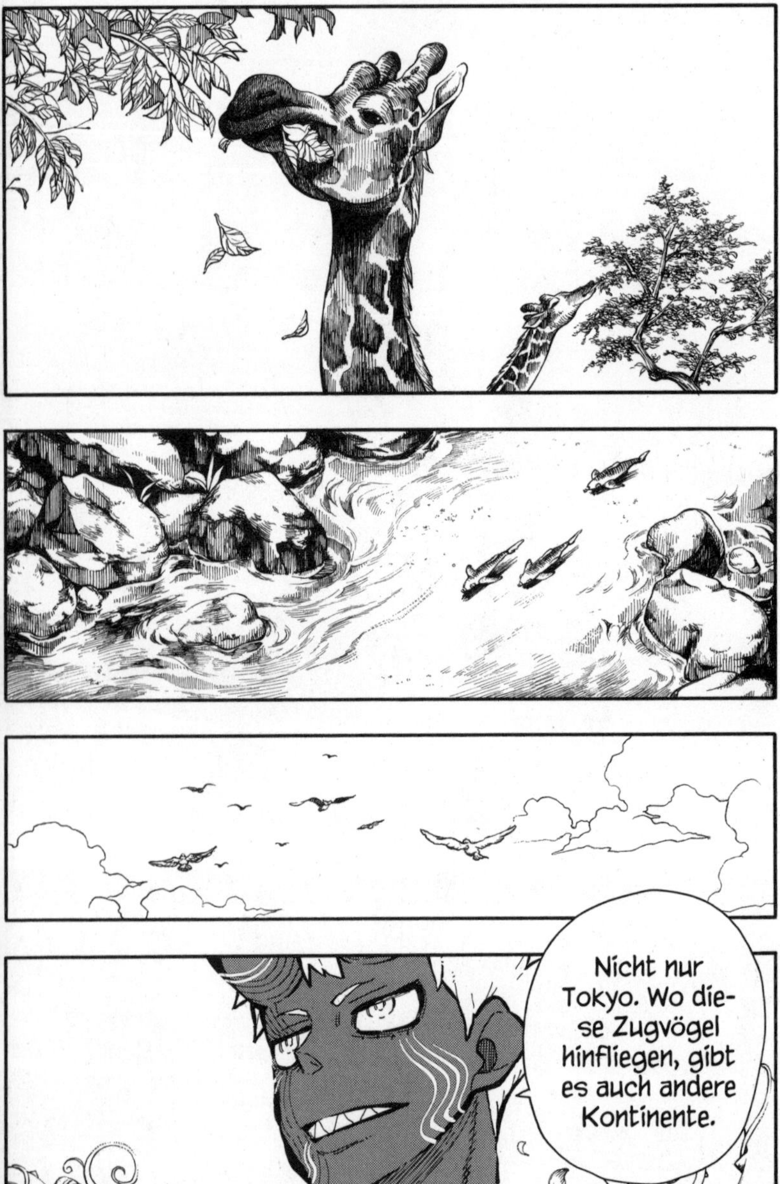
Nicht nur Tokyo. Wo diese Zugvögel hinfliegen, gibt es auch andere Kontinente.

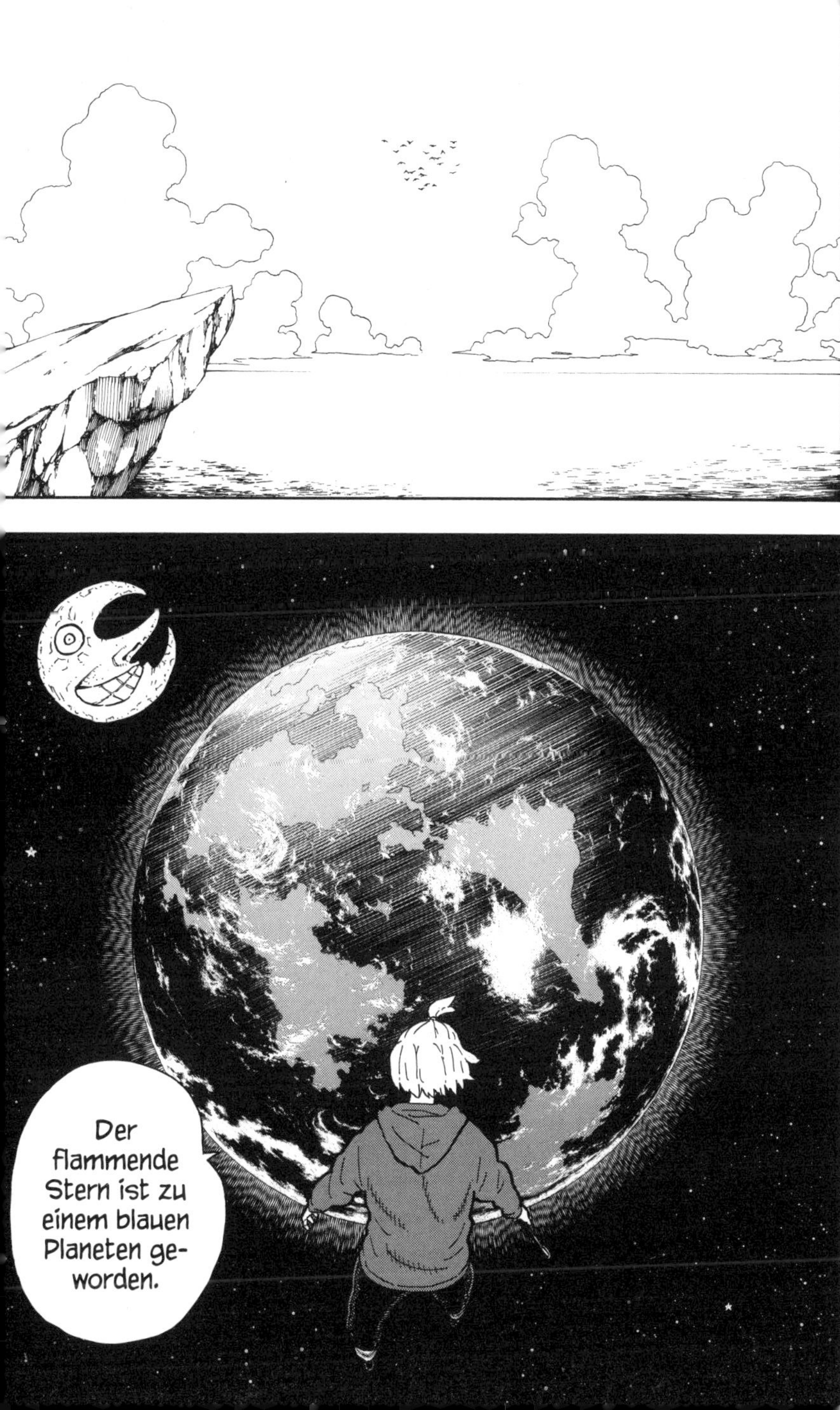
Der flammende Stern ist zu einem blauen Planeten geworden.

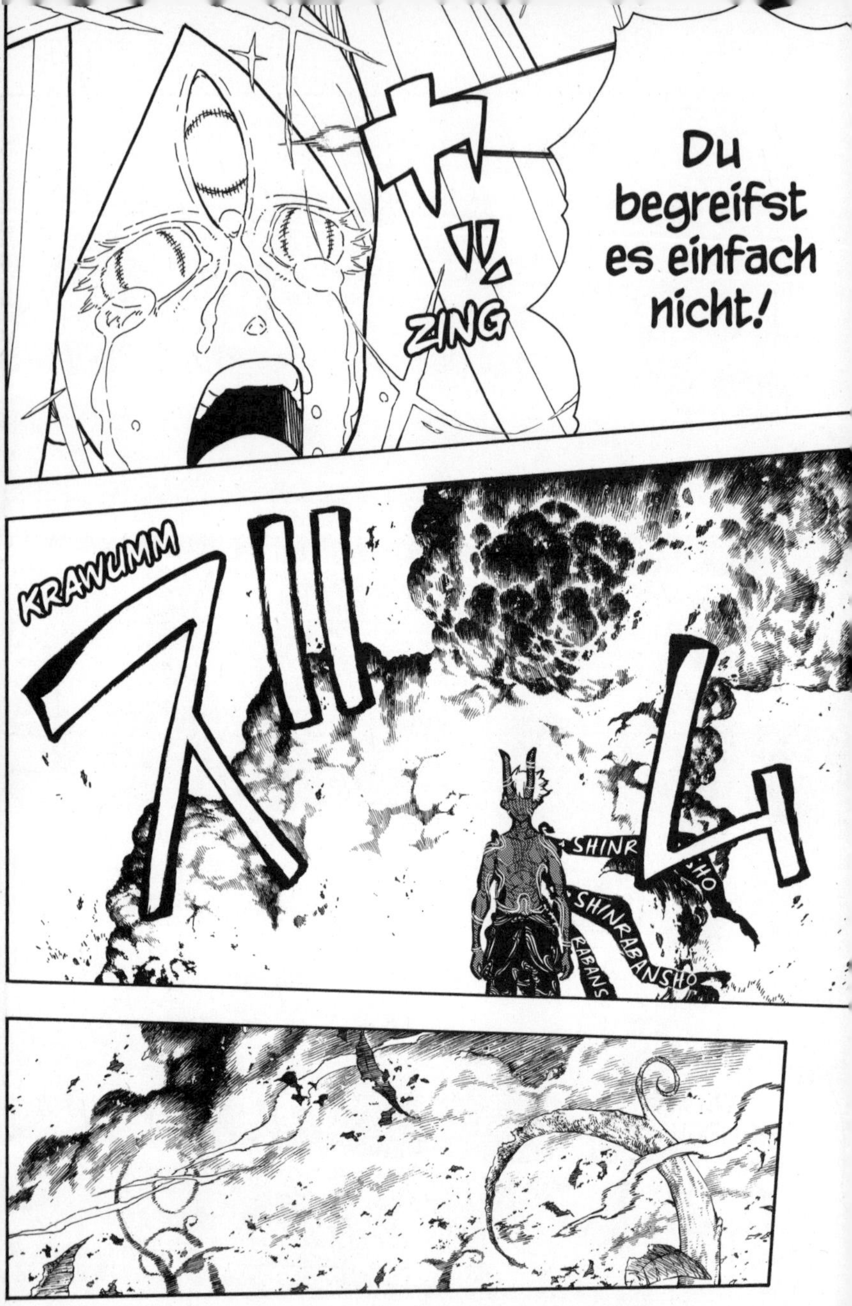
ZING
Du begreifst es einfach nicht!
KRAWUMM
SHINRABANSHO
SHINRABANSHO
SHINRABANSHO
RABANS

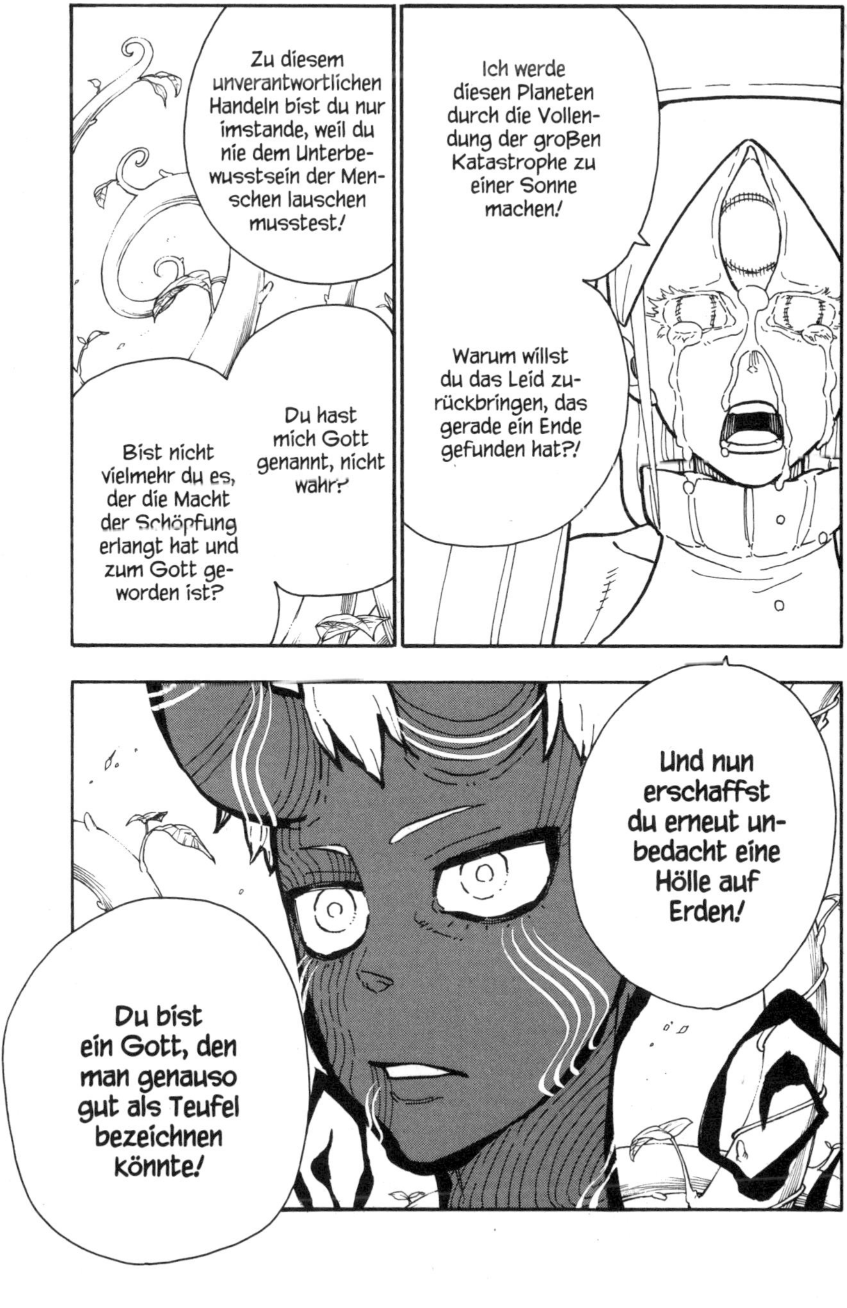
Ich werde diesen Planeten durch die Vollendung der großen Katastrophe zu einer Sonne machen!
Warum willst du das Leid zurückbringen, das gerade ein Ende gefunden hat?!
Zu diesem unverantwortlichen Handeln bist du nur imstande, weil du nie dem Unterbewusstsein der Menschen lauschen musstest!
Du hast mich Gott genannt, nicht wahr?
Bist nicht vielmehr du es, der die Macht der Schöpfung erlangt hat und zum Gott geworden ist?
Und nun erschaffst du erneut unbedacht eine Hölle auf Erden!
Du bist ein Gott, den man genauso gut als Teufel bezeichnen könnte!

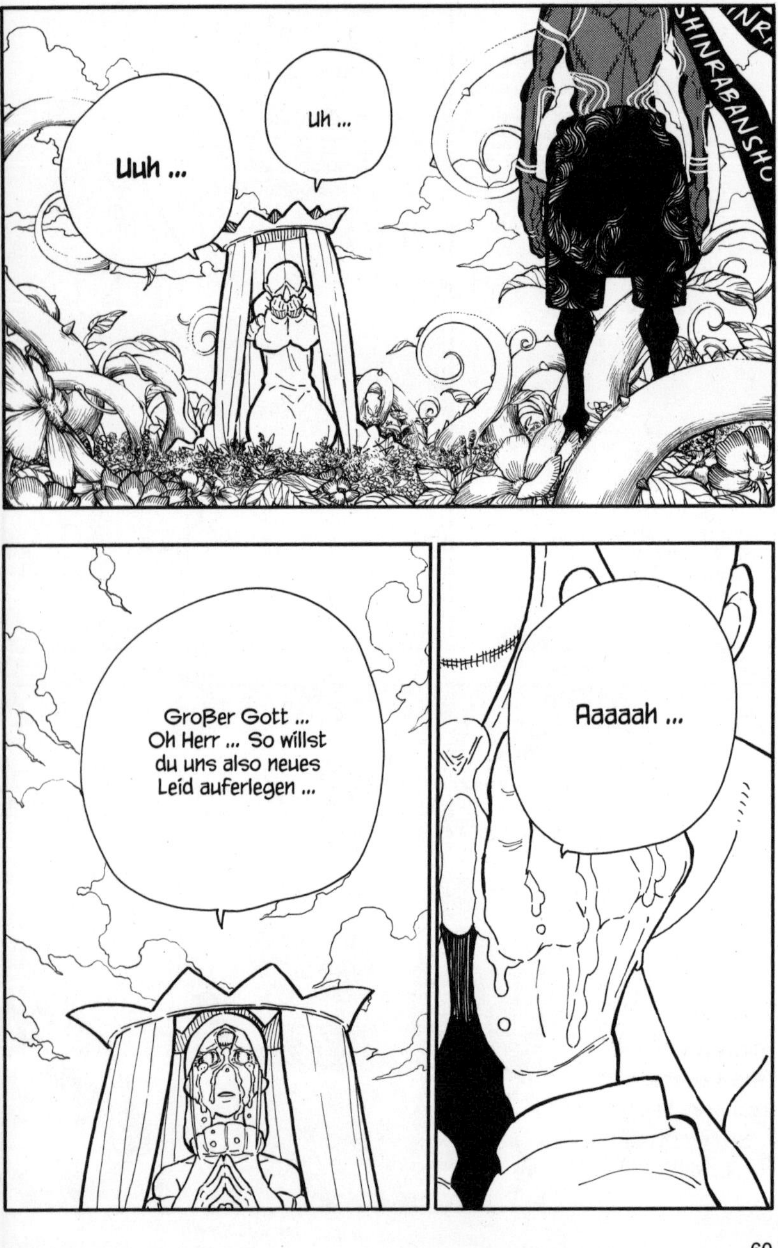
SHINRABANSHO
Uh ...
Uuh ...
Aaaaah ...
Großer Gott ...
Oh Herr ... So willst du uns also neues Leid auferlegen ...

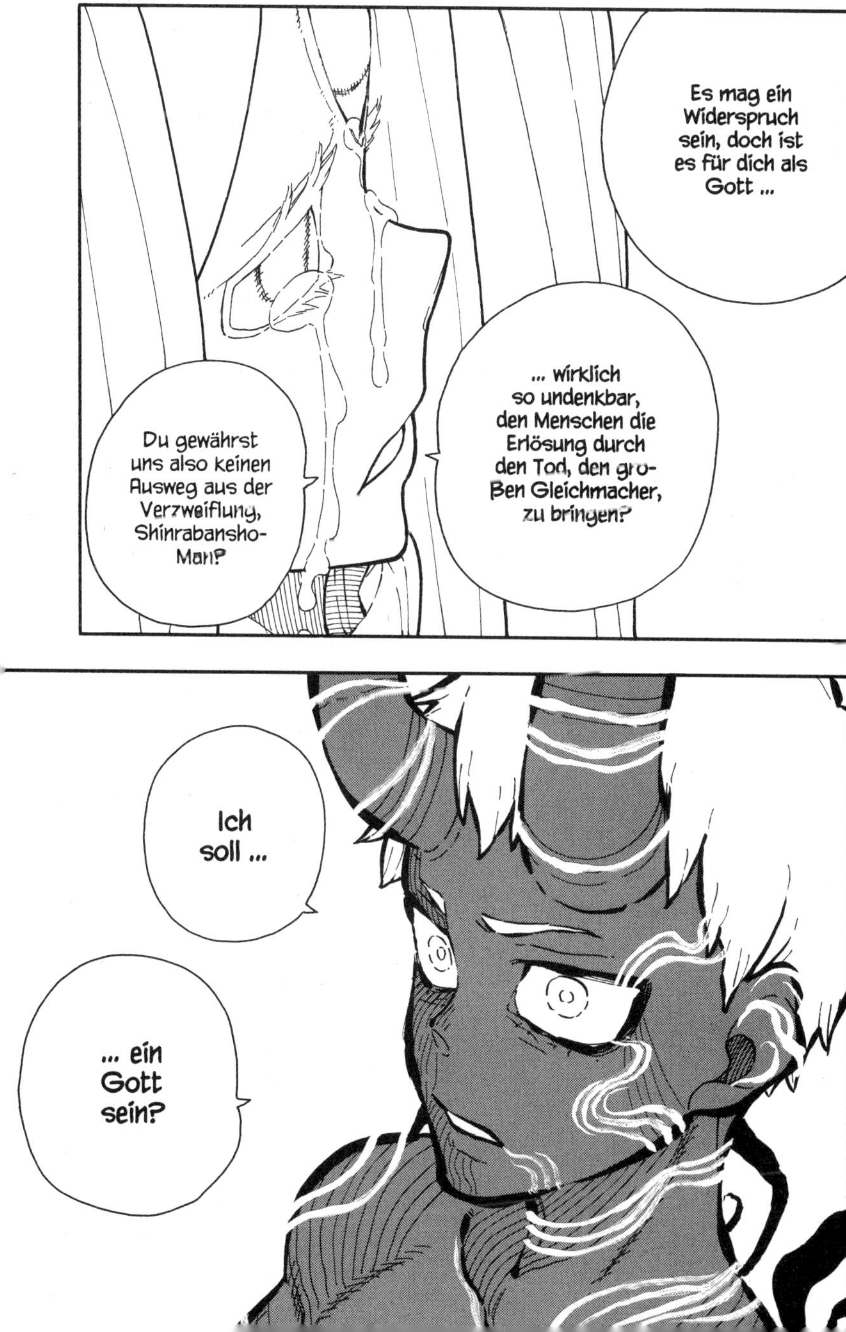
Es mag ein Widerspruch sein, doch ist es für dich als Gott ...
... wirklich so undenkbar, den Menschen die Erlösung durch den Tod, den gro-ßen Gleichmacher, zu bringen?
Du gewährst uns also keinen Ausweg aus der Verzweiflung, Shinrabansho-Man?
Ich soll ...
... ein Gott sein?

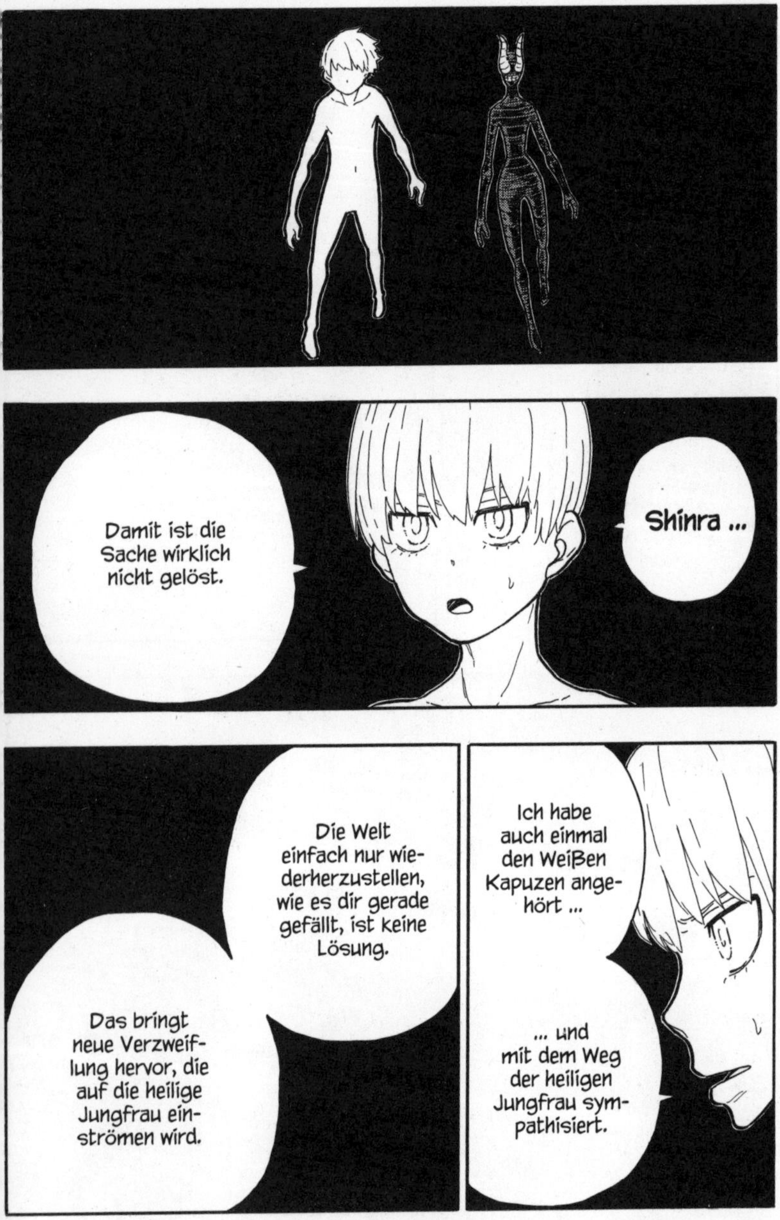
Shinra ...
Damit ist die Sache wirklich nicht gelöst.
Ich habe auch einmal den Weißen Kapuzen angehört ...
... und mit dem Weg der heiligen Jungfrau sympathisiert.
Die Welt einfach nur wiederherzustellen, wie es dir gerade gefällt, ist keine Lösung.
Das bringt neue Verzweiflung hervor, die auf die heilige Jungfrau einströmen wird.

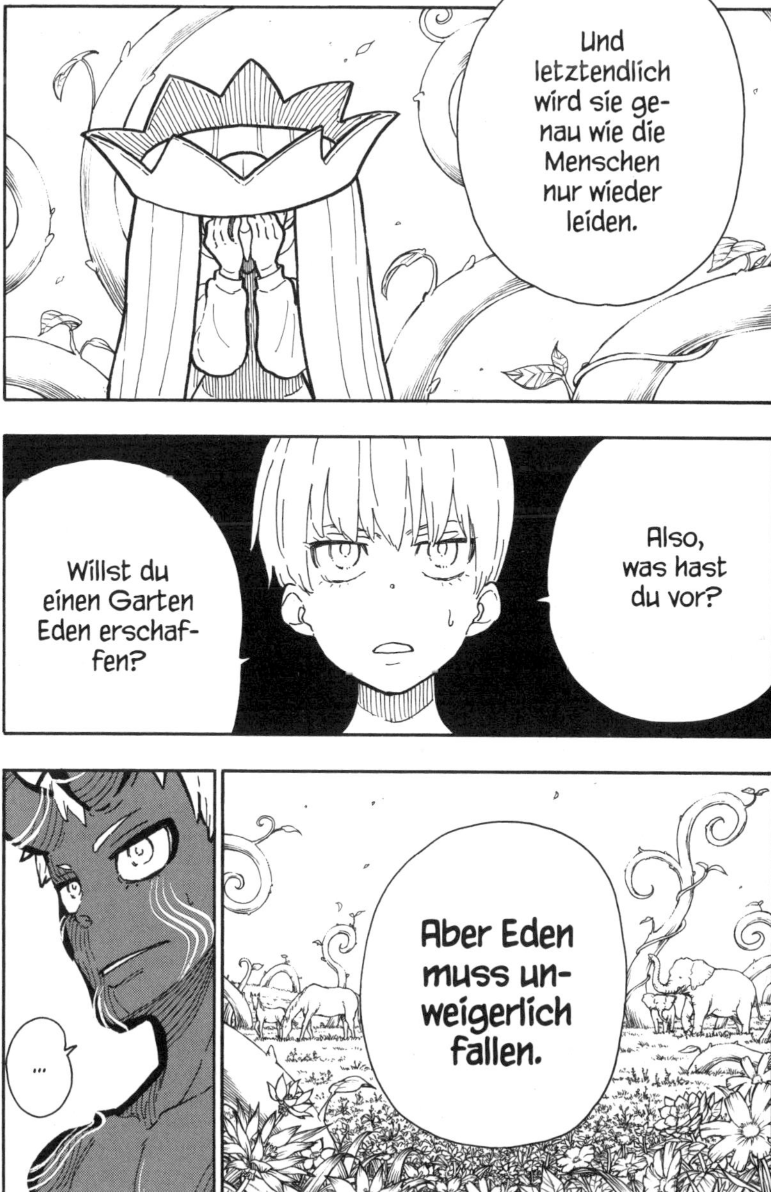
Und letztendlich wird sie genau wie die Menschen nur wieder leiden.
Also, was hast du vor?
Willst du einen Garten Eden erschaffen?
Aber Eden muss unweigerlich fallen.
...

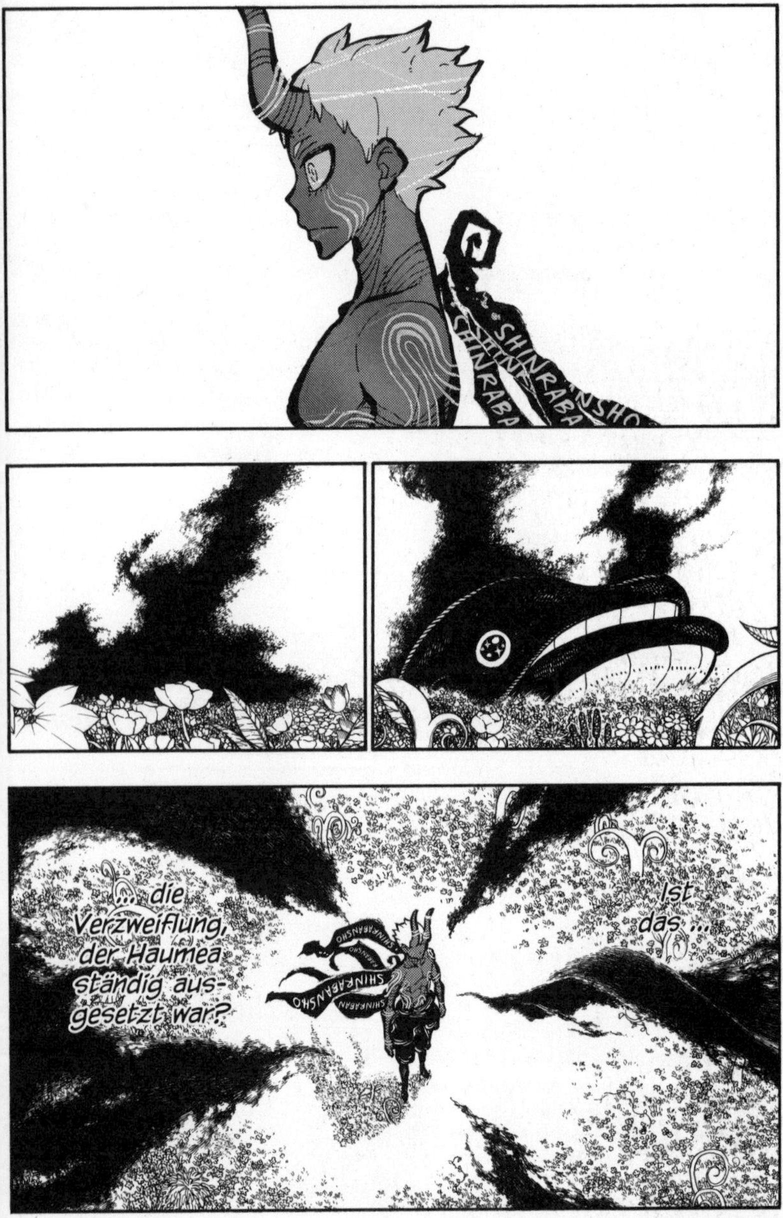
SHINRABANSHO
SHINRABANSHO
Ist das ...
... die Verzweiflung, der Haumea ständig ausgesetzt war?
SHINRABANSHO

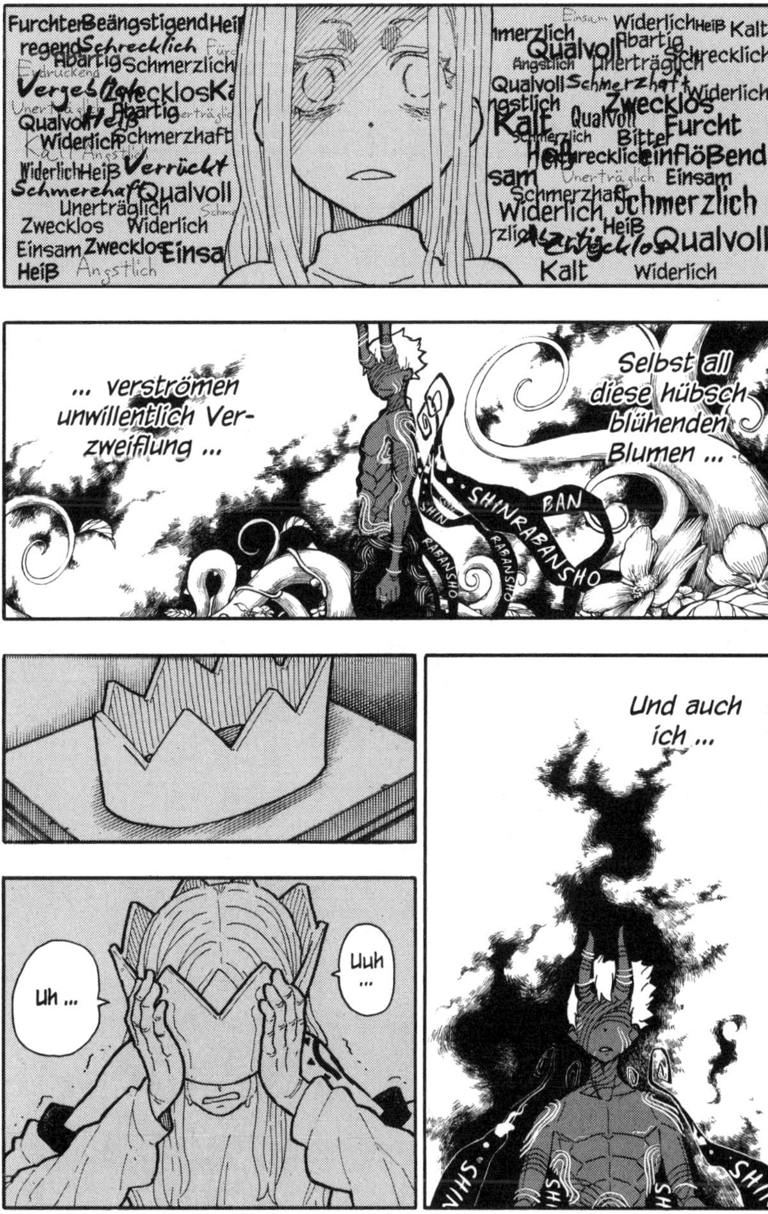

Selbst all diese hübsch blühenden Blumen ...
... verströmen unwillentlich Verzweiflung ...
SHINRABANSHO
Und auch ich ...
Uuh ...
Uh ...

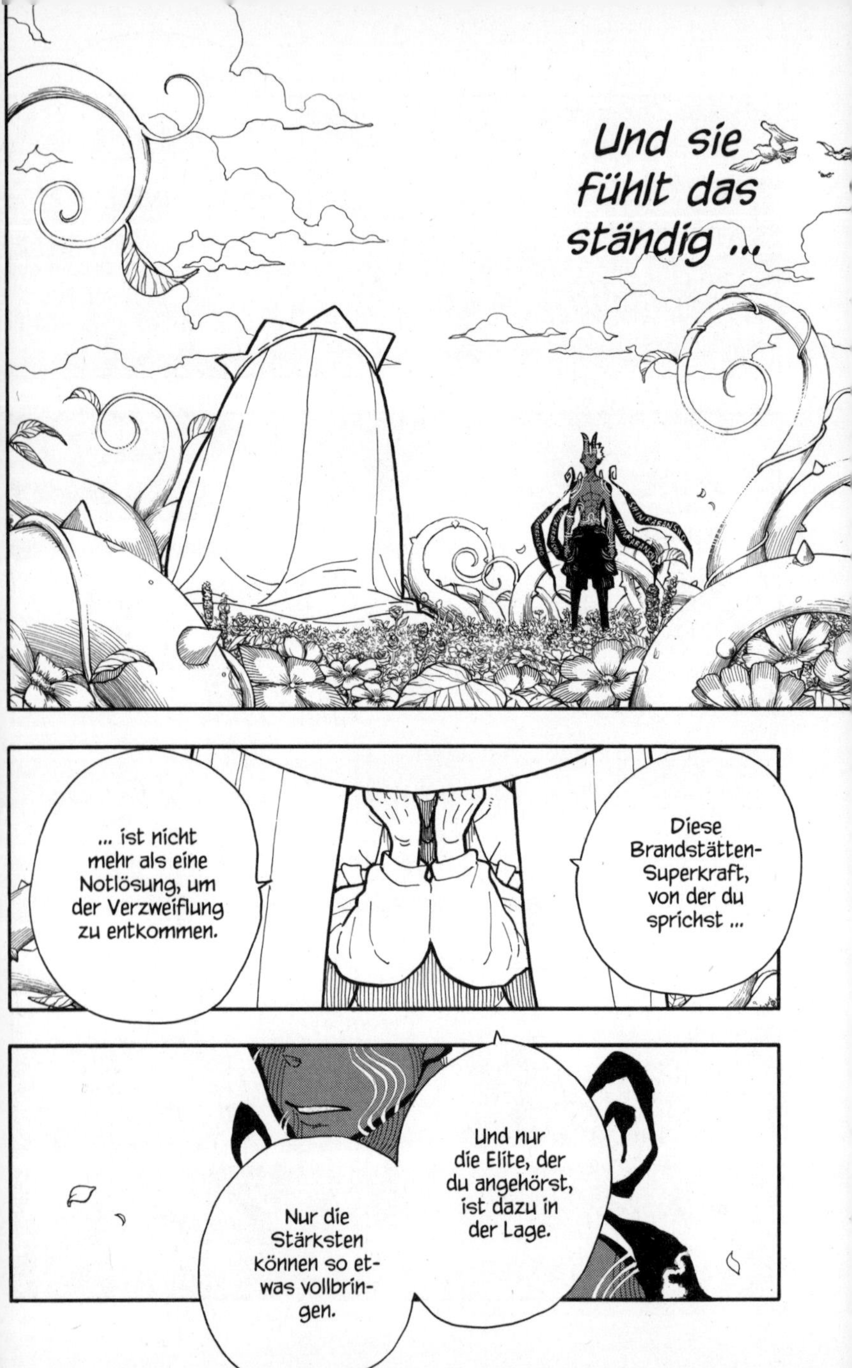
Und sie fühlt das ständig ...
Diese Brandstätten-Superkraft, von der du sprichst ...
... ist nicht mehr als eine Notlösung, um der Verzweiflung zu entkommen.
Und nur die Elite, der du angehörst, ist dazu in der Lage.
Nur die Stärksten können so etwas vollbringen.

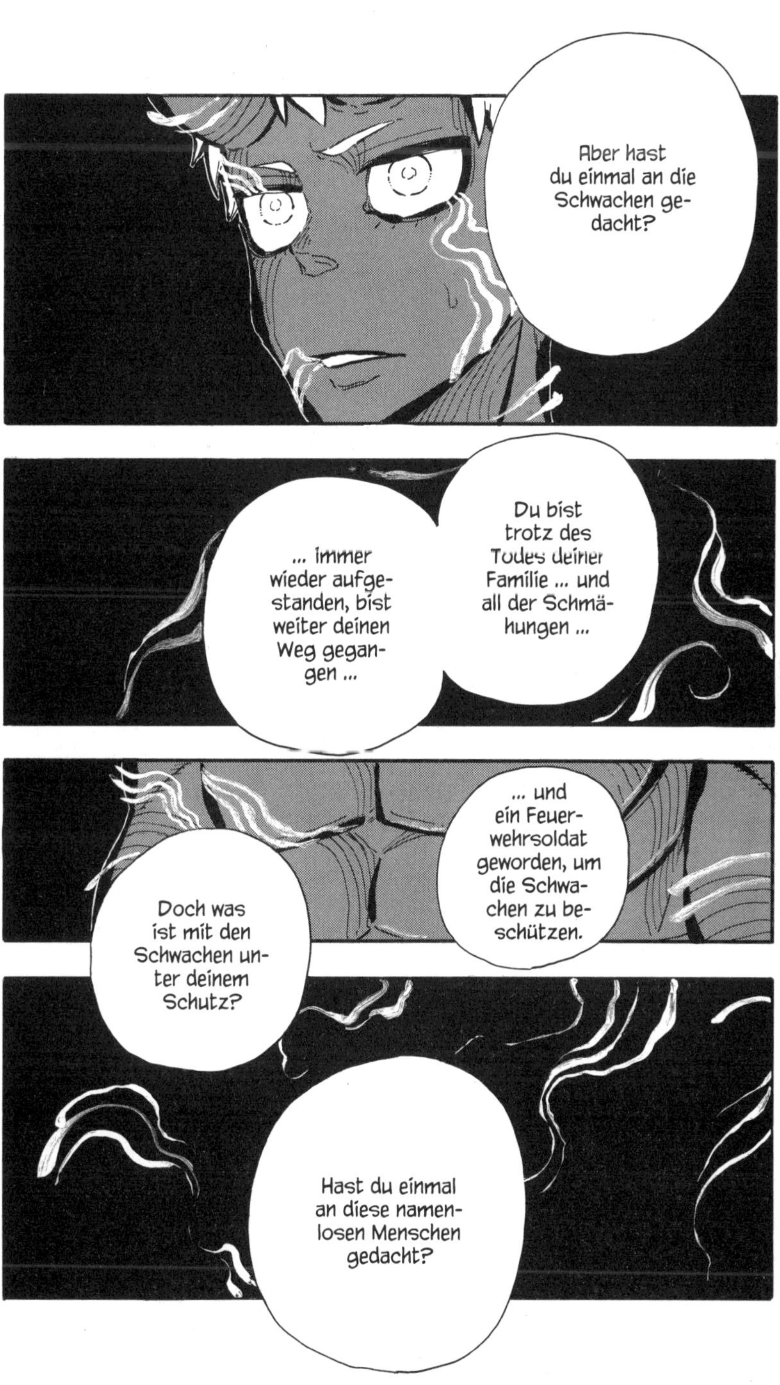
Aber hast du einmal an die Schwachen gedacht?
Du bist trotz des Todes deiner Familie ... und all der Schmähungen ...
... immer wieder aufgestanden, bist weiter deinen Weg gegangen ...
... und ein Feuerwehrsoldat geworden, um die Schwachen zu beschützen.
Doch was ist mit den Schwachen unter deinem Schutz?
Hast du einmal an diese namenlosen Menschen gedacht?

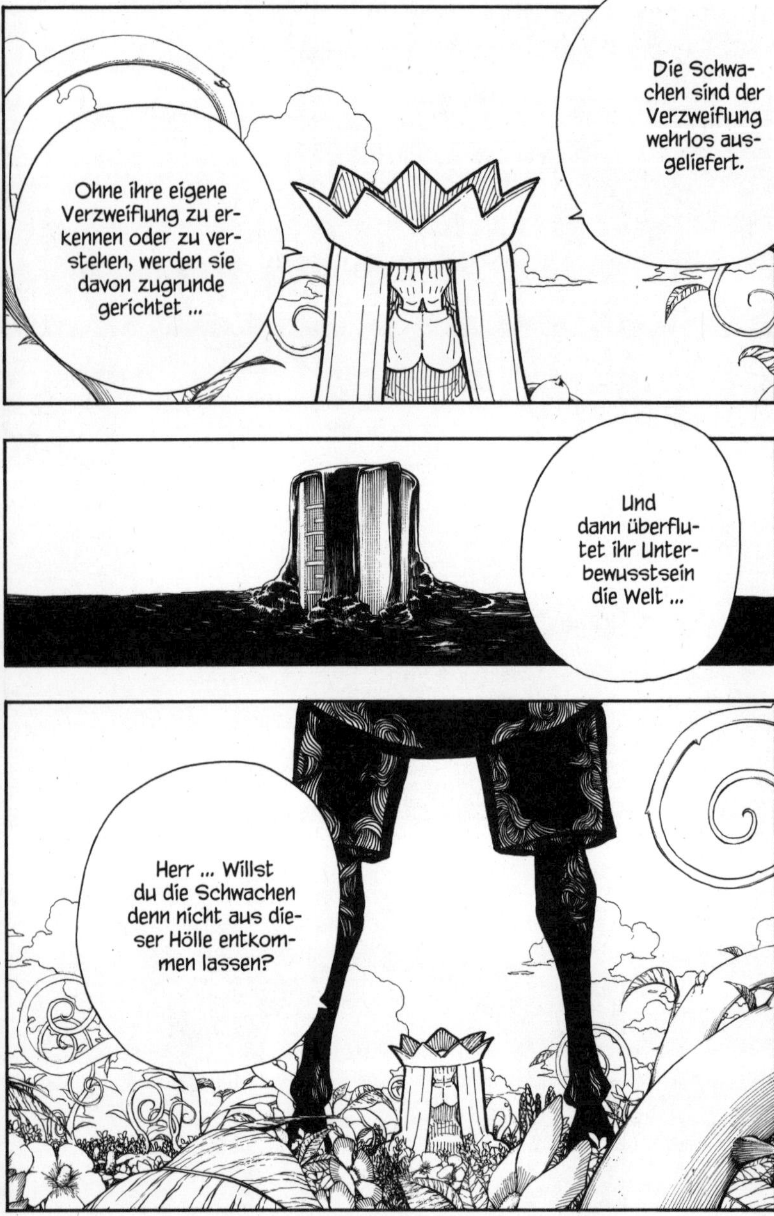
Die Schwachen sind der Verzweiflung wehrlos ausgeliefert.
Ohne ihre eigene Verzweiflung zu erkennen oder zu verstehen, werden sie davon zugrunde gerichtet ...
Und dann überflutet ihr Unterbewusstsein die Welt ...
Herr ... Willst du die Schwachen denn nicht aus dieser Hölle entkommen lassen?

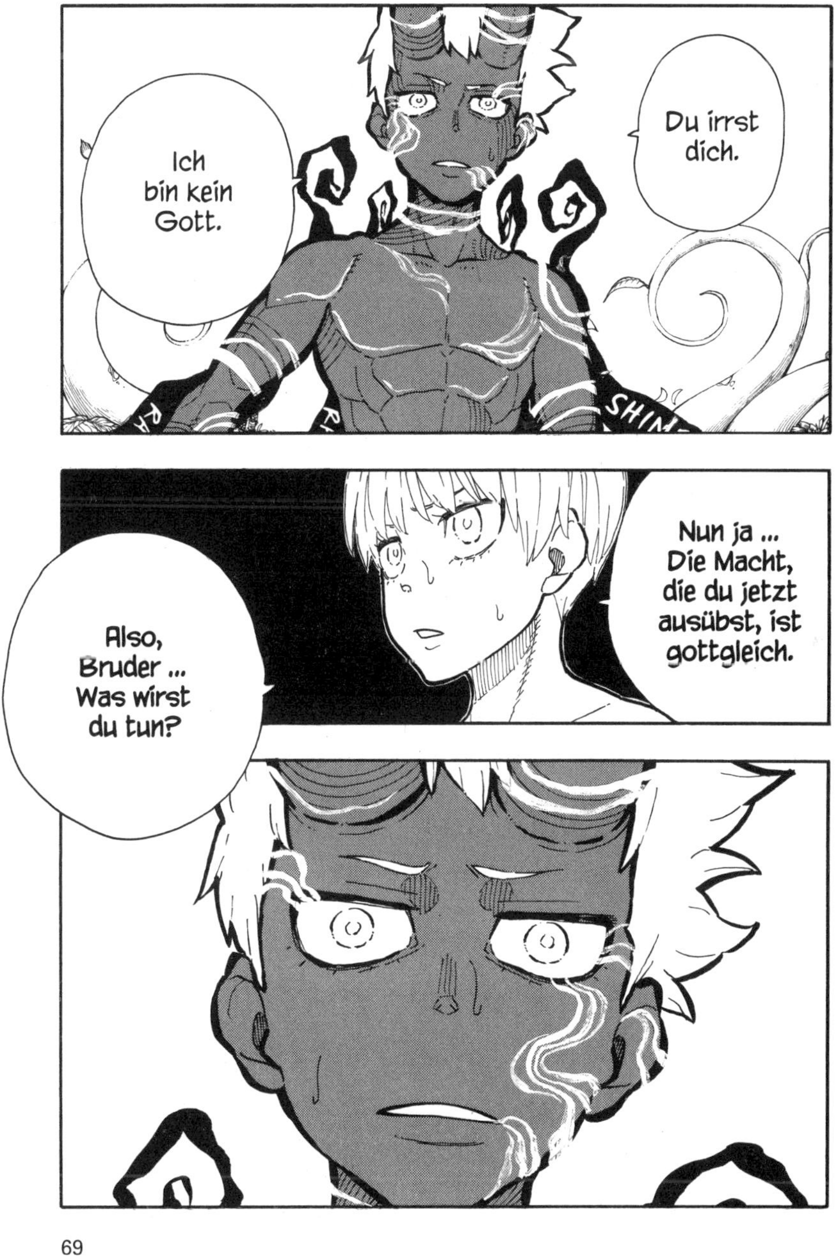
Du irrst dich.
Ich bin kein Gott.
Nun ja ... Die Macht, die du jetzt ausübst, ist gottgleich.
Also, Bruder ... Was wirst du tun?

FIRE FORCE

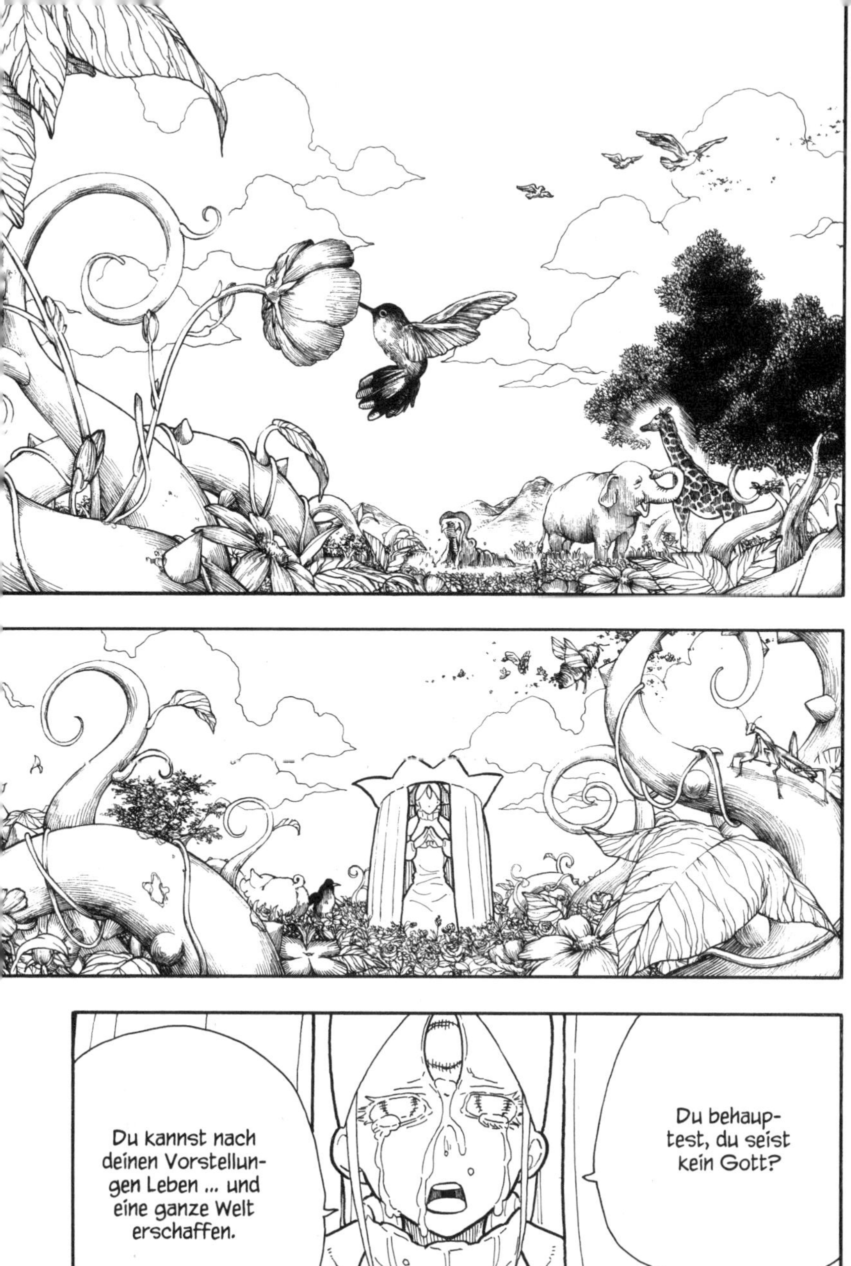
Du behaup-
test, du seist
kein Gott?
Du kannst nach
deinen Vorstellun-
gen Leben ... und
eine ganze Welt
erschaffen.

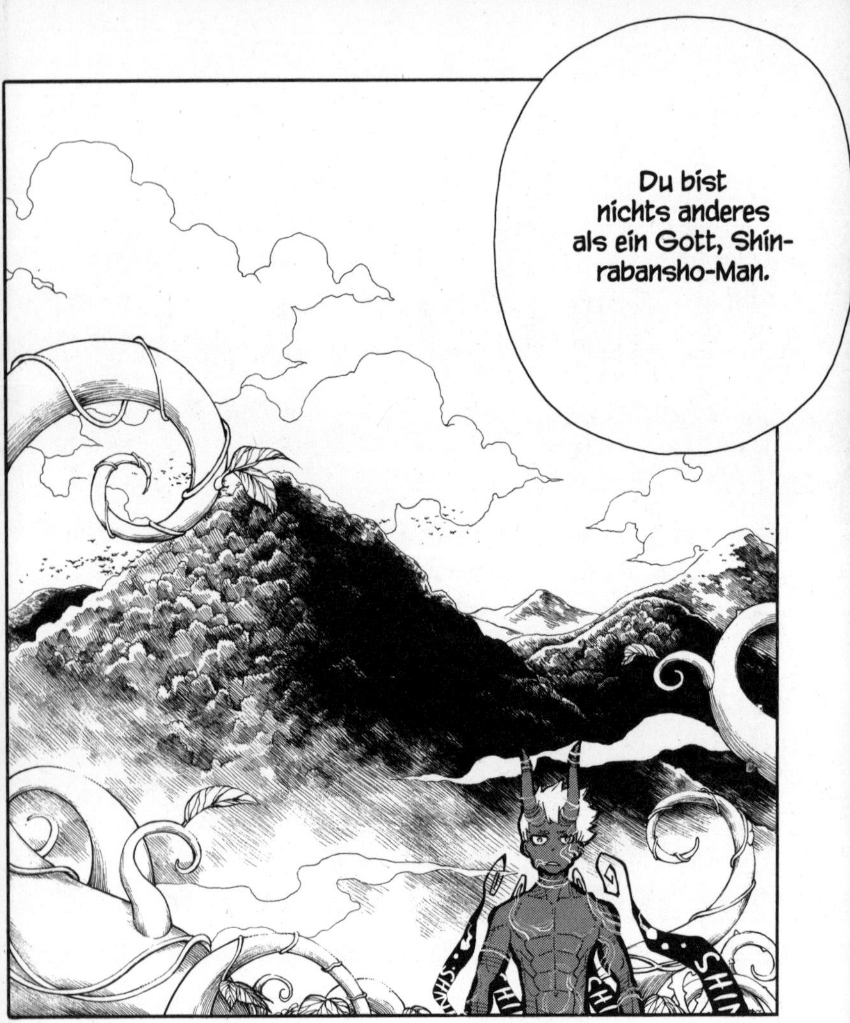

Kapitel 299: Die Antwort

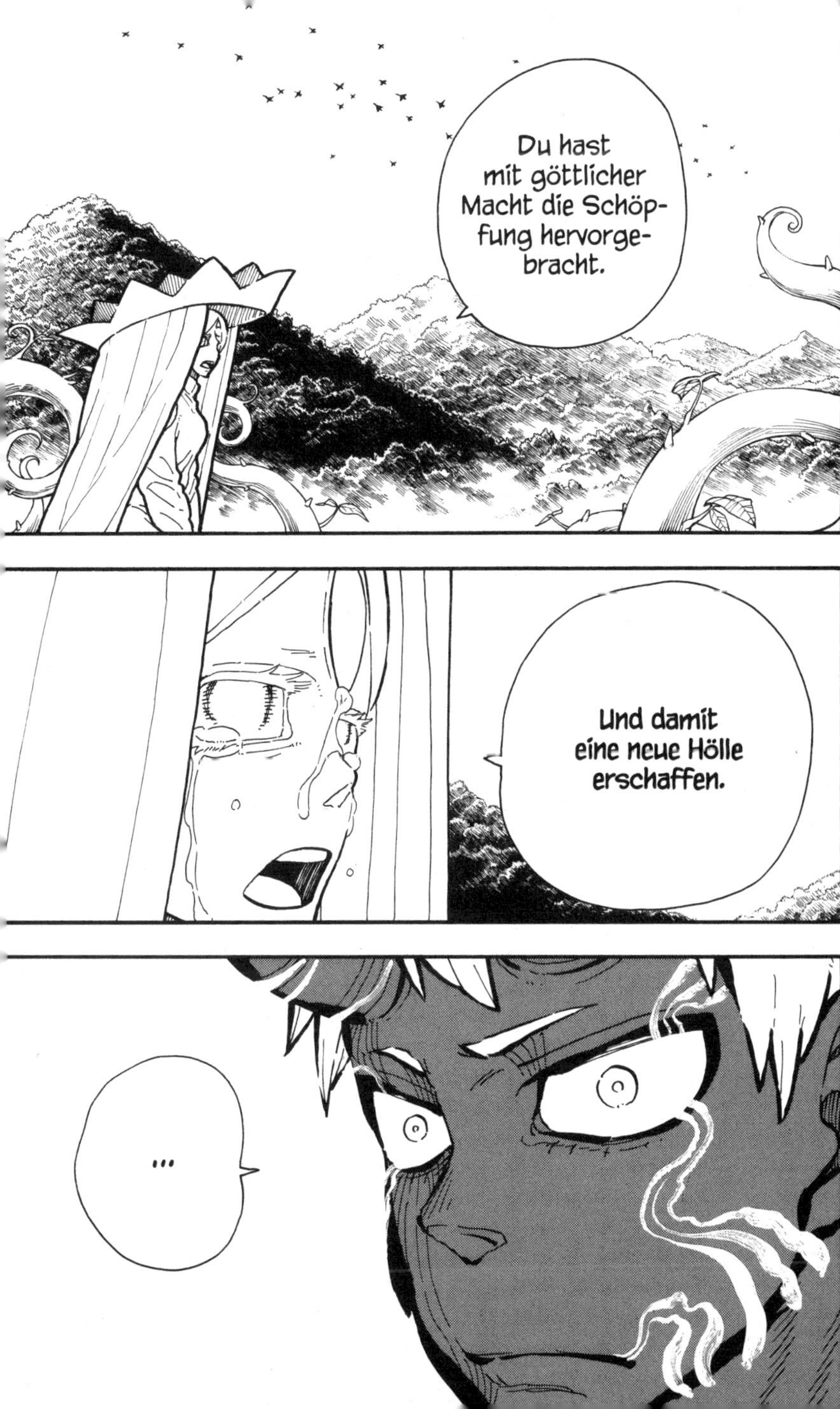
Du hast mit göttlicher Macht die Schöpfung hervorgebracht.
Und damit eine neue Hölle erschaffen.
...

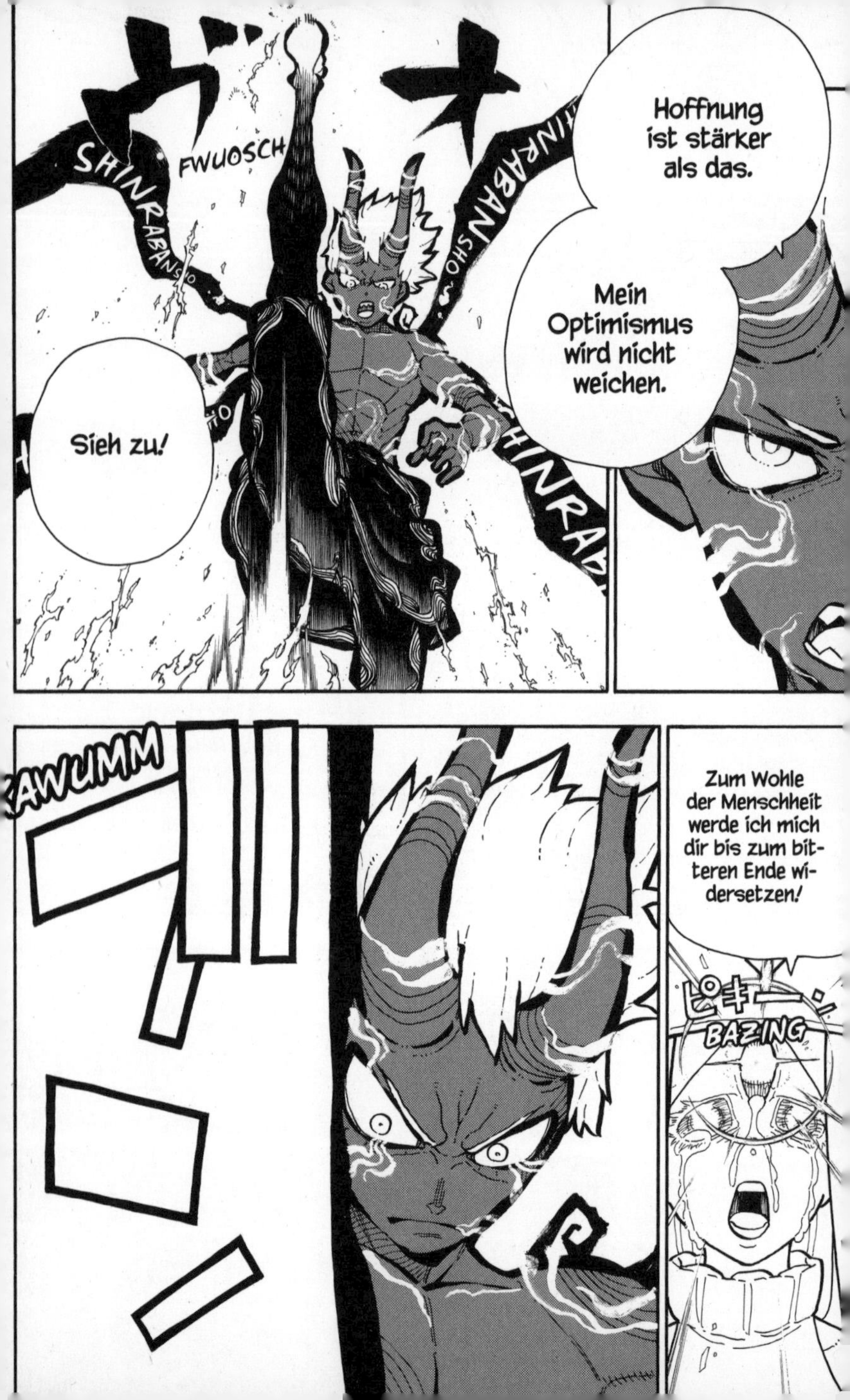
Hoffnung ist stärker als das.
Mein Optimismus wird nicht weichen.
SHINRABANSHO
SHINRABANSHO
FWUOSCH
Sieh zu!
Zum Wohle der Menschheit werde ich mich dir bis zum bitteren Ende widersetzen!
BAZING
AWUMM

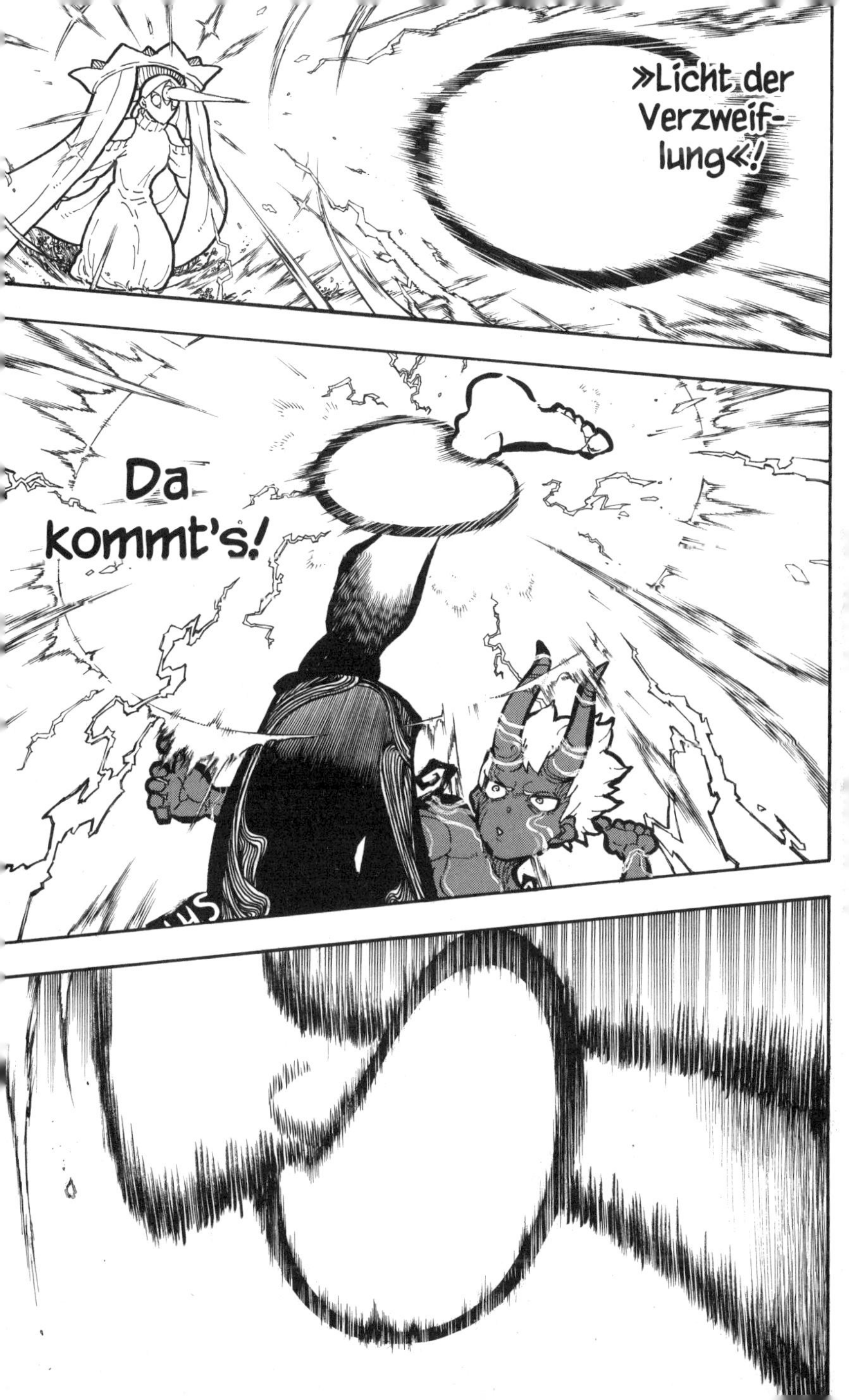
»Licht der Verzweif-lung«!
Da kommt's!

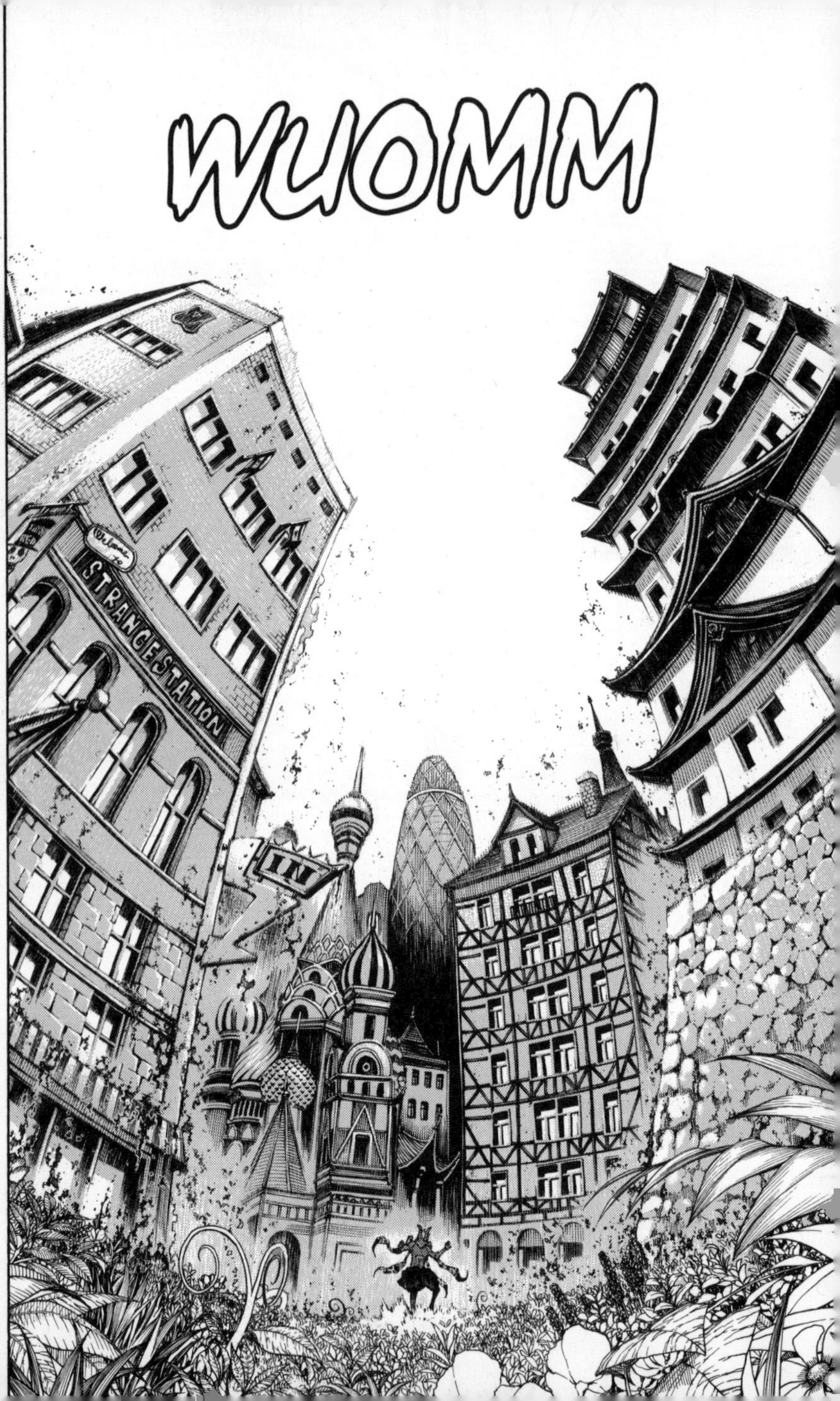
WUOMM
Welcome to
STRANGE STATION
IN

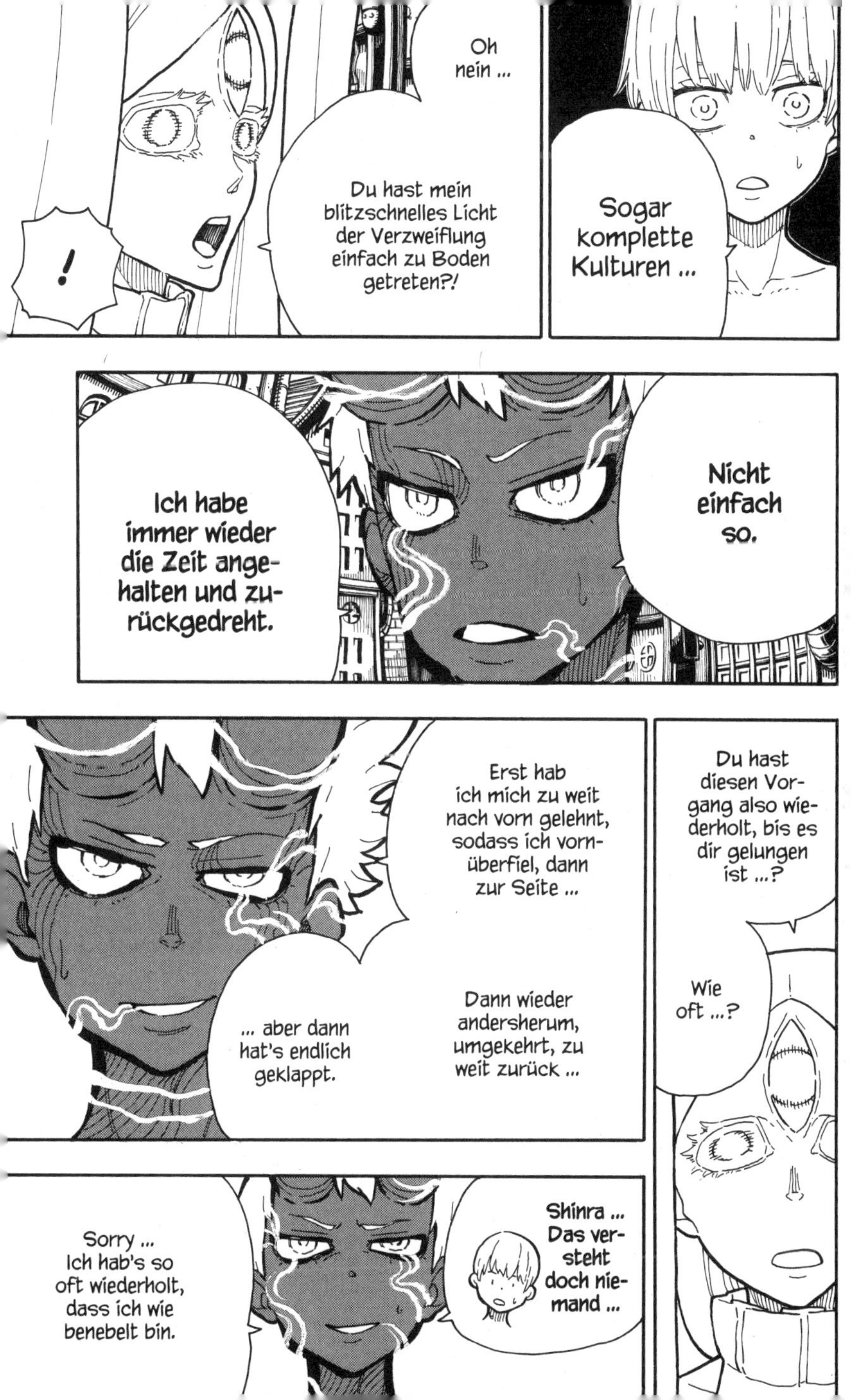

Sogar komplette Kulturen ...
Oh nein ...
Du hast mein blitzschnelles Licht der Verzweiflung einfach zu Boden getreten?!
!
Nicht einfach so.
Ich habe immer wieder die Zeit angehalten und zurückgedreht.
Du hast diesen Vorgang also wiederholt, bis es dir gelungen ist ...?
Wie oft ...?
Erst hab ich mich zu weit nach vorn gelehnt, sodass ich vornüberfiel, dann zur Seite ...
Dann wieder andersherum, umgekehrt, zu weit zurück ...
... aber dann hat's endlich geklappt.
Shinra ... Das versteht doch niemand ...
Sorry ... Ich hab's so oft wiederholt, dass ich wie benebelt bin.

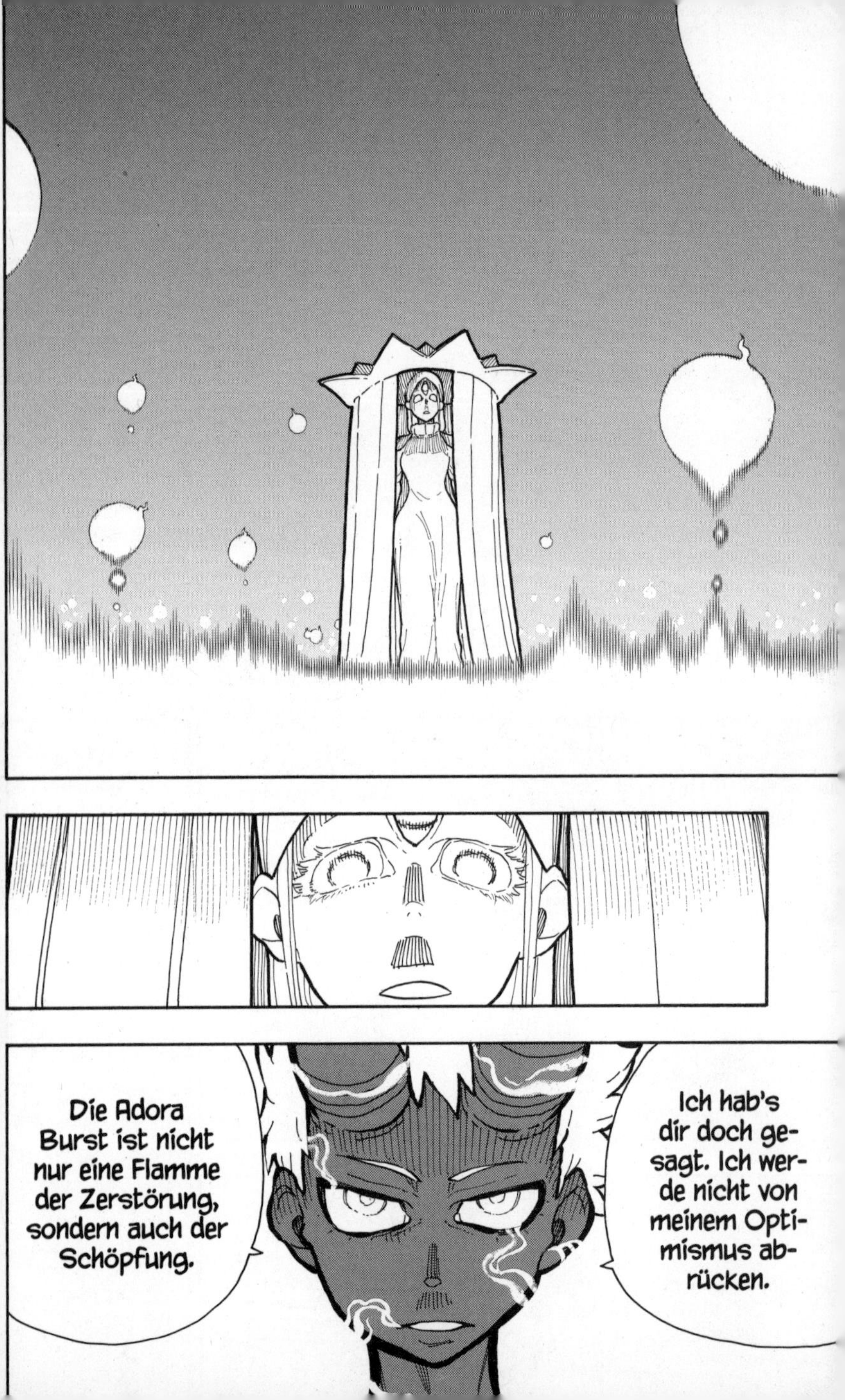
Ich hab's dir doch gesagt. Ich werde nicht von meinem Optimismus abrücken.
Die Adora Burst ist nicht nur eine Flamme der Zerstörung, sondern auch der Schöpfung.

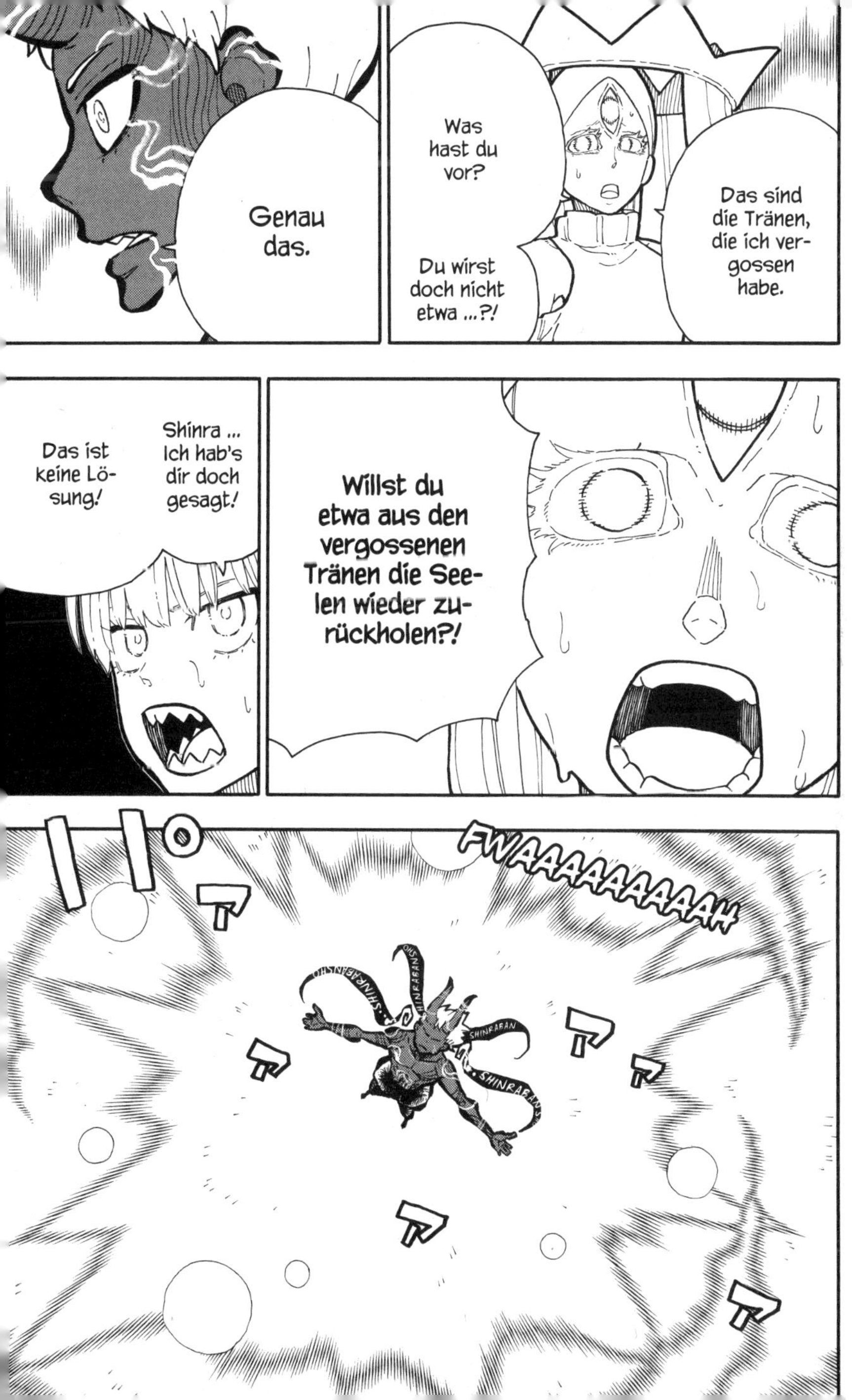
Das sind die Tränen, die ich vergossen habe.
Was hast du vor?
Du wirst doch nicht etwa ...?!
Genau das.
Willst du etwa aus den vergossenen Tränen die Seelen wieder zurückholen?!
Shinra ... Ich hab's dir doch gesagt!
Das ist keine Lösung!
FWAAAAAAAAAAH
SHINRABANSHO
SHINRABAN
SHINRABANSHO

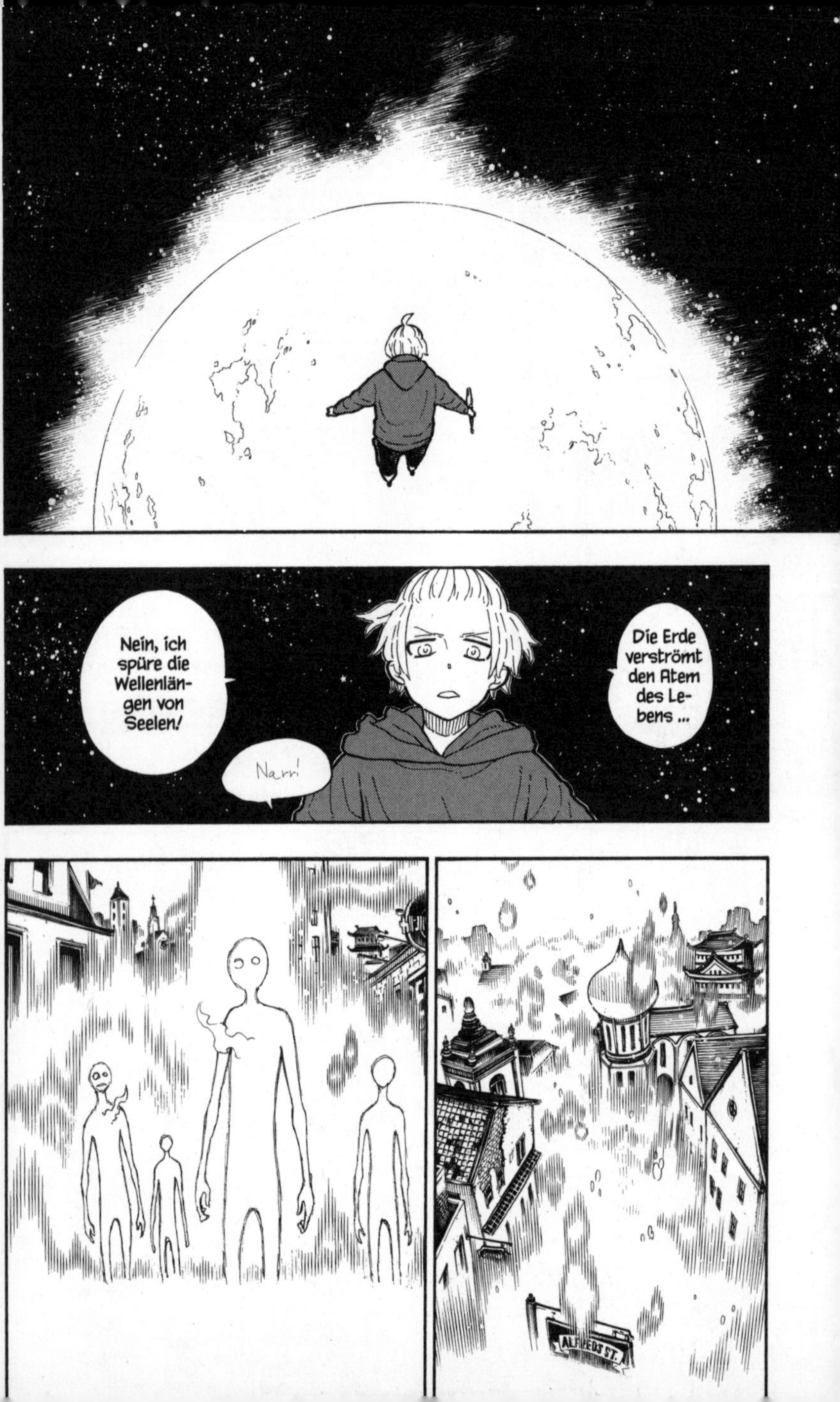
Die Erde verströmt den Atem des Lebens ...
Nein, ich spüre die Wellenlängen von Seelen!
Narr!

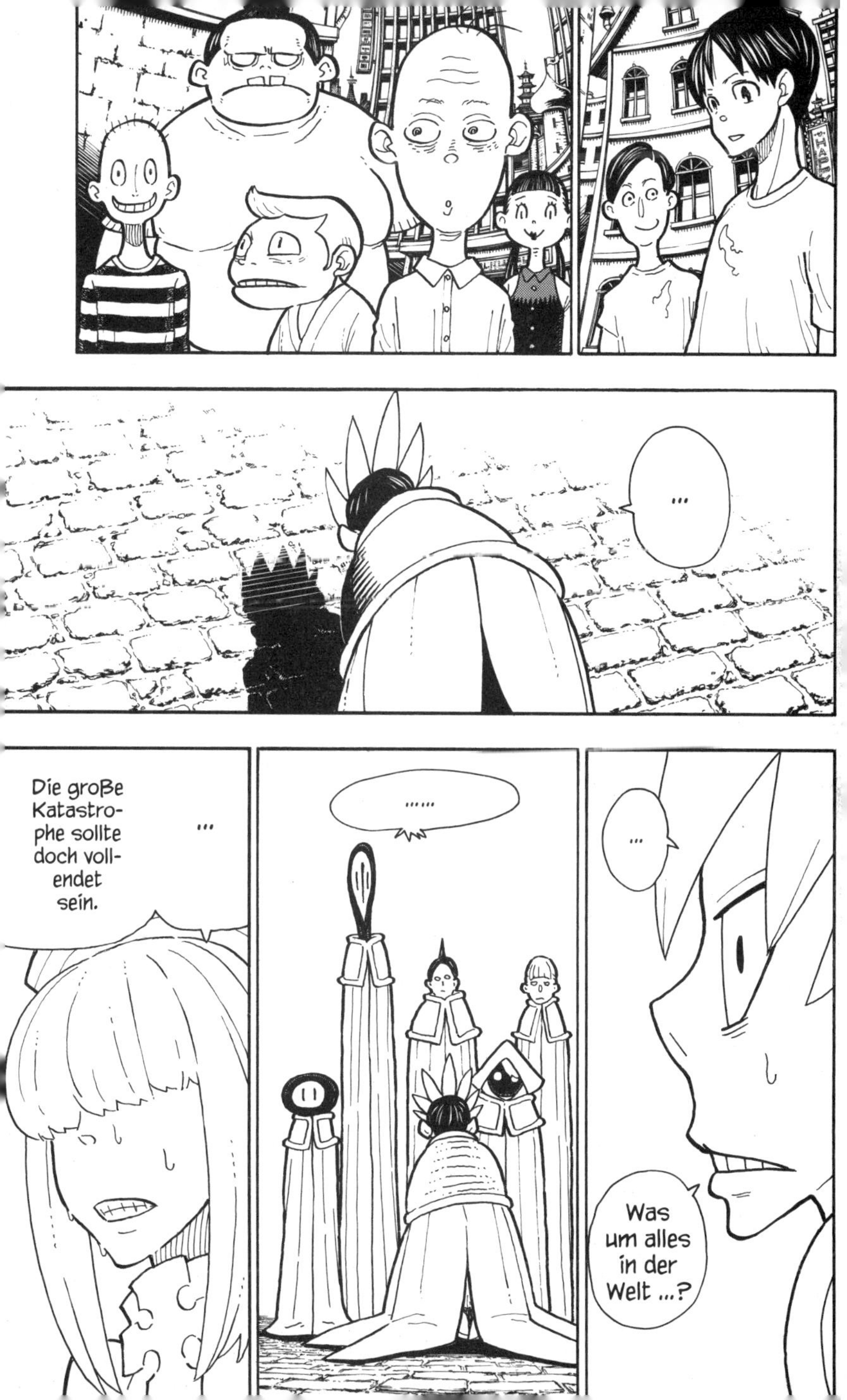
...
...
Was um alles in der Welt ...?
......
...
Die große Katastrophe sollte doch vollendet sein.

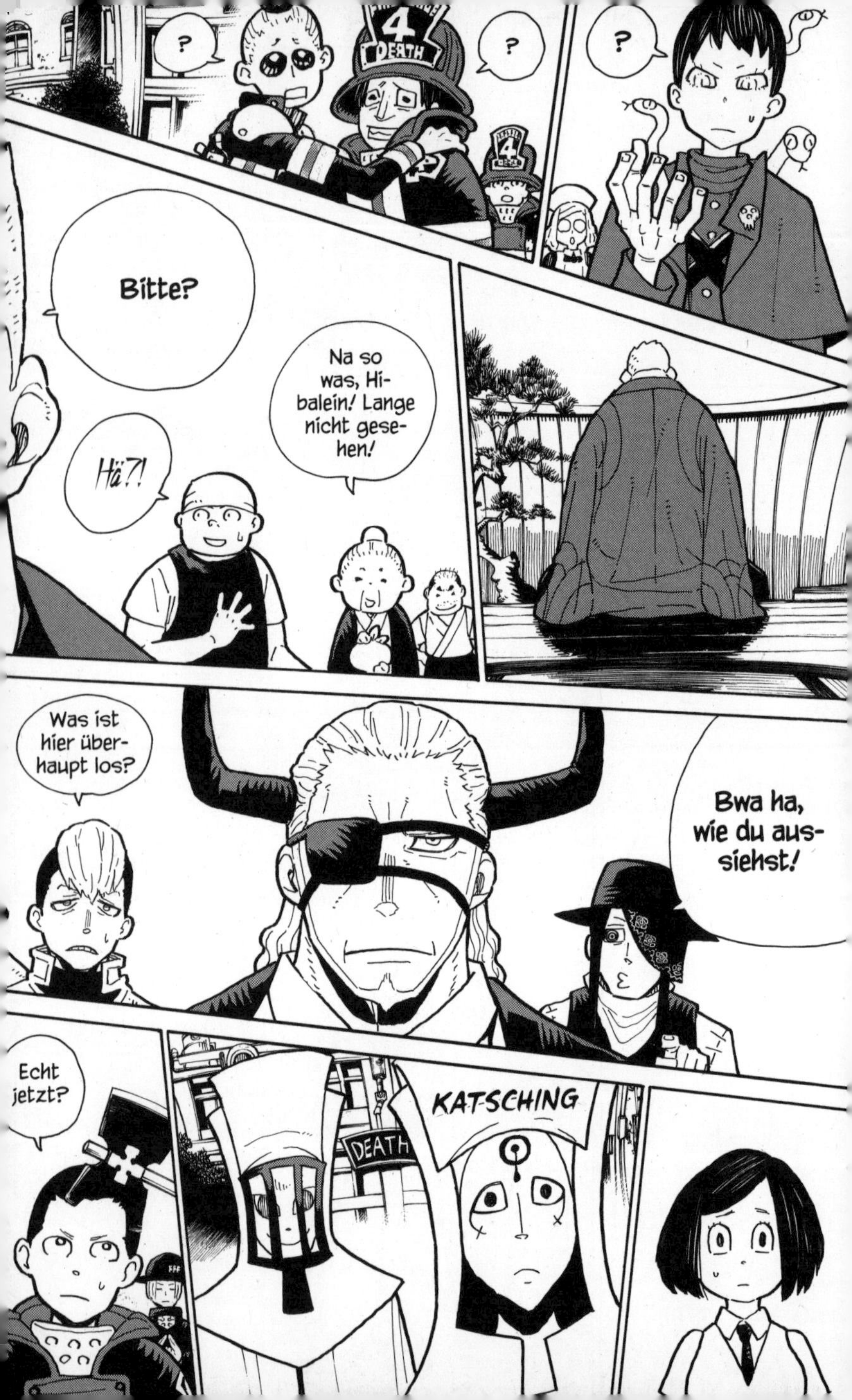
?
?
?
Na so was, Hibalein! Lange nicht gesehen!
Bitte?
Hä?!
Bwa ha, wie du aussiehst!
Was ist hier überhaupt los?
KATSCHING
Echt jetzt?

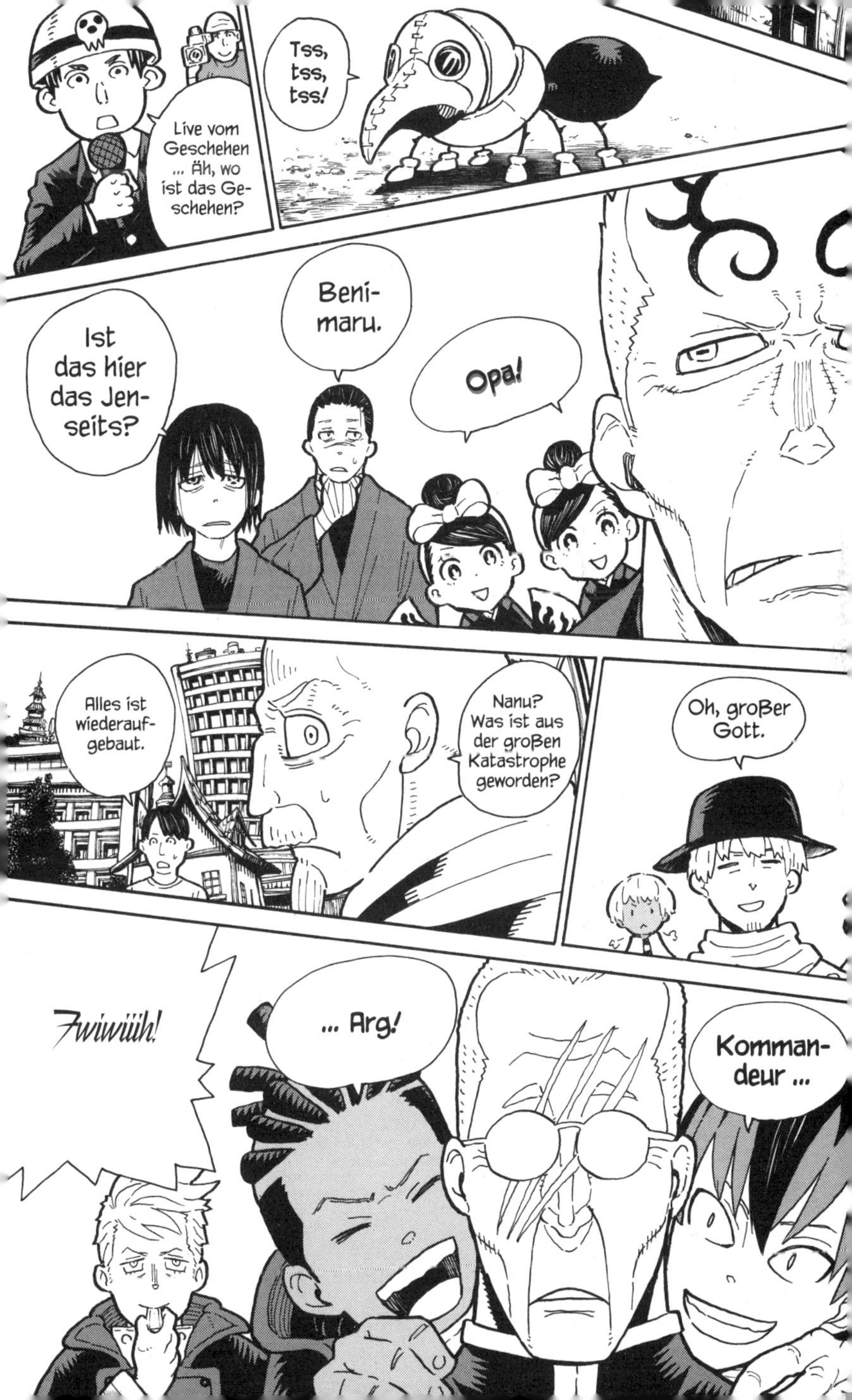
Tss, tss, tss!
Live vom Geschehen ... Äh, wo ist das Geschehen?
Opa!
Beni-maru.
Ist das hier das Jenseits?
Oh, großer Gott.
Nanu? Was ist aus der großen Katastrophe geworden?
Alles ist wiederaufgebaut.
Komman-deur ...
... Arg!
Zwiwiiih!

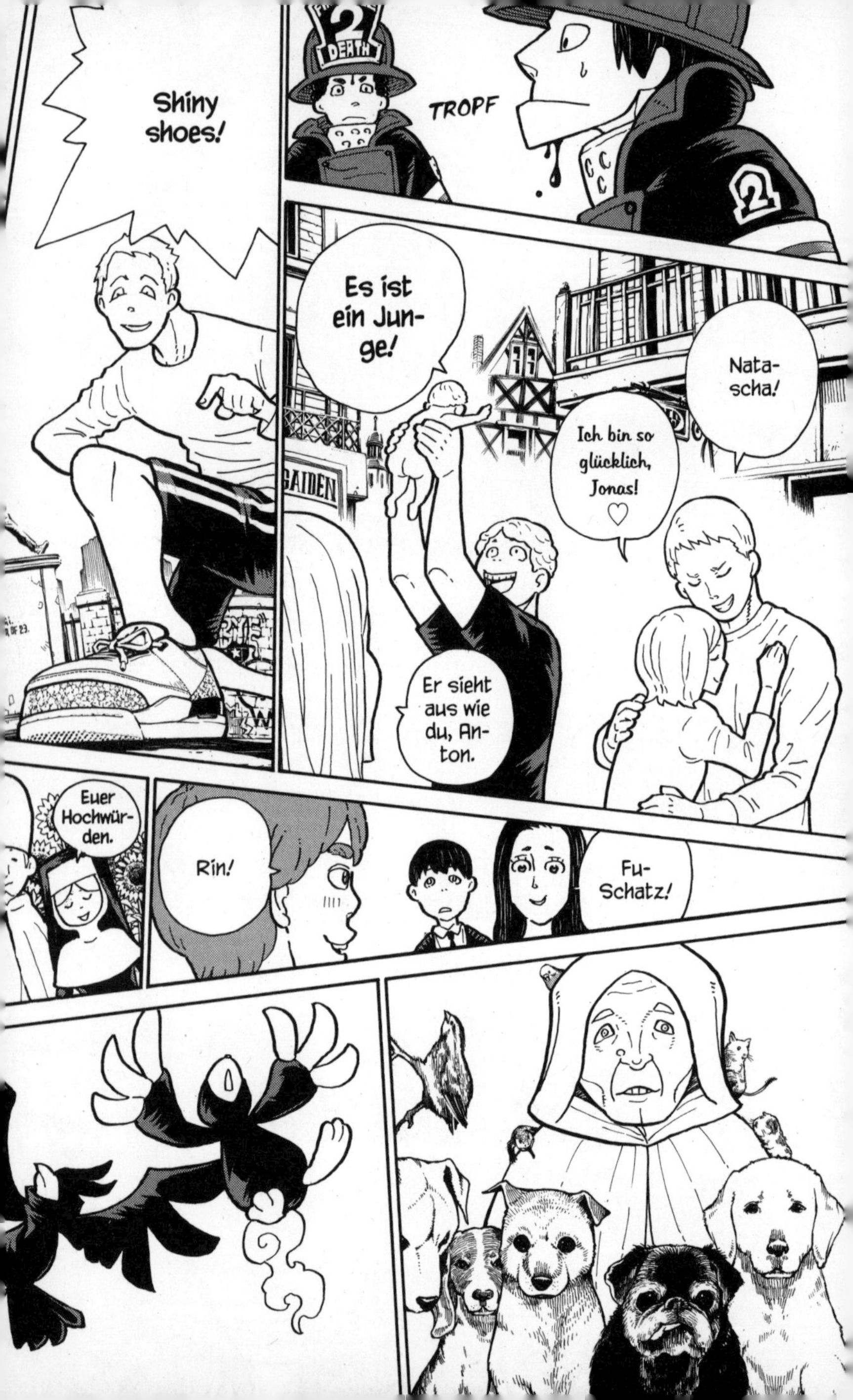
TROPF
Shiny shoes!
Nata-scha!
Ich bin so glücklich, Jonas! ♡
Es ist ein Jun-ge!
Er sieht aus wie du, An-ton.
GAIDEN
Fu-Schatz!
Rin!
Euer Hochwür-den.

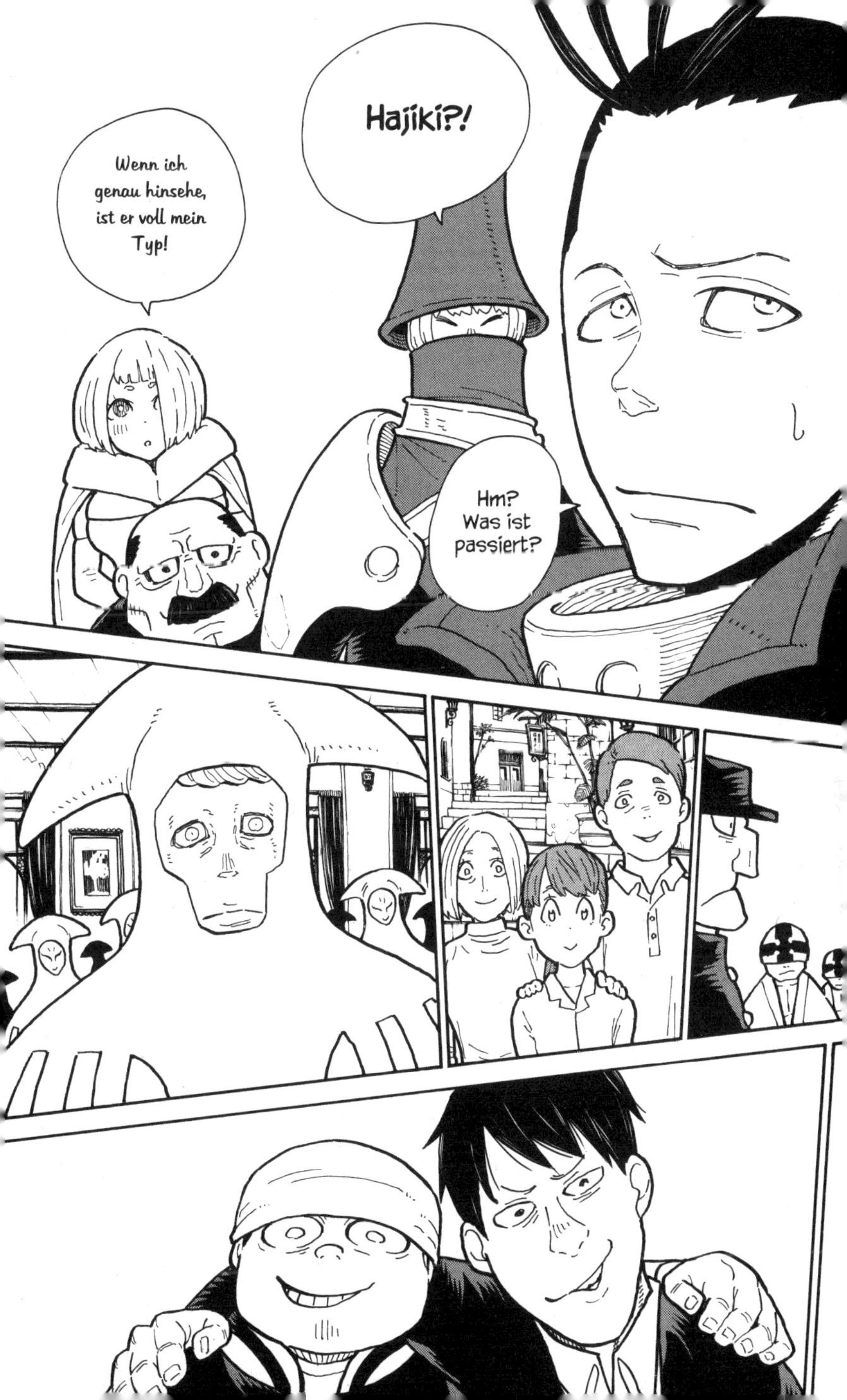
Hajiki?!
Hm? Was ist passiert?
Wenn ich genau hinsehe, ist er voll mein Typ!

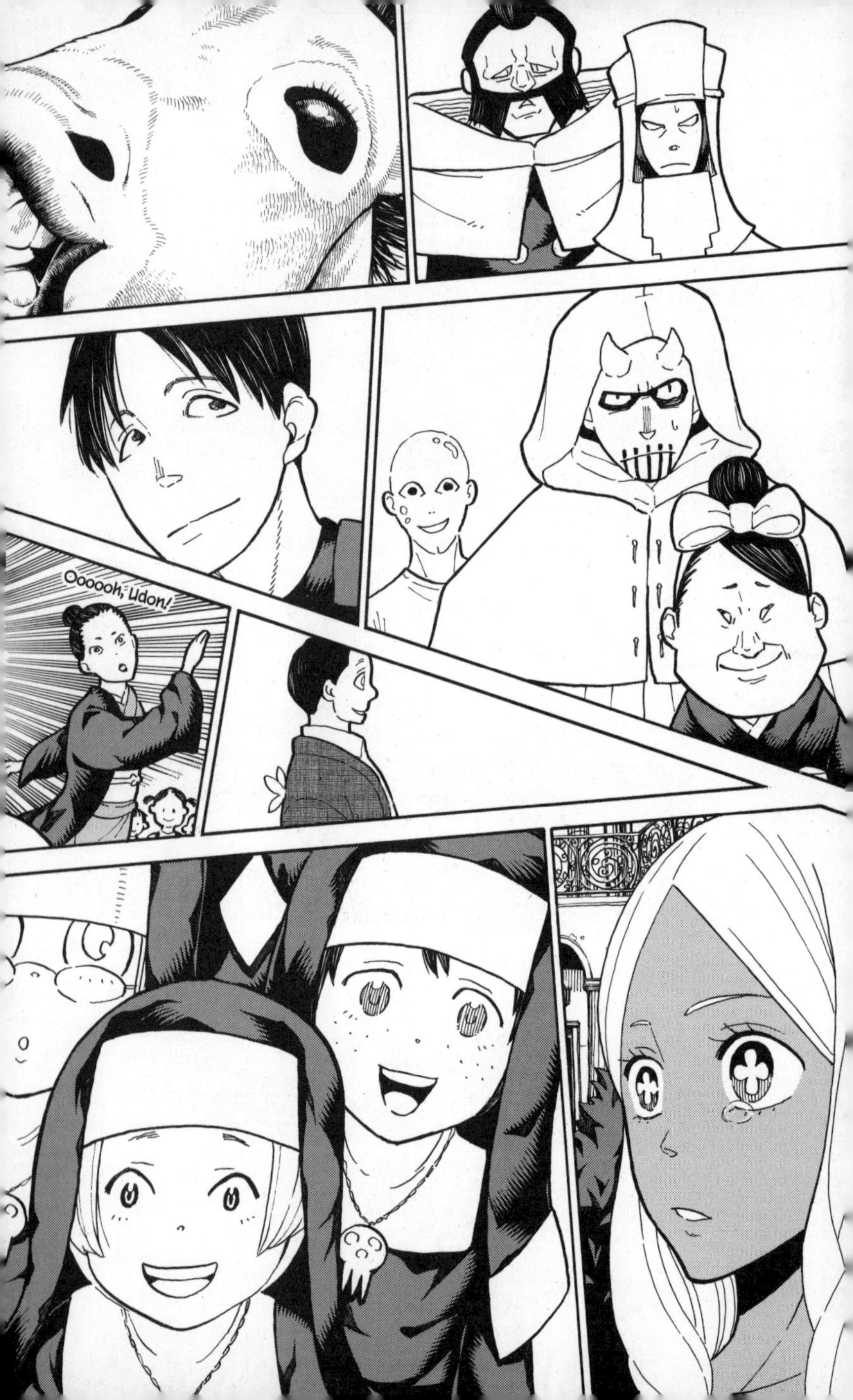
Oooooh, Udon!

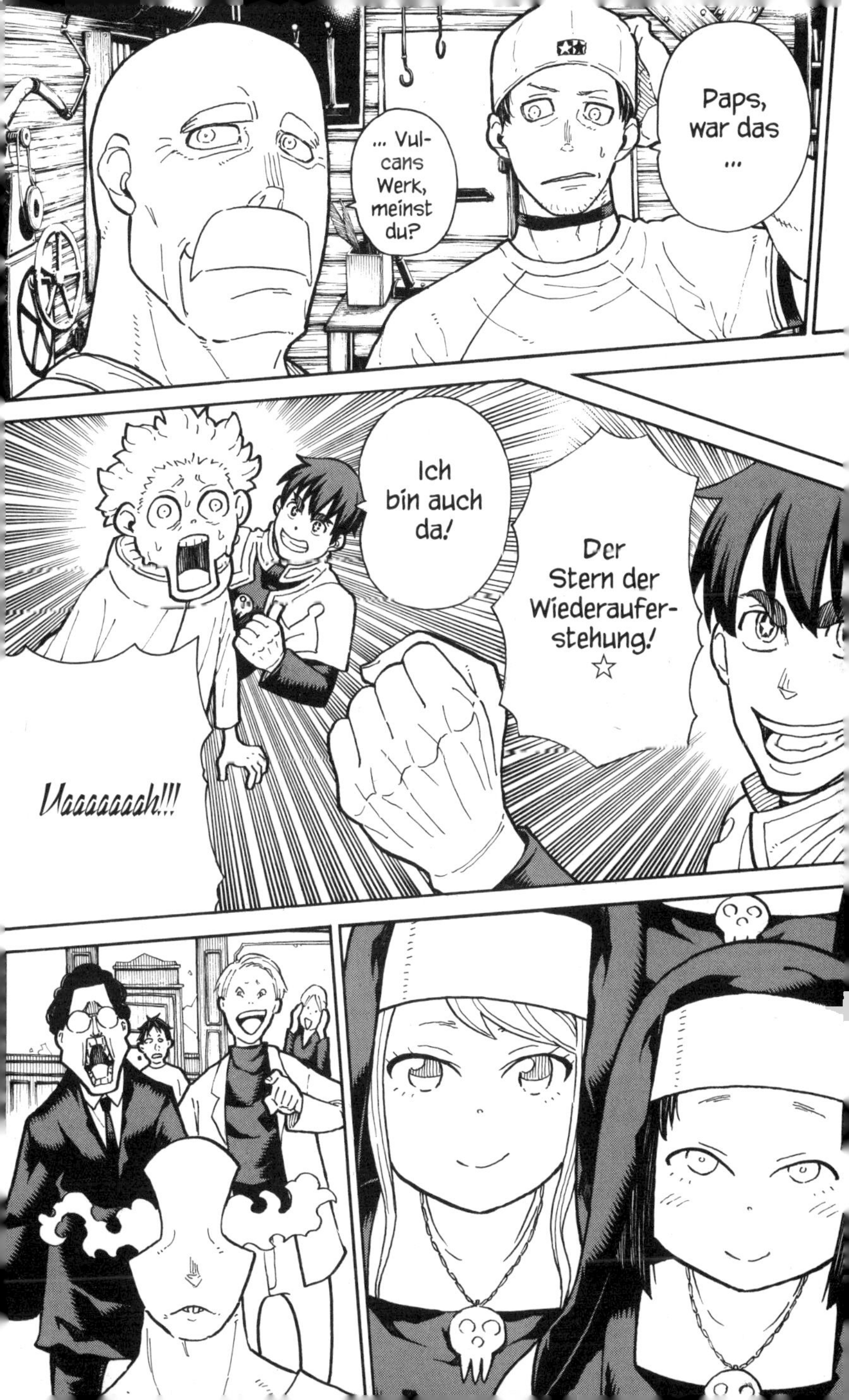

Paps, war das ...
... Vulcans Werk, meinst du?
Der Stern der Wiederauferstehung! ☆
Ich bin auch da!
Uaaaaaaah!!!

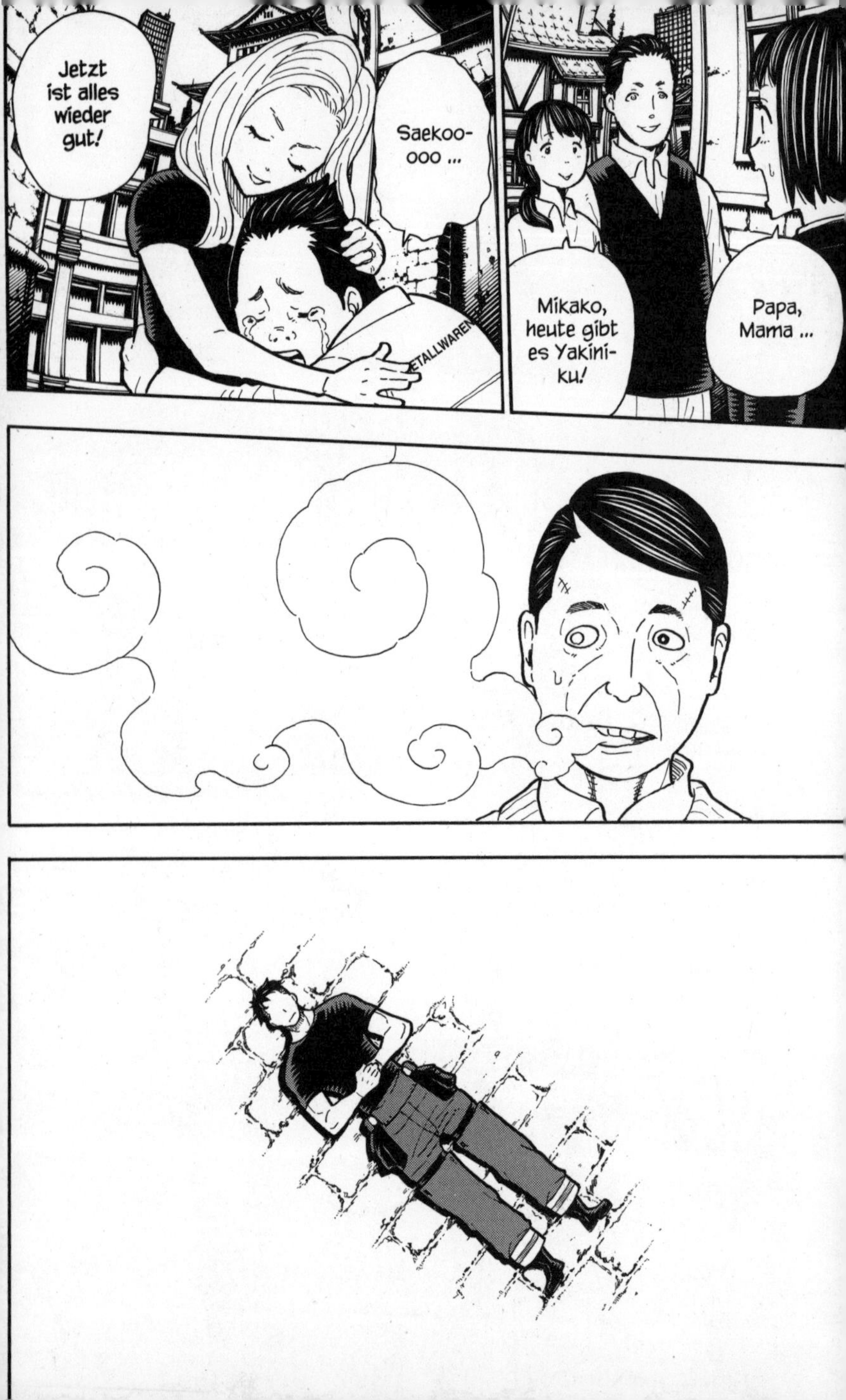
Papa, Mama ...
Mikako, heute gibt es Yakini-ku!
Saekoo-ooo ...
Jetzt ist alles wieder gut!

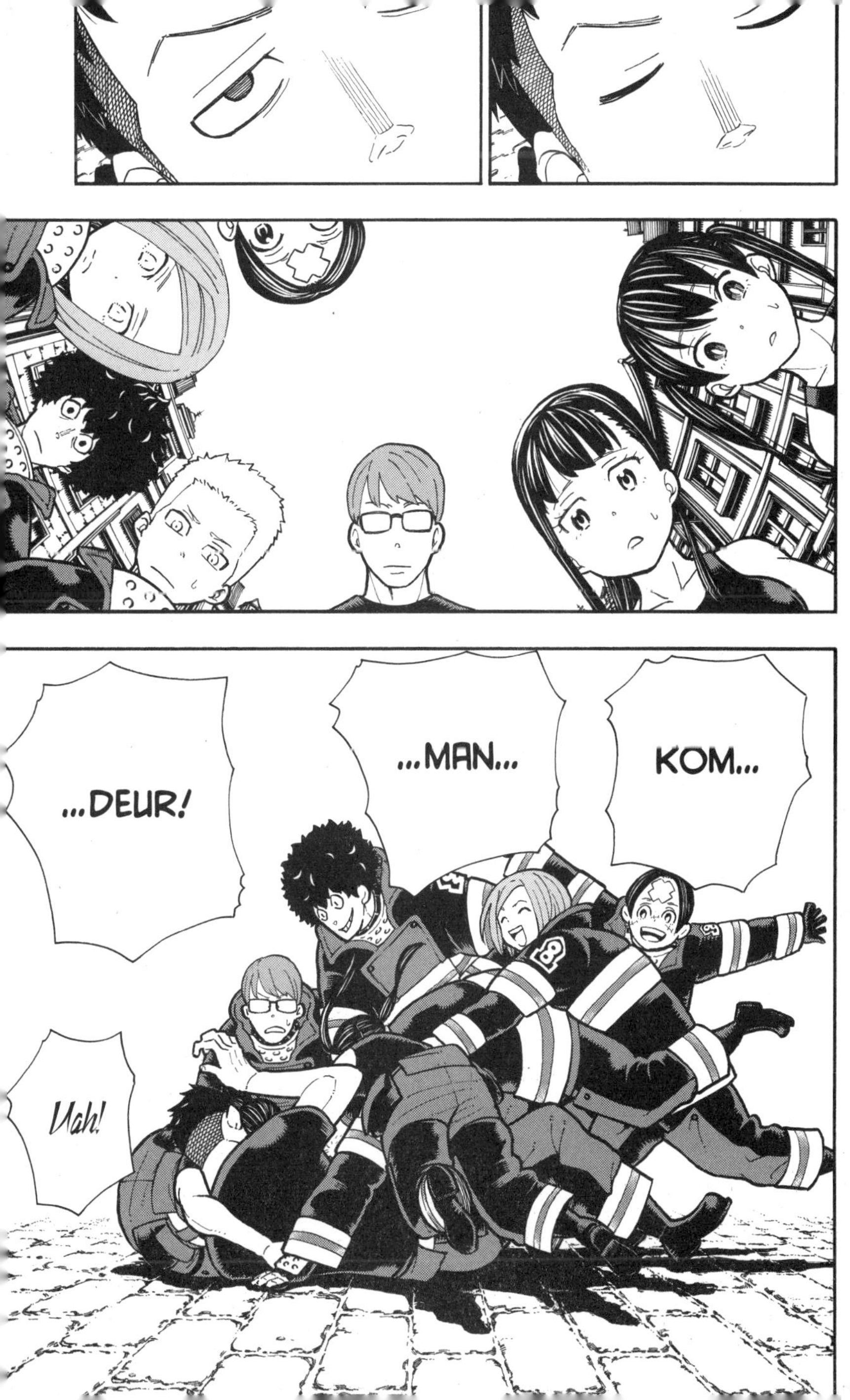
KOM...
...MAN...
...DEUR!
Uah!

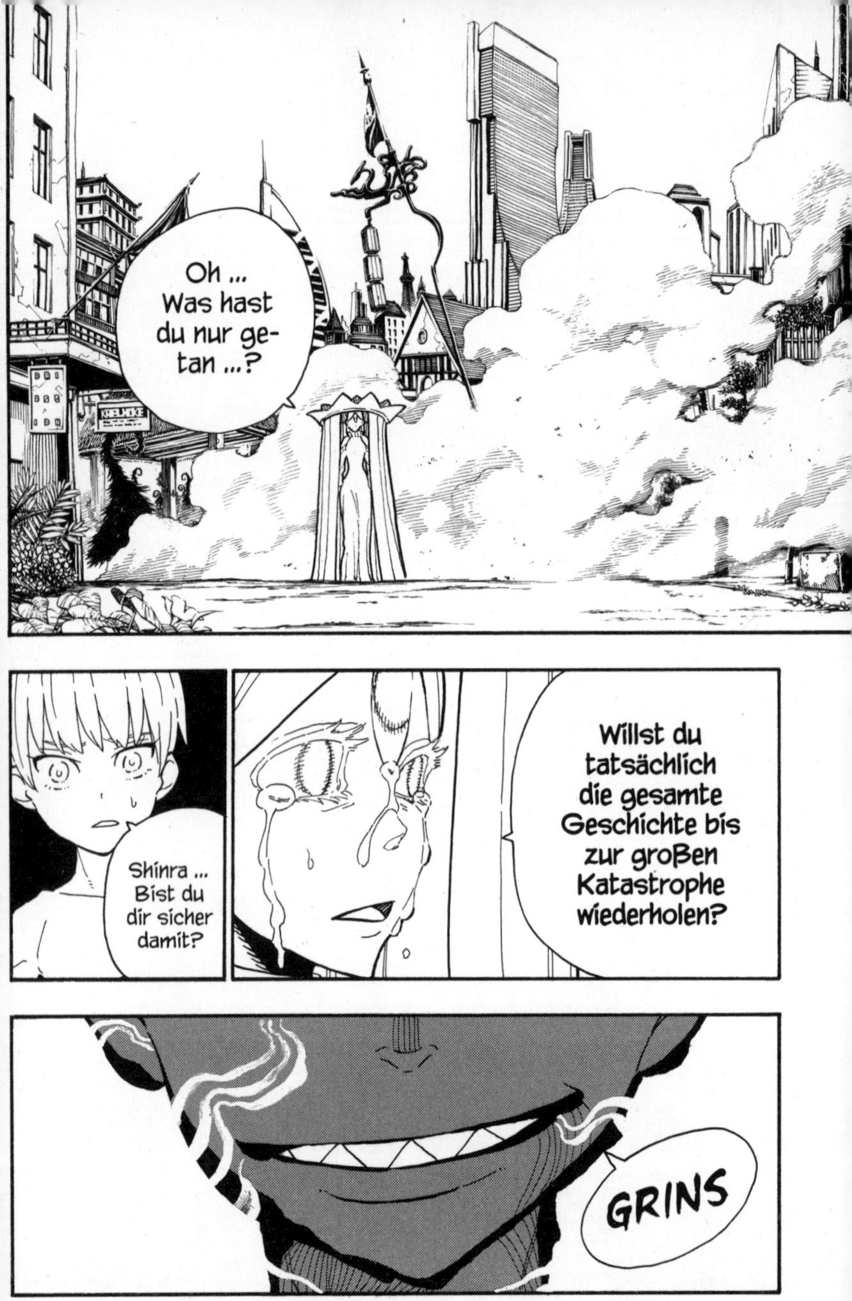
Oh ... Was hast du nur getan ...?
Willst du tatsächlich die gesamte Geschichte bis zur großen Katastrophe wiederholen?
Shinra ... Bist du dir sicher damit?
GRINS

FIRE FORCE

FIRE FORCE

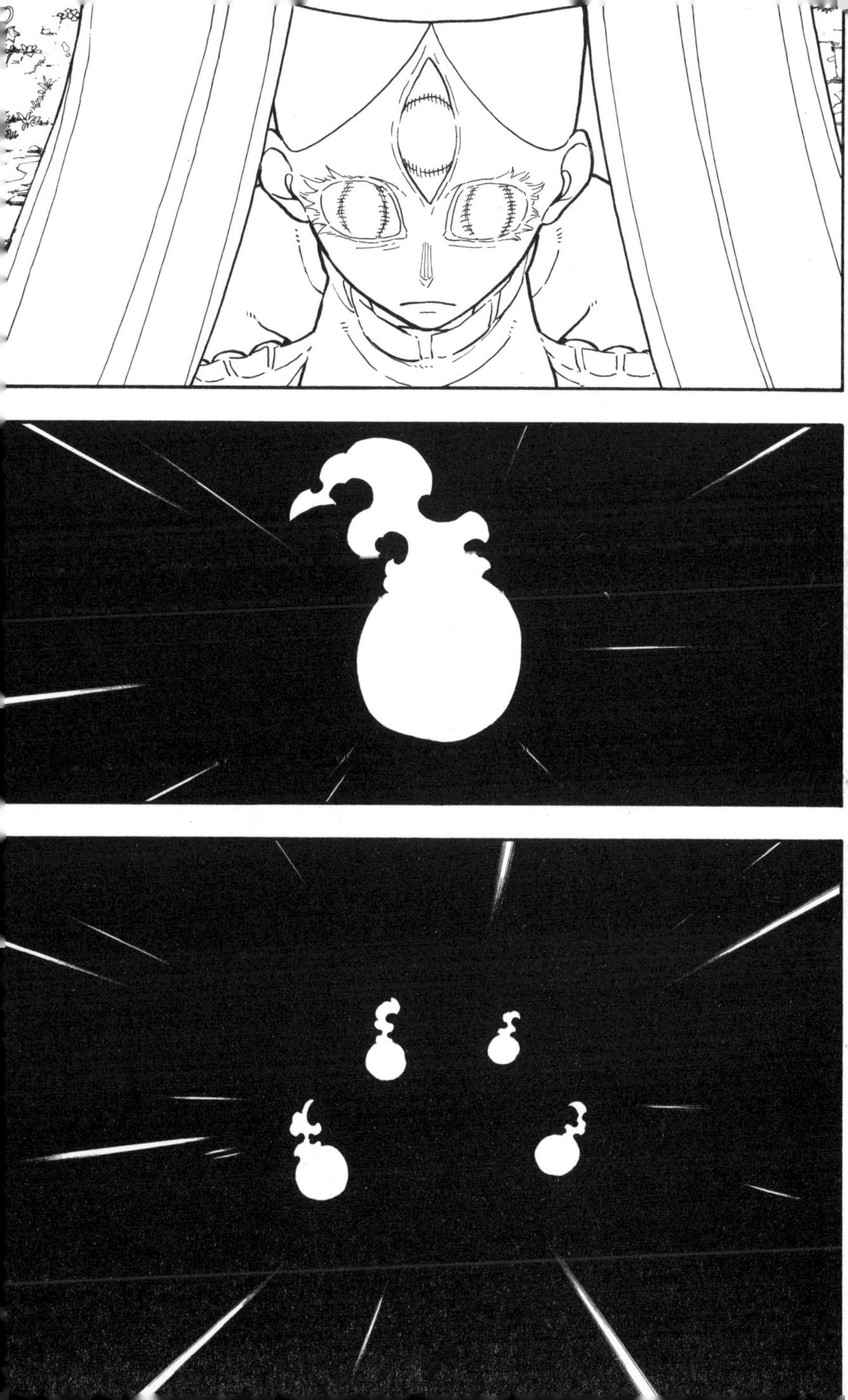

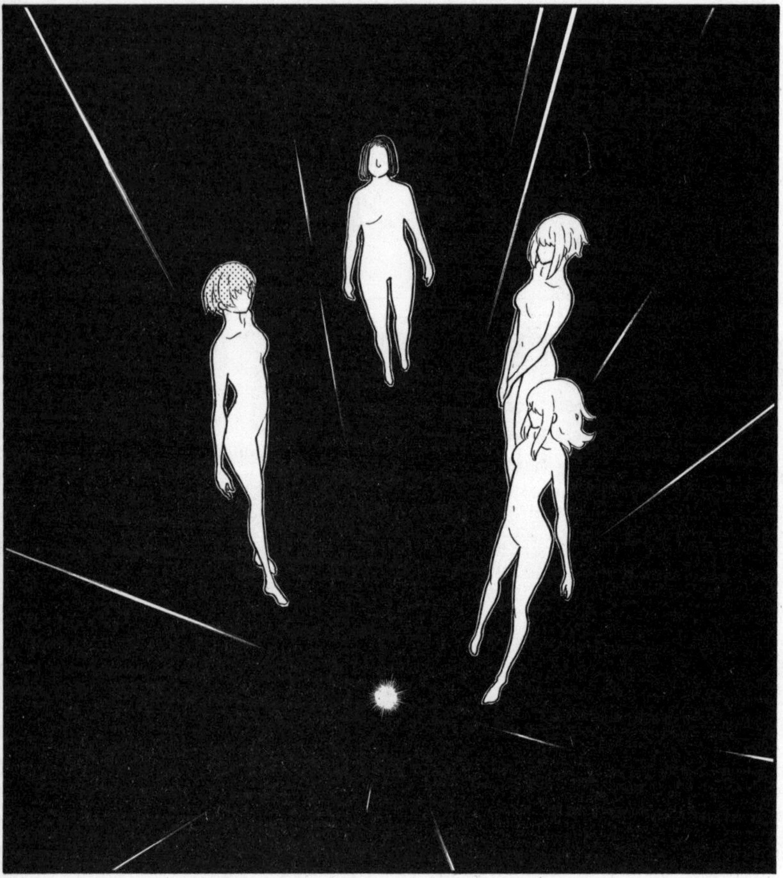

Kapitel 300: Der einzige Weg

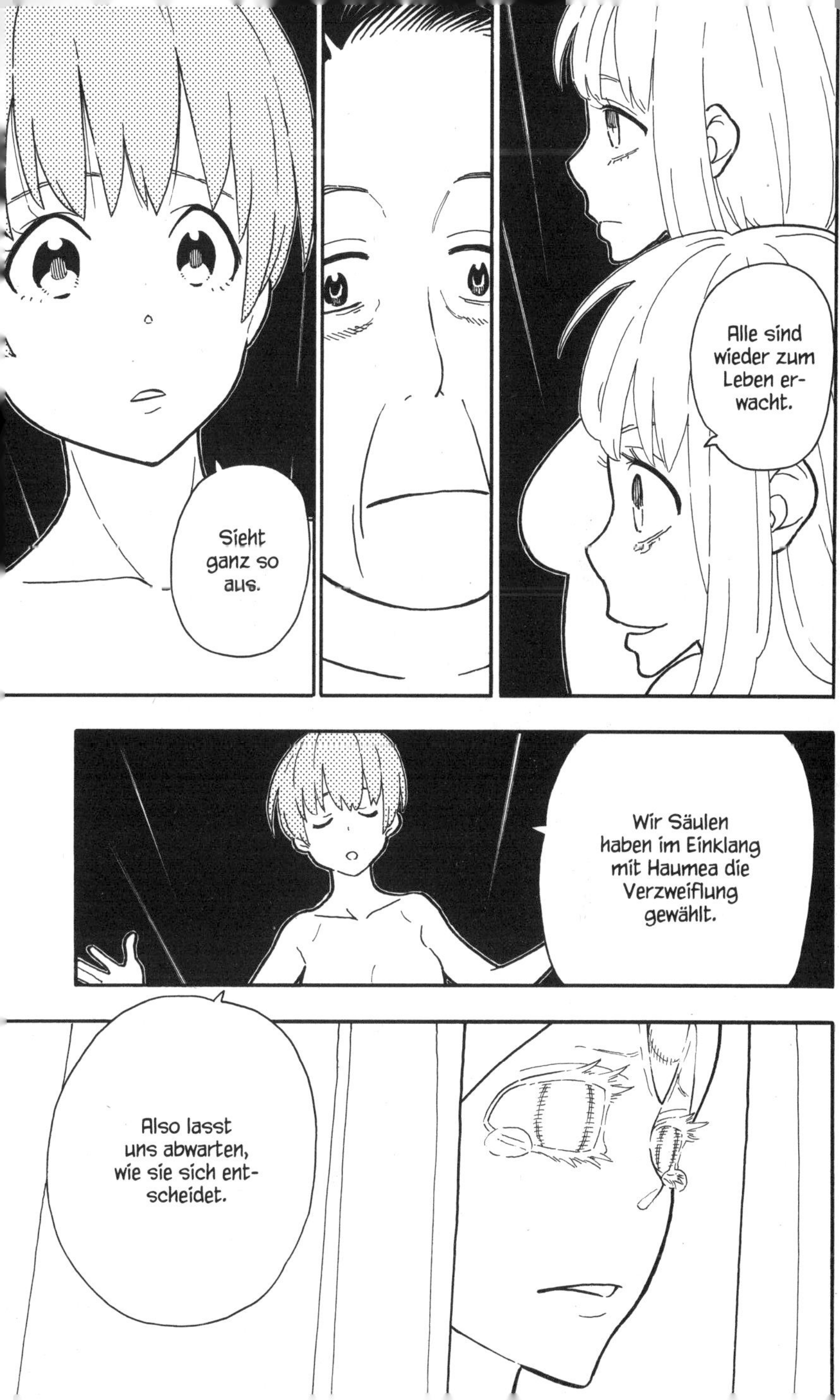
Alle sind wieder zum Leben er-wacht.
Sieht ganz so aus.
Wir Säulen haben im Einklang mit Haumea die Verzweiflung gewählt.
Also lasst uns abwarten, wie sie sich ent-scheidet.

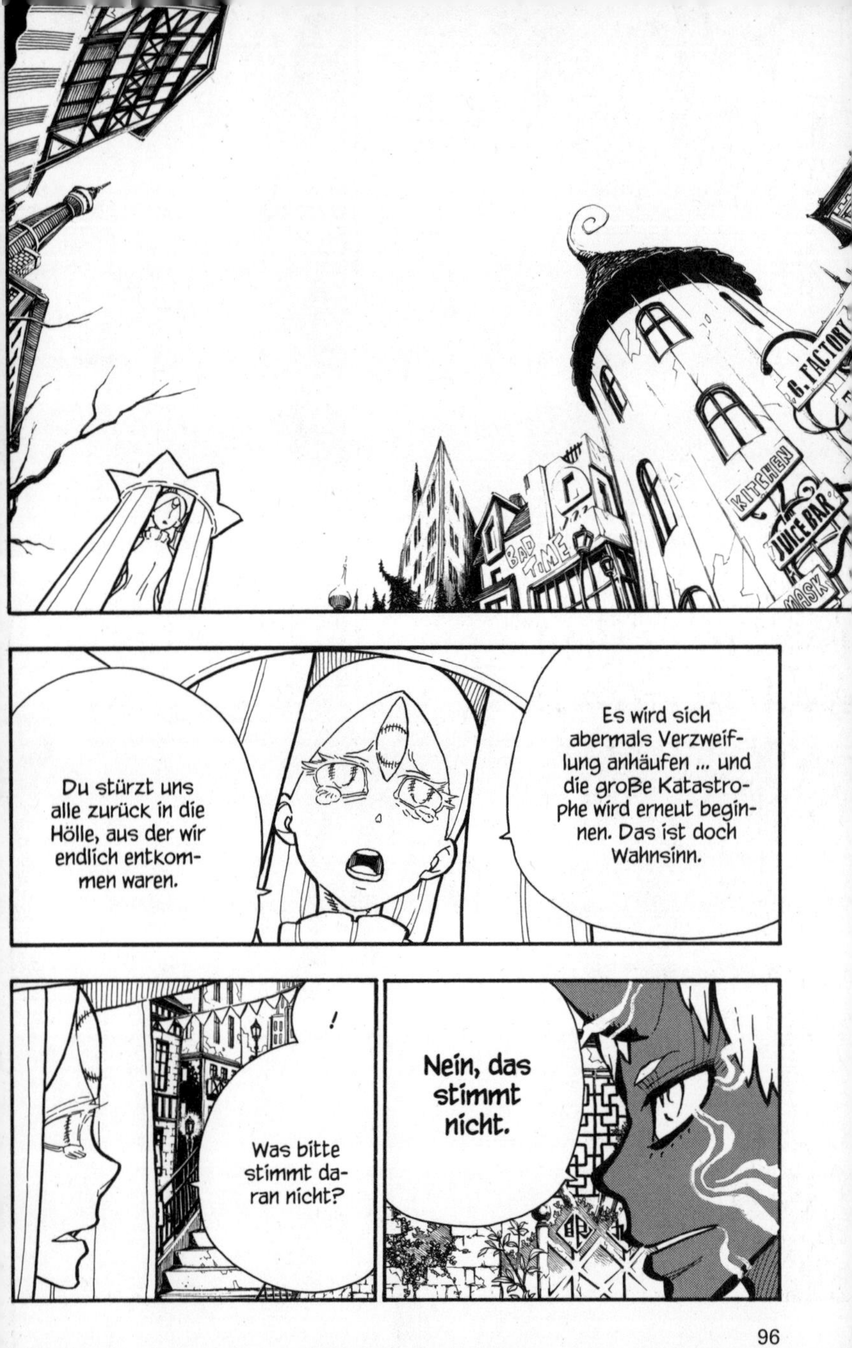

G. FACTORY
KITCHEN
JUICE BAR
MASK
BAD TIME
Es wird sich abermals Verzweiflung anhäufen ... und die große Katastrophe wird erneut beginnen. Das ist doch Wahnsinn.
Du stürzt uns alle zurück in die Hölle, aus der wir endlich entkommen waren.
Nein, das stimmt nicht.
!
Was bitte stimmt daran nicht?

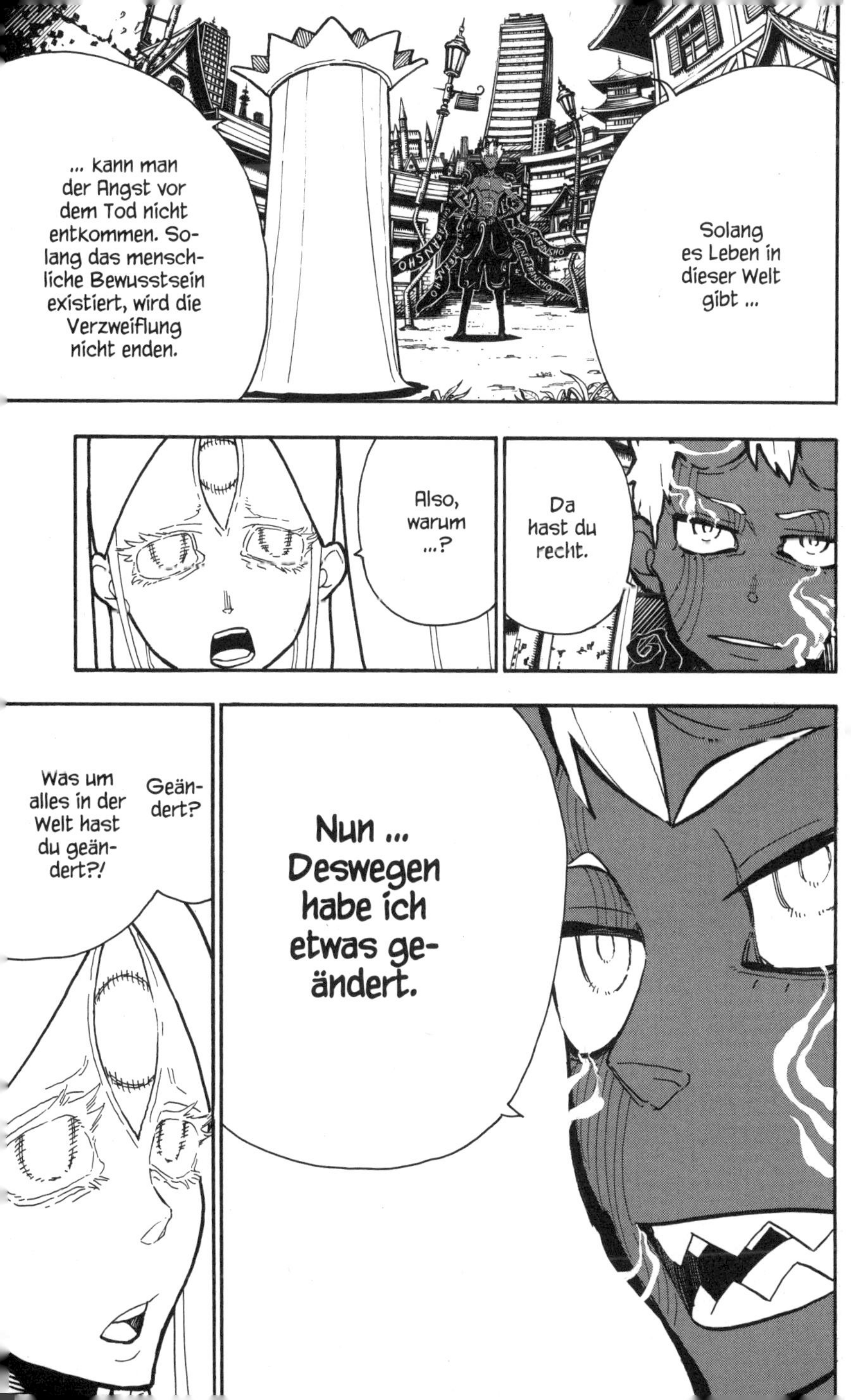
Solang es Leben in dieser Welt gibt ...
... kann man der Angst vor dem Tod nicht entkommen. Solang das menschliche Bewusstsein existiert, wird die Verzweiflung nicht enden.
Da hast du recht.
Also, warum ...?
Nun ... Deswegen habe ich etwas geändert.
Geändert?
Was um alles in der Welt hast du geändert?!

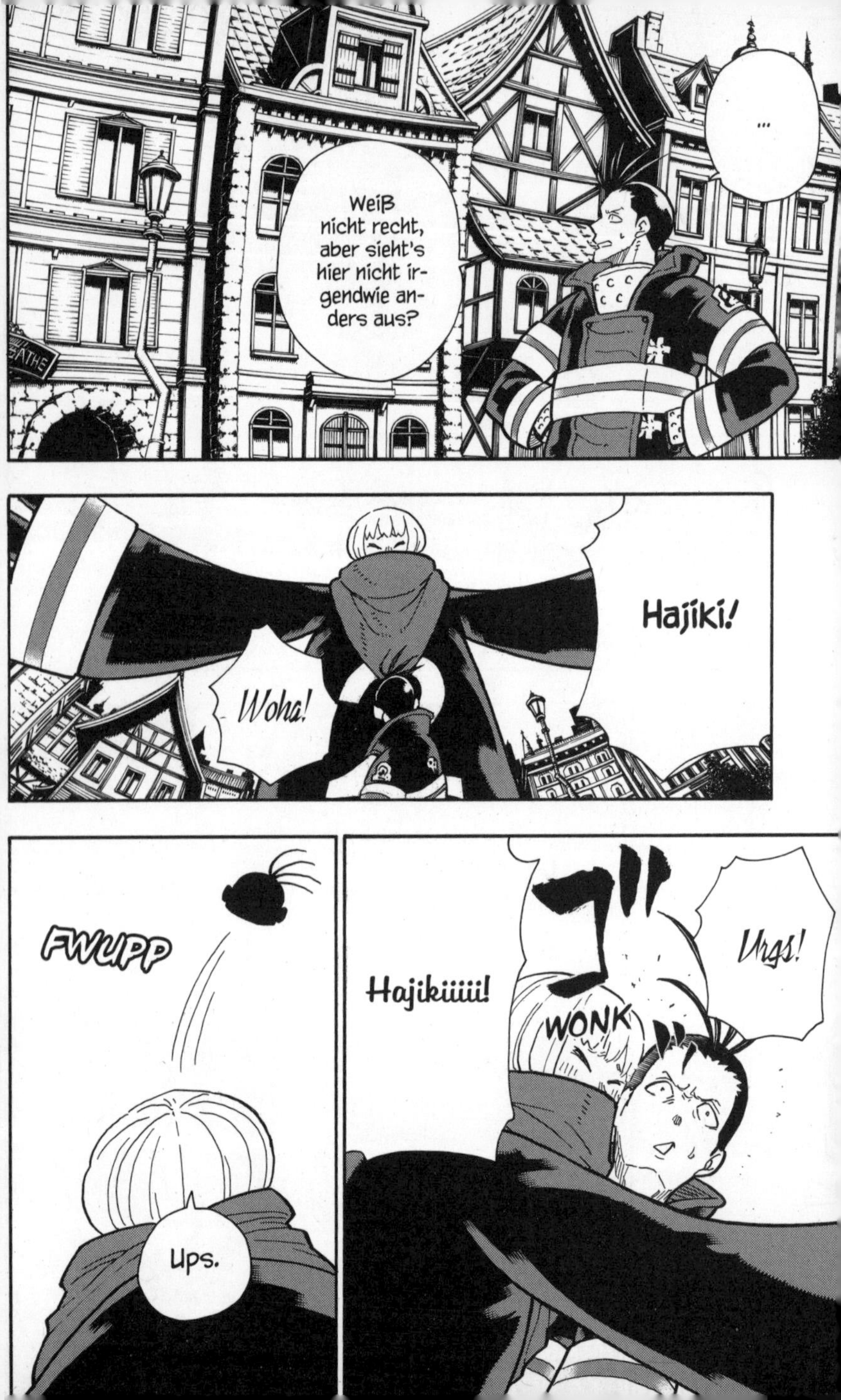
...
Weiß nicht recht, aber sieht's hier nicht irgendwie anders aus?
Hajiki!
Woha!
Urgs!
Hajikiiiii!
WONK
FWUPP
Ups.

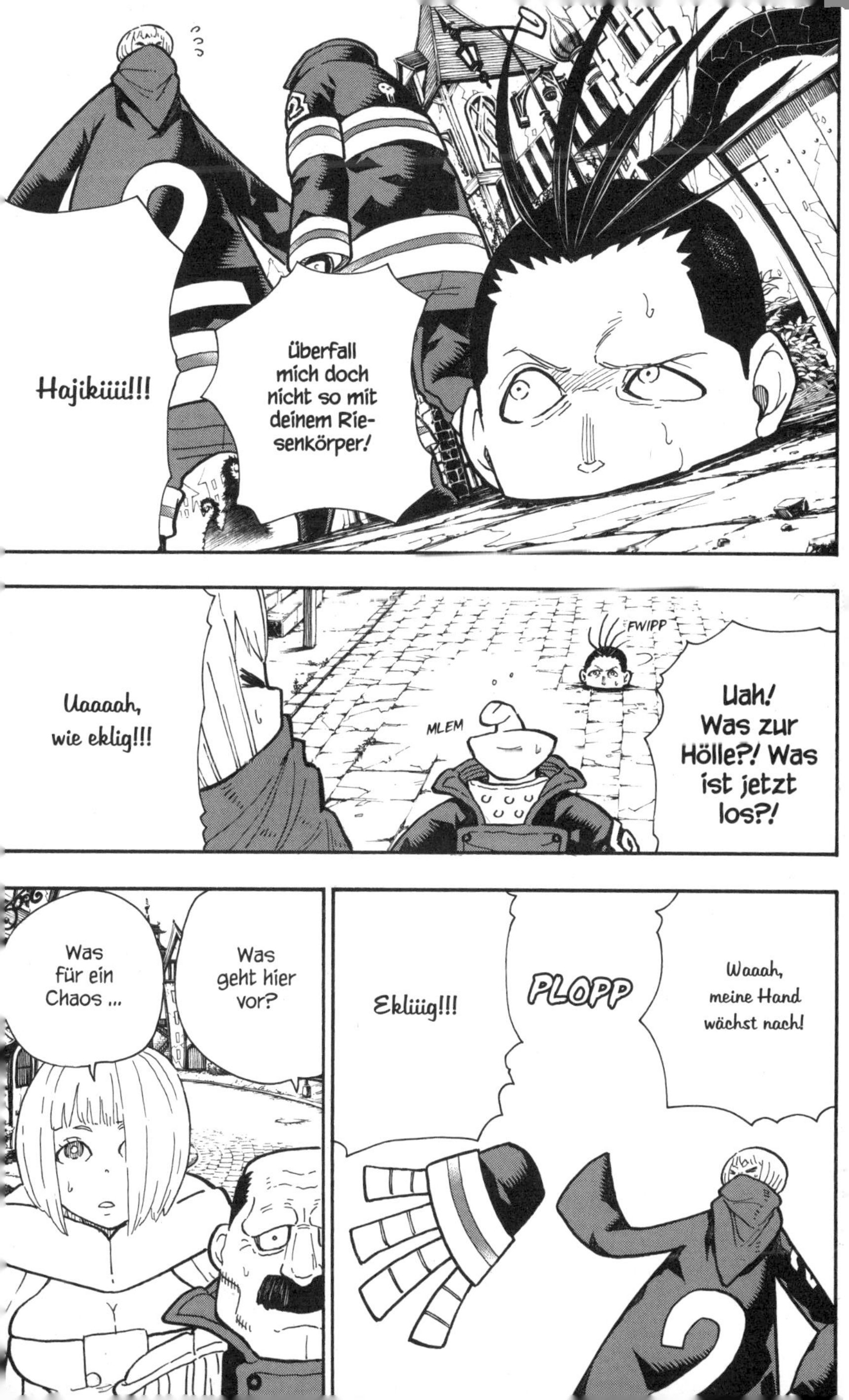
Überfall mich doch nicht so mit deinem Riesenkörper!
Hajikiiii!!!
FWIPP
Uah! Was zur Hölle?! Was ist jetzt los?!
MLEM
Uaaaah, wie eklig!!!
Waaah, meine Hand wächst nach!
PLOPP
Ekliiig!!!
Was geht hier vor?
Was für ein Chaos ...

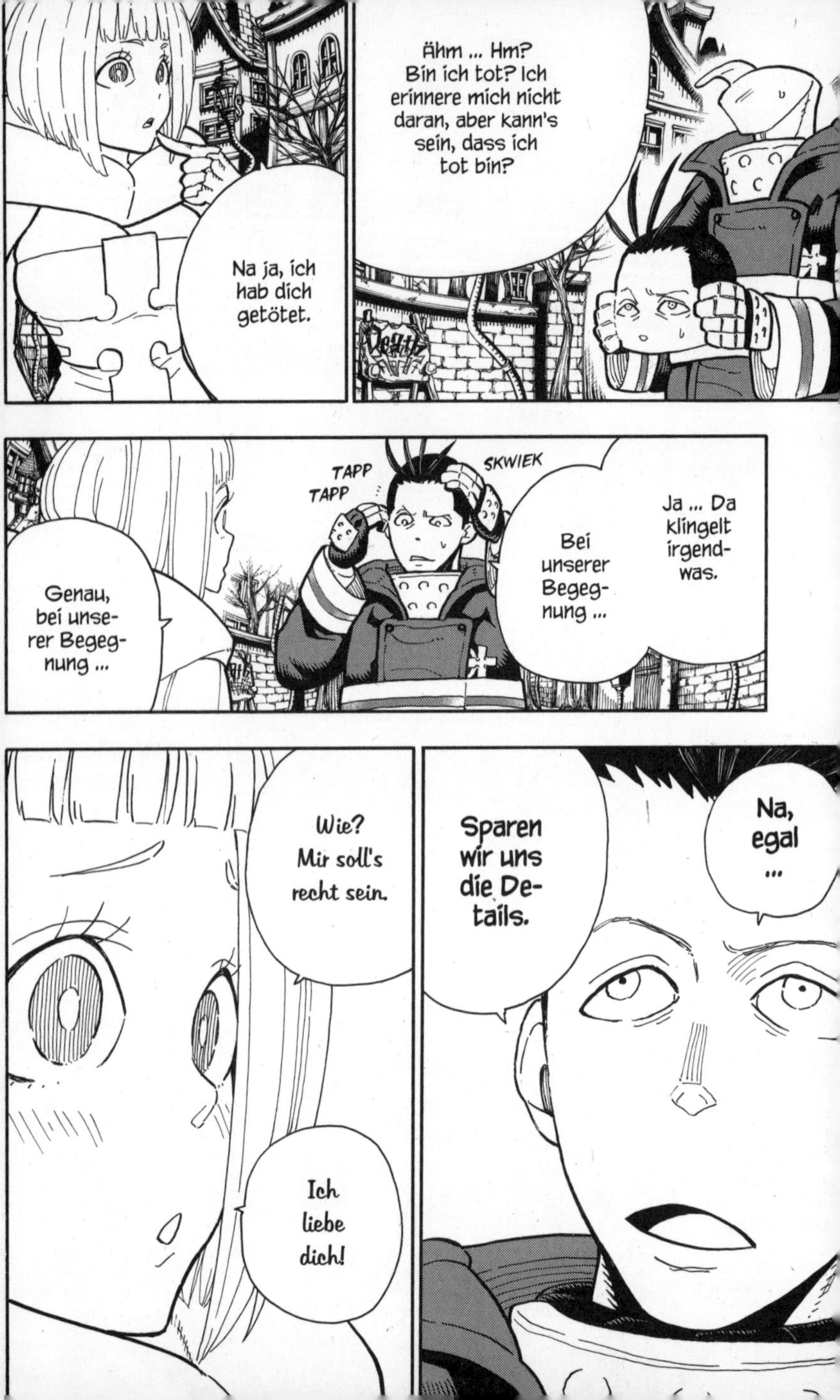
Ähm ... Hm? Bin ich tot? Ich erinnere mich nicht daran, aber kann's sein, dass ich tot bin?
Na ja, ich hab dich getötet.
SKWIEK
TAPP TAPP
Ja ... Da klingelt irgendwas.
Bei unserer Begegnung ...
Genau, bei unserer Begegnung ...
Na, egal ...
Sparen wir uns die Details.
Wie? Mir soll's recht sein.
Ich liebe dich!

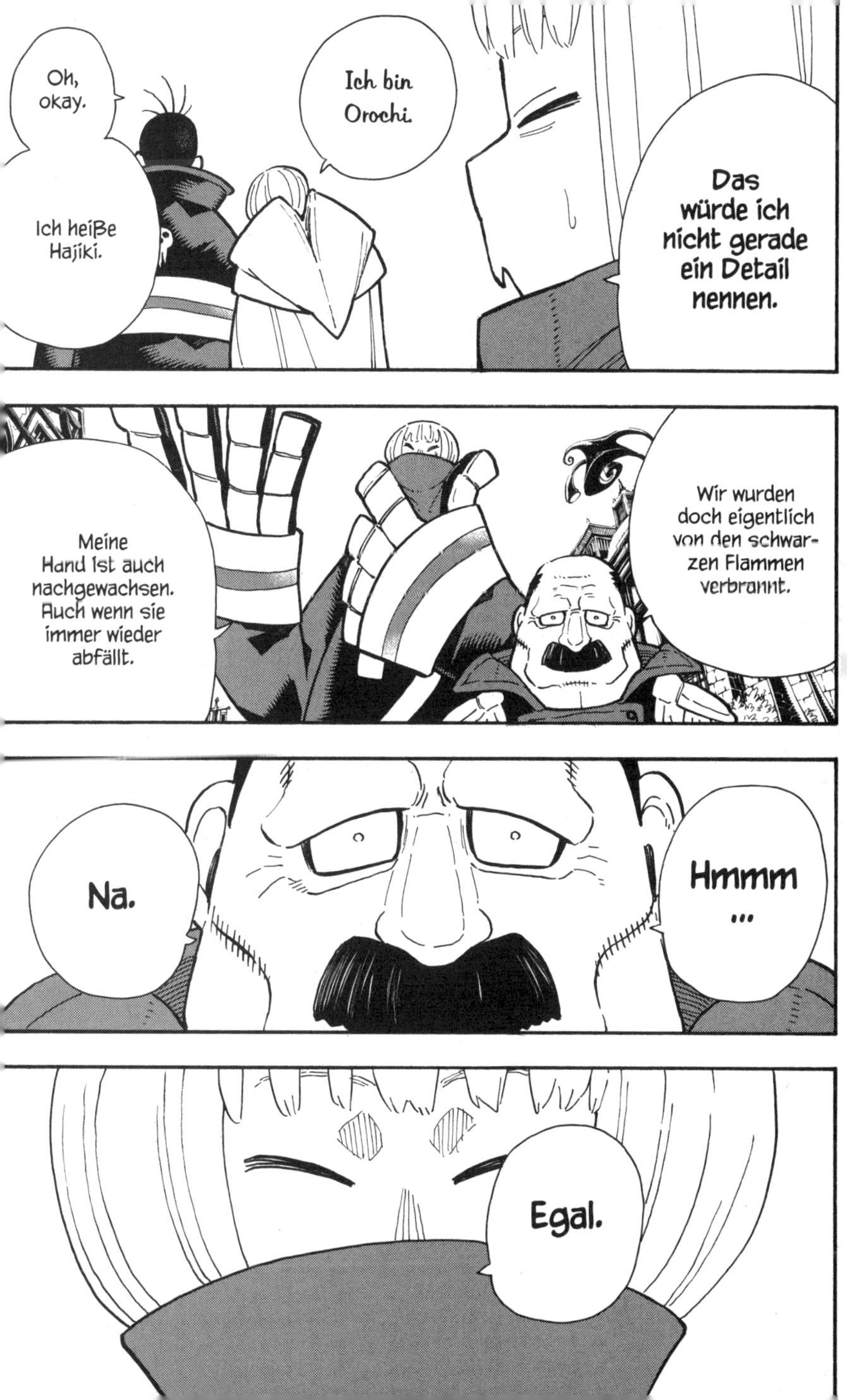

Das würde ich nicht gerade ein Detail nennen.
Ich bin Orochi.
Oh, okay.
Ich heiße Hajiki.
Wir wurden doch eigentlich von den schwarzen Flammen verbrannt.
Meine Hand ist auch nachgewachsen. Auch wenn sie immer wieder abfällt.
Hmmm ...
Na.
Egal.

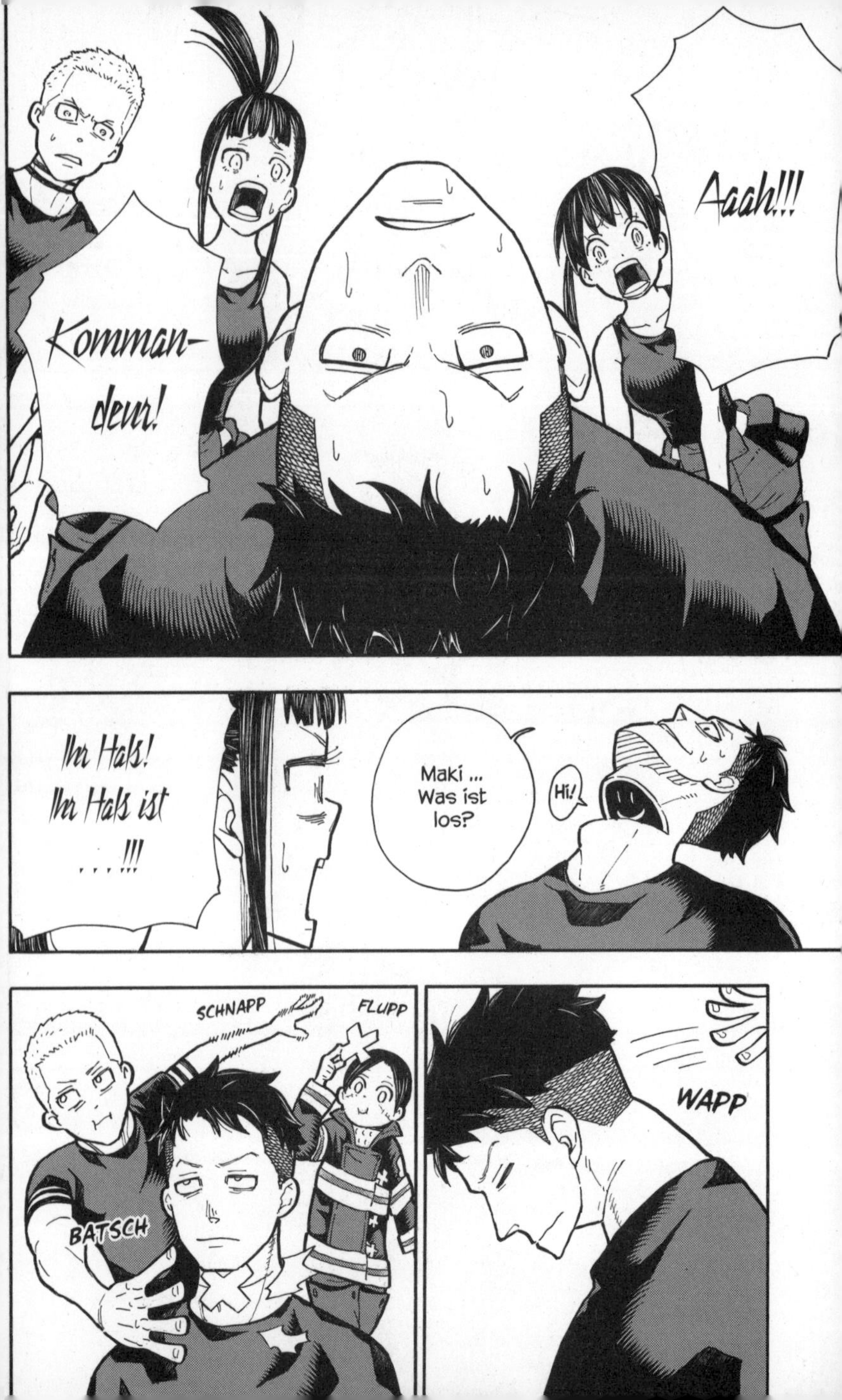

Aaah!!!
Komman-
deur!
Maki ...
Was ist
los?
Hi!
Ihr Hals!
Ihr Hals ist
...!!!
WAPP
FLUPP
SCHNAPP
BATSCH

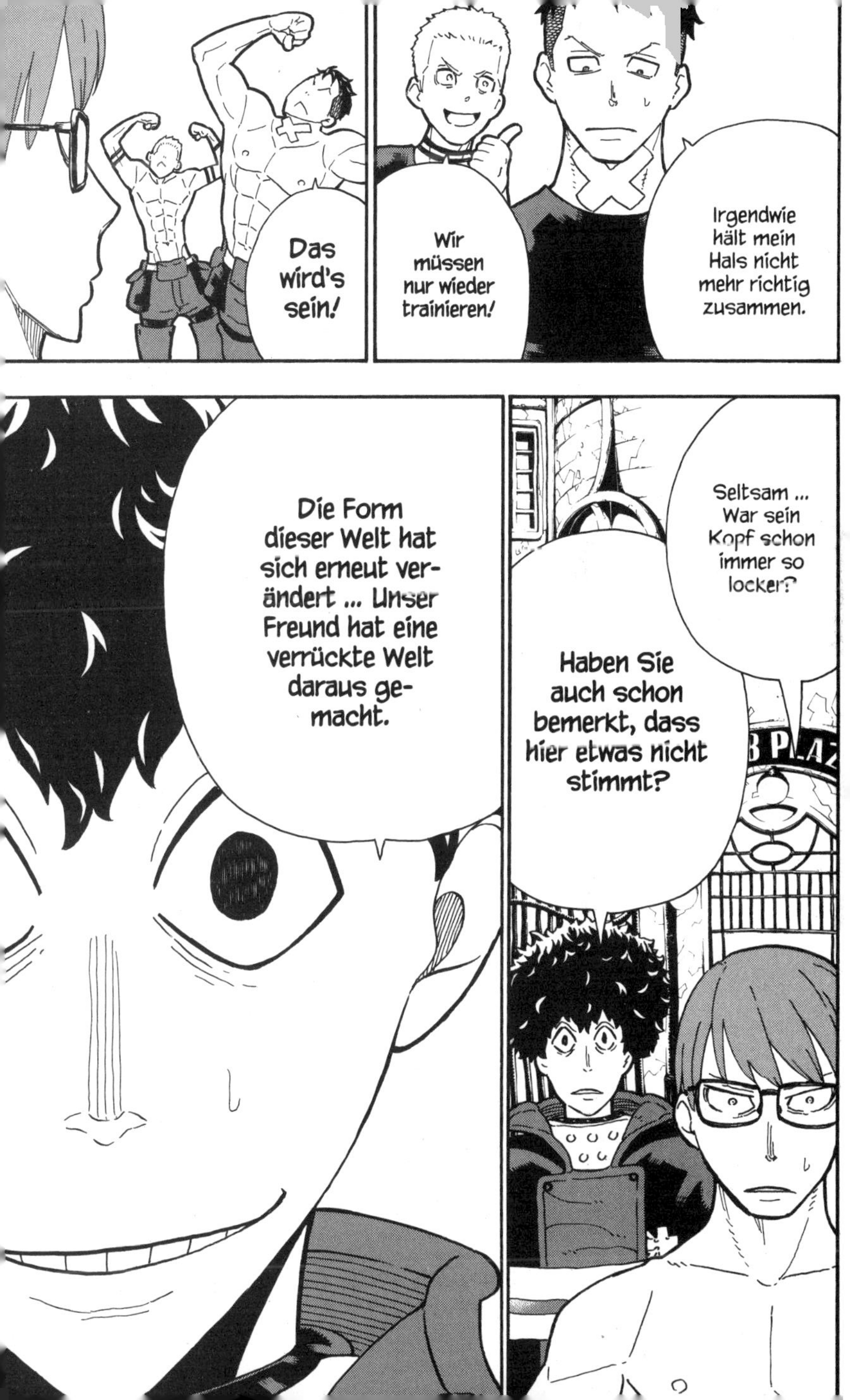

Irgendwie hält mein Hals nicht mehr richtig zusammen.
Wir müssen nur wieder trainieren!
Das wird's sein!
Seltsam ... War sein Kopf schon immer so locker?
Haben Sie auch schon bemerkt, dass hier etwas nicht stimmt?
Die Form dieser Welt hat sich erneut verändert ... Unser Freund hat eine verrückte Welt daraus gemacht.

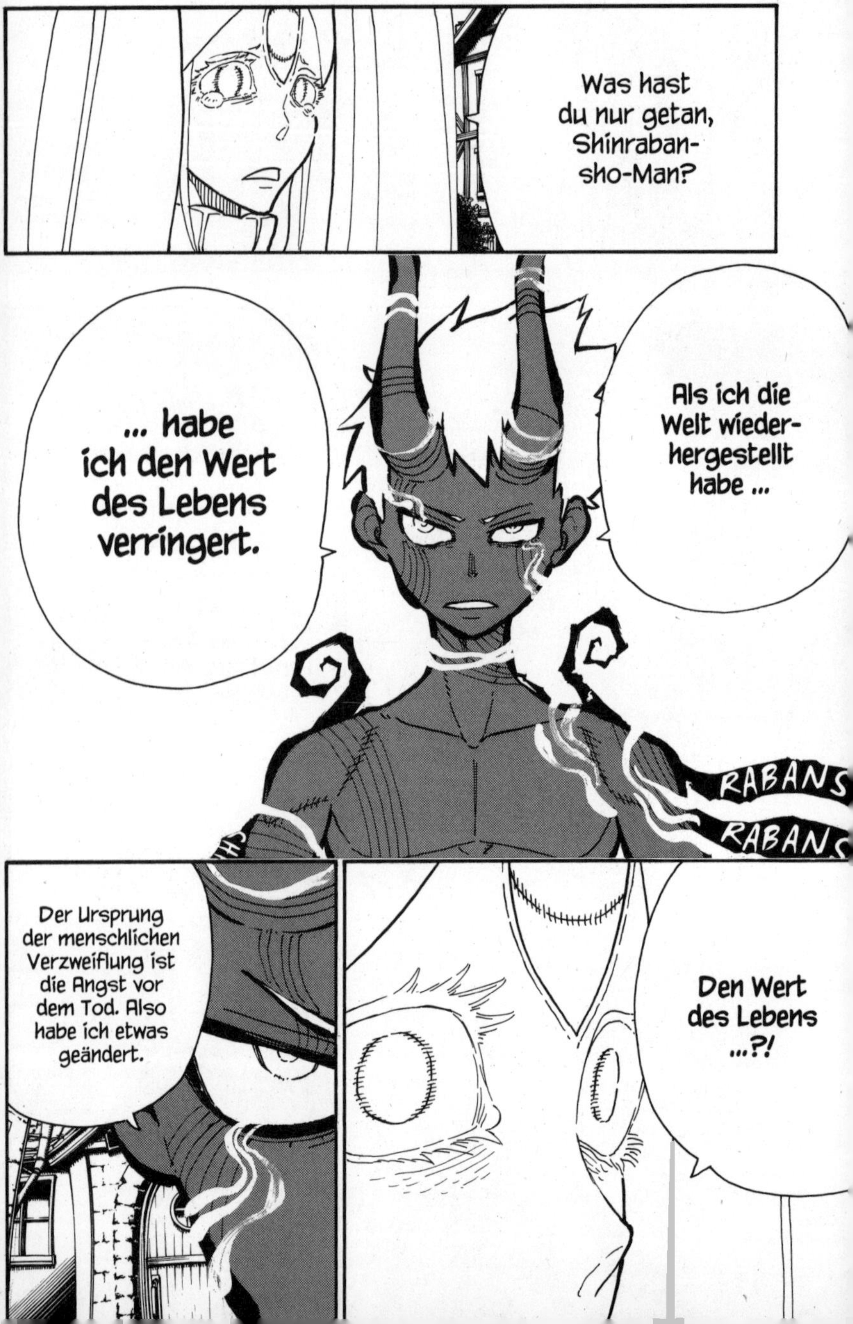
Was hast du nur getan, Shinraban-sho-Man?
Als ich die Welt wieder-hergestellt habe ...
... habe ich den Wert des Lebens verringert.
RABANS
RABANS
Den Wert des Lebens ...?!
Der Ursprung der menschlichen Verzweiflung ist die Angst vor dem Tod. Also habe ich etwas geändert.

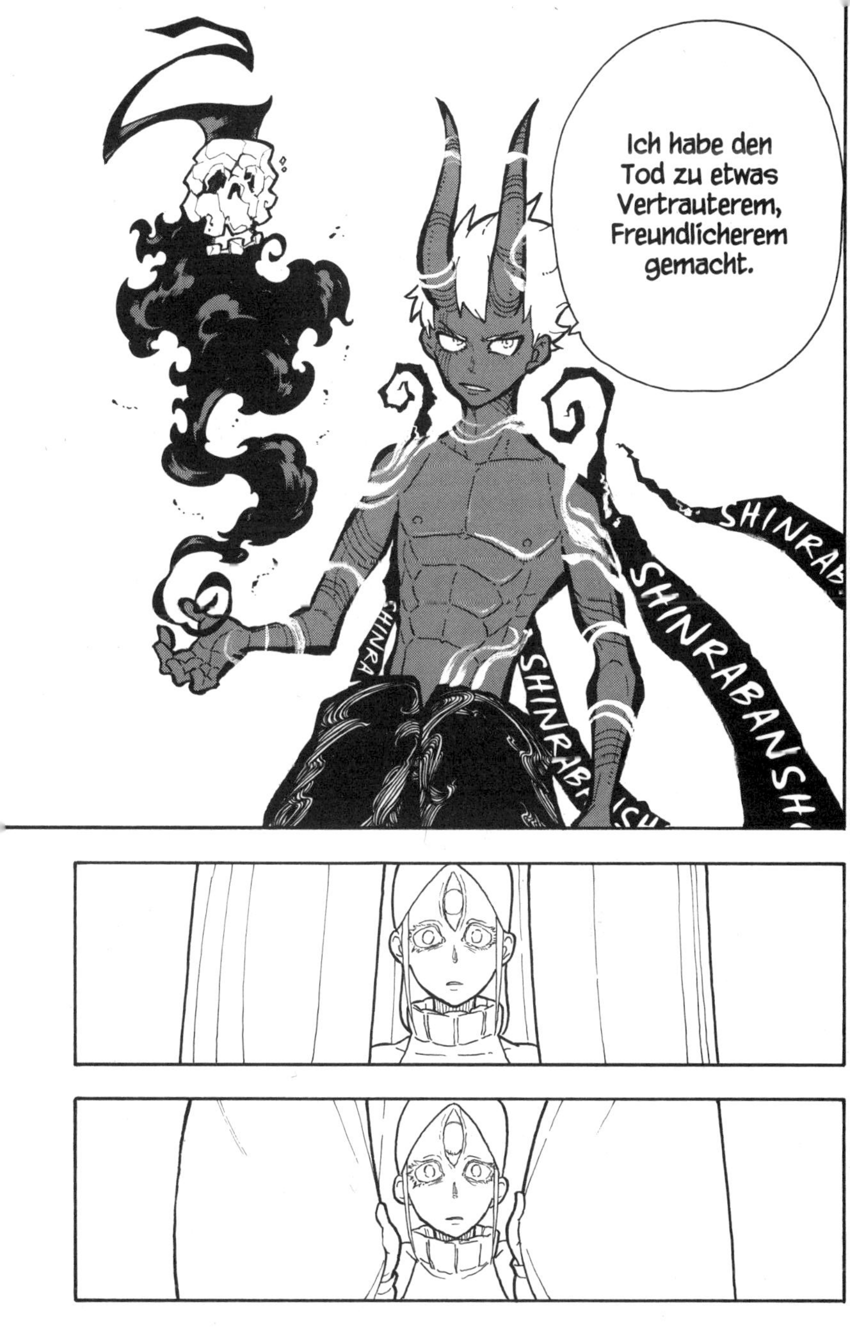
Ich habe den Tod zu etwas Vertrauterem, Freundlicherem gemacht.
SHINRABANSHO
SHINRA
SHINRABANSH
SHINRAB

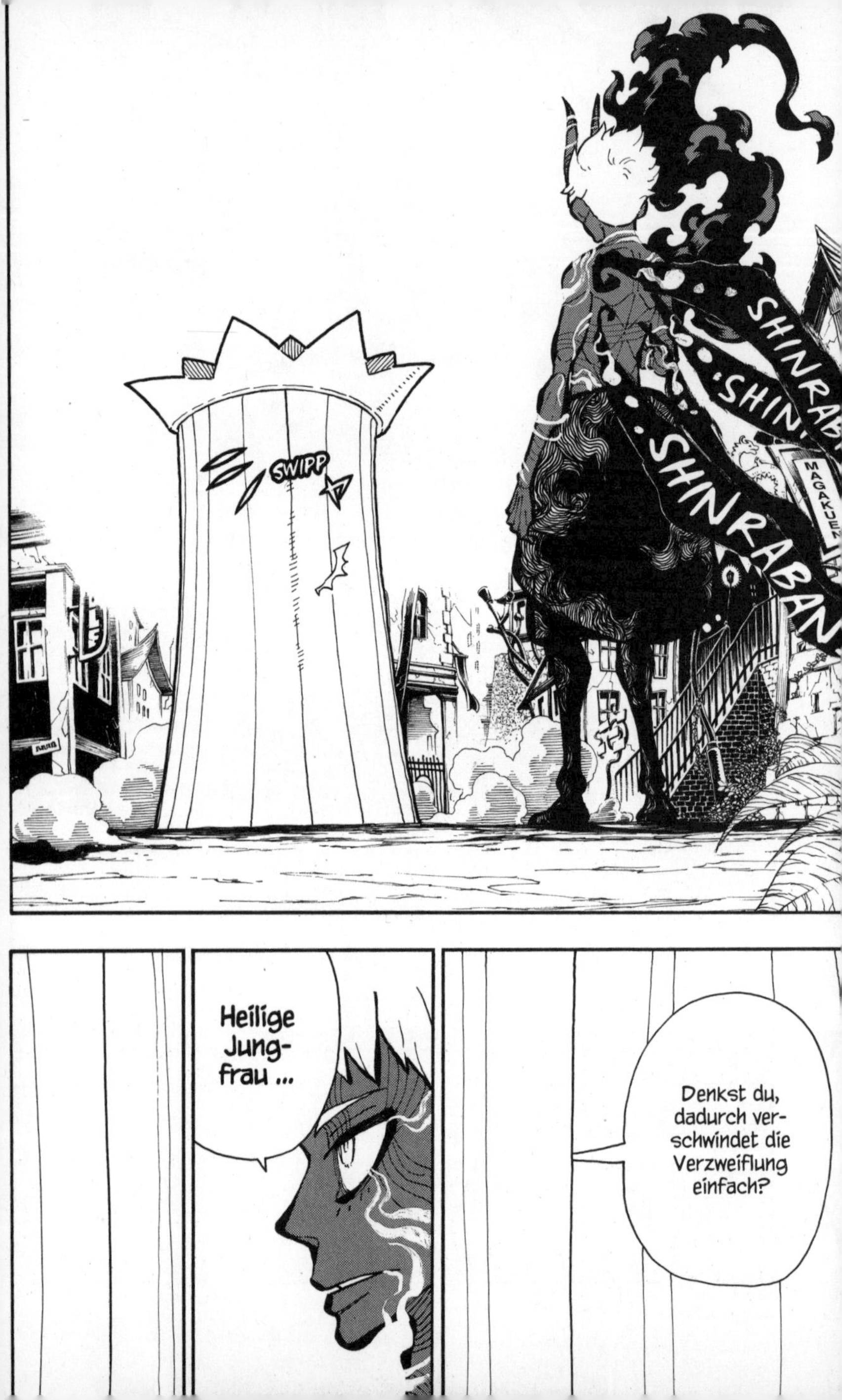
SWIPP
SHINRABAN
SHINRABAN
SHINRABAN
MAGAKUEN
Denkst du, dadurch ver-schwindet die Verzweiflung einfach?
Heilige Jung-frau ...

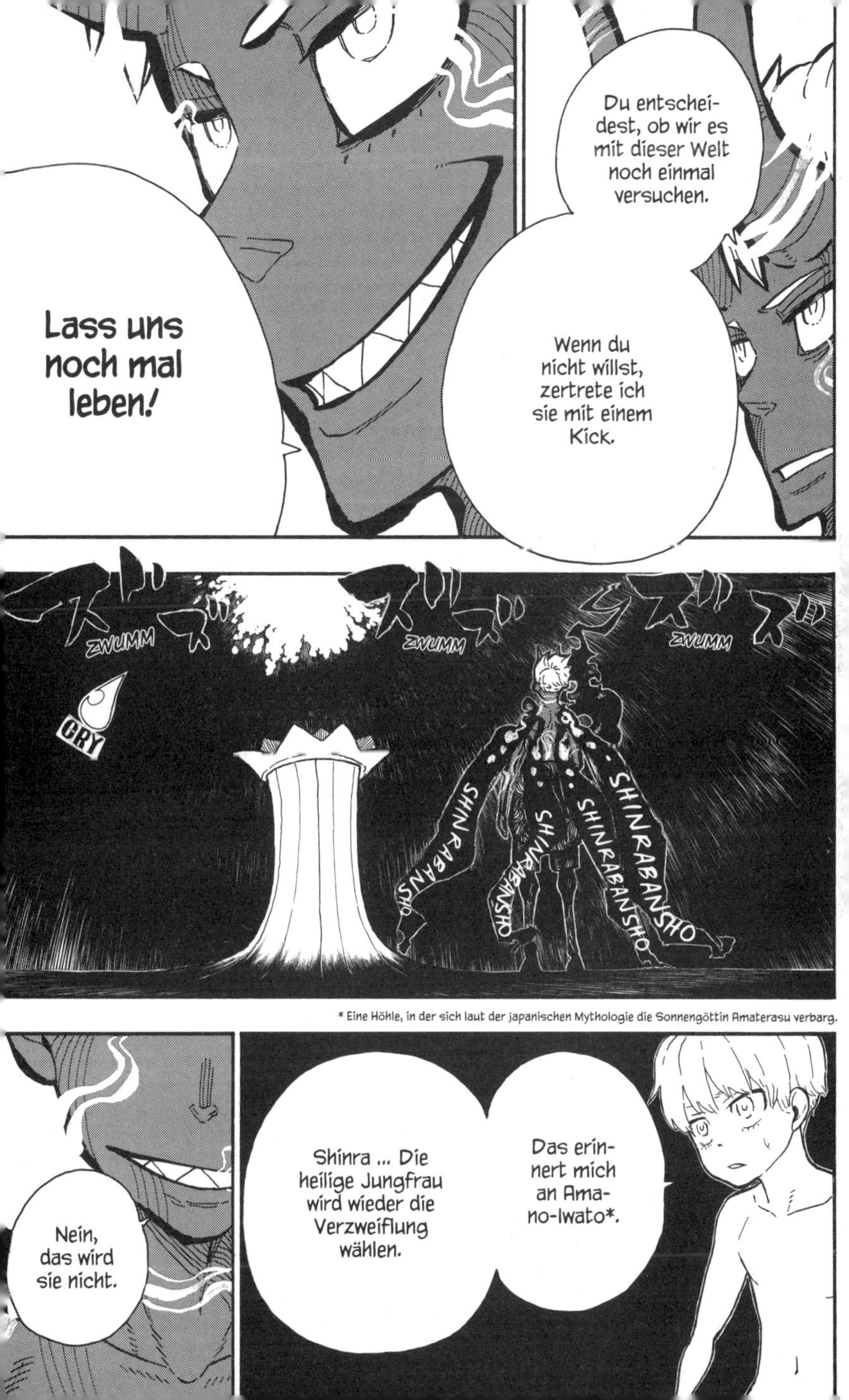

* Eine Höhle, in der sich laut der japanischen Mythologie die Sonnengöttin Amaterasu verbarg.

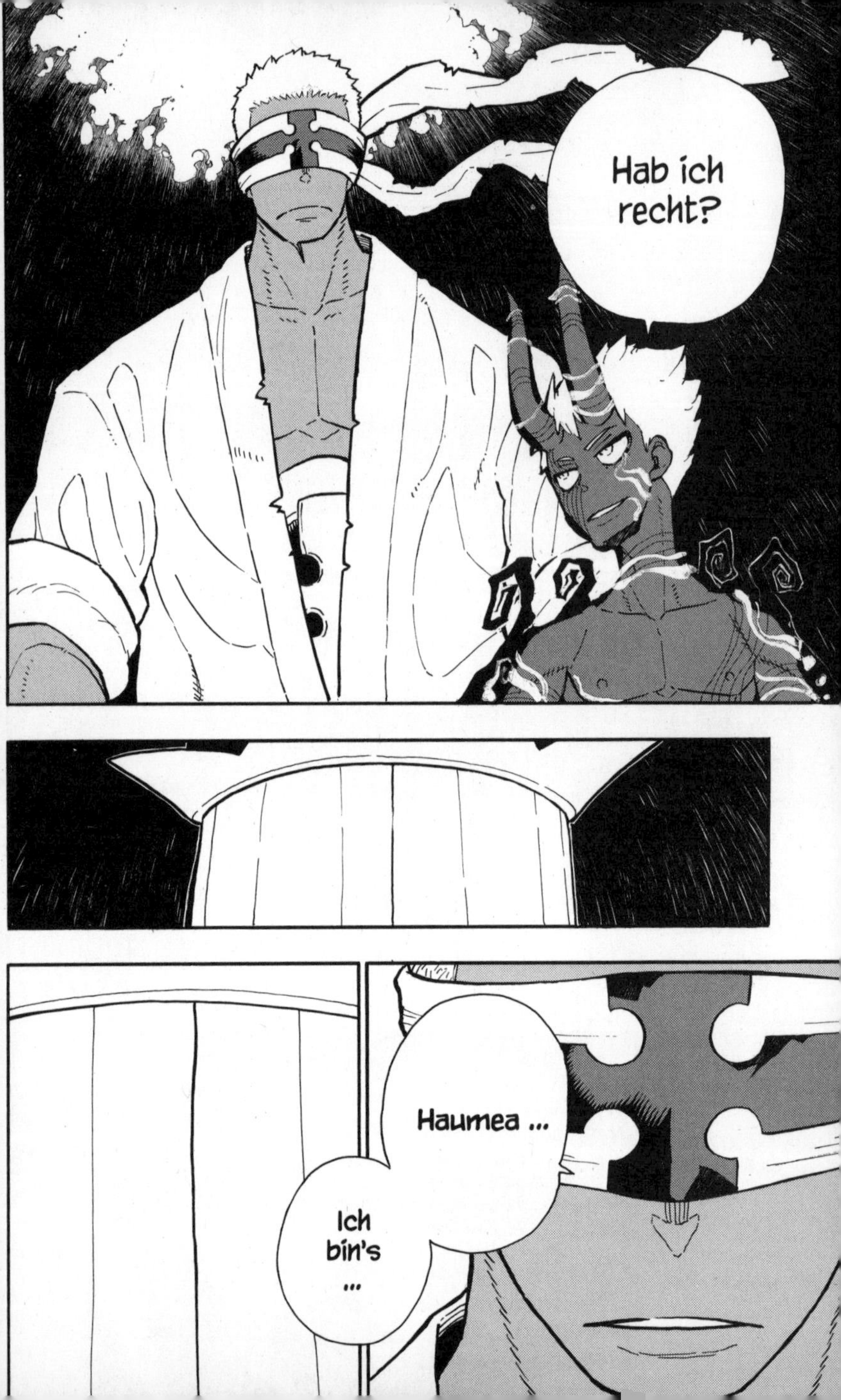
Hab ich recht?
Haumea ...
Ich bin's ...

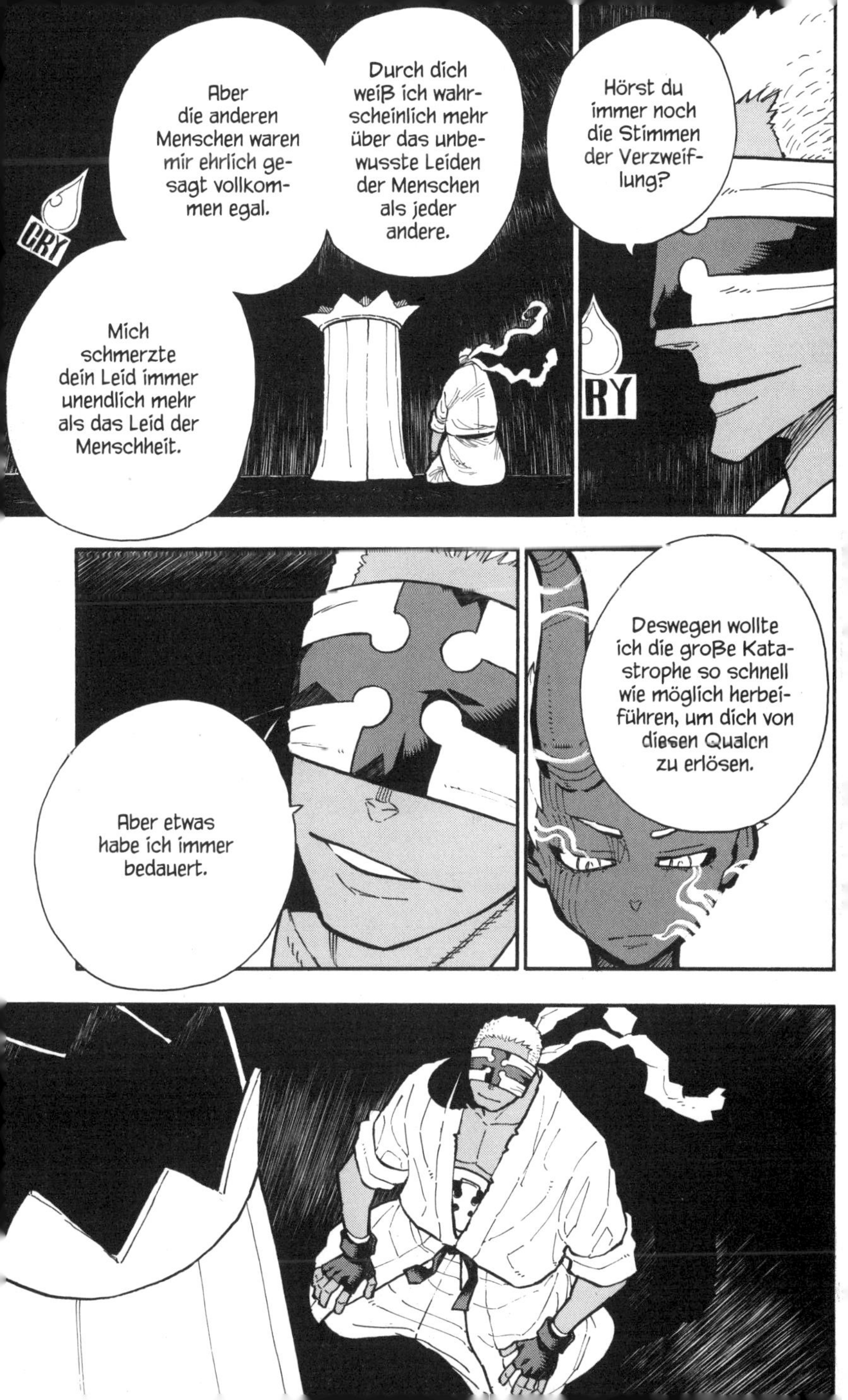
Hörst du immer noch die Stimmen der Verzweiflung?
RY
Durch dich weiß ich wahrscheinlich mehr über das unbewusste Leiden der Menschen als jeder andere.
Aber die anderen Menschen waren mir ehrlich gesagt vollkommen egal.
CRY
Mich schmerzte dein Leid immer unendlich mehr als das Leid der Menschheit.
Deswegen wollte ich die große Katastrophe so schnell wie möglich herbeiführen, um dich von diesen Qualen zu erlösen.
Aber etwas habe ich immer bedauert.

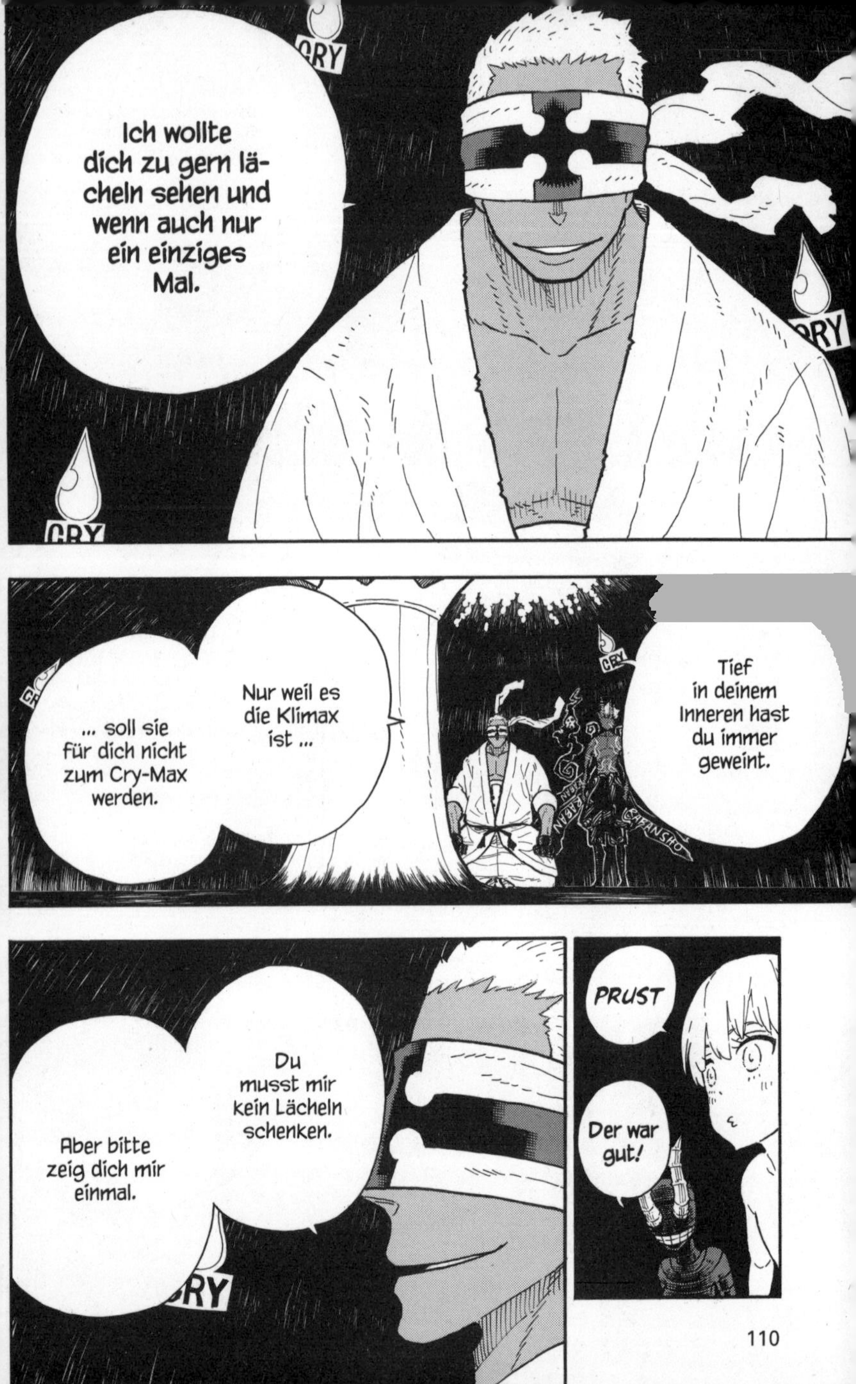
CRY
Ich wollte dich zu gern lächeln sehen und wenn auch nur ein einziges Mal.
CRY
CRY
Tief in deinem Inneren hast du immer geweint.
CRY
Nur weil es die Klimax ist ...
... soll sie für dich nicht zum Cry-Max werden.
PRUST
Der war gut!
Du musst mir kein Lächeln schenken.
Aber bitte zeig dich mir einmal.
CRY

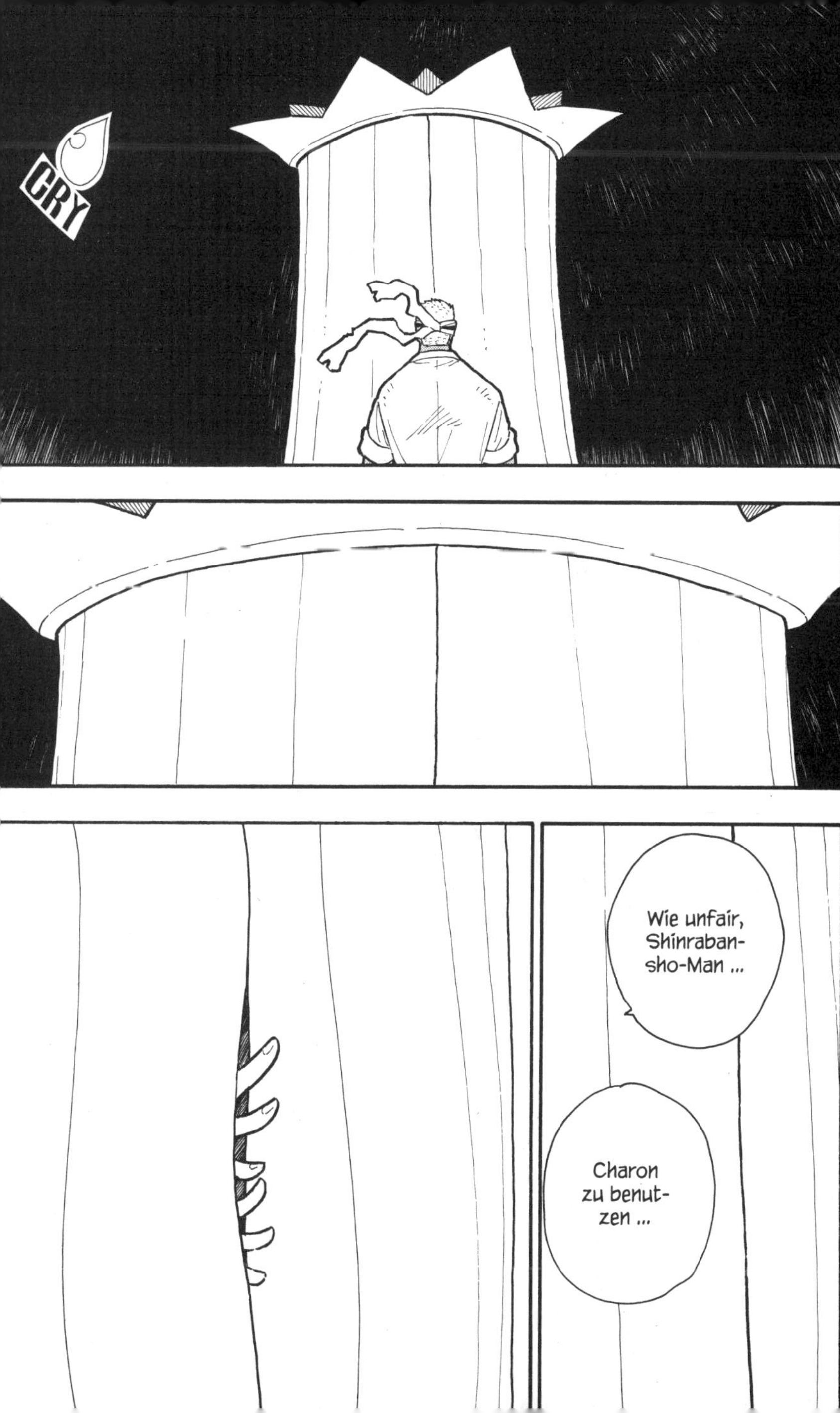
CRY
Wie unfair, Shinraban-sho-Man ...
Charon zu benut-zen ...

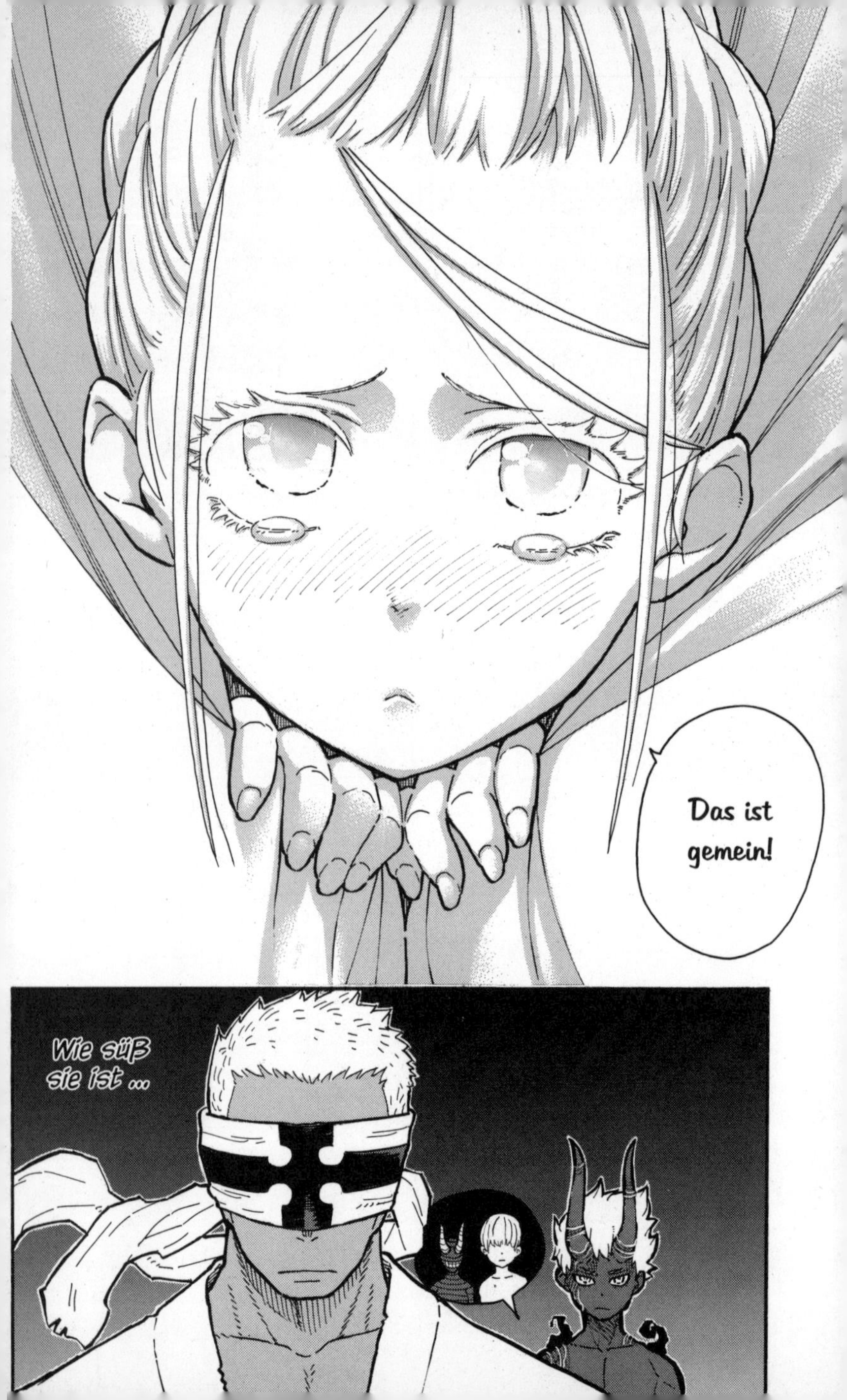
Das ist gemein!
Wie süß sie ist ...

FIRE FORCE

FIRE FORCE

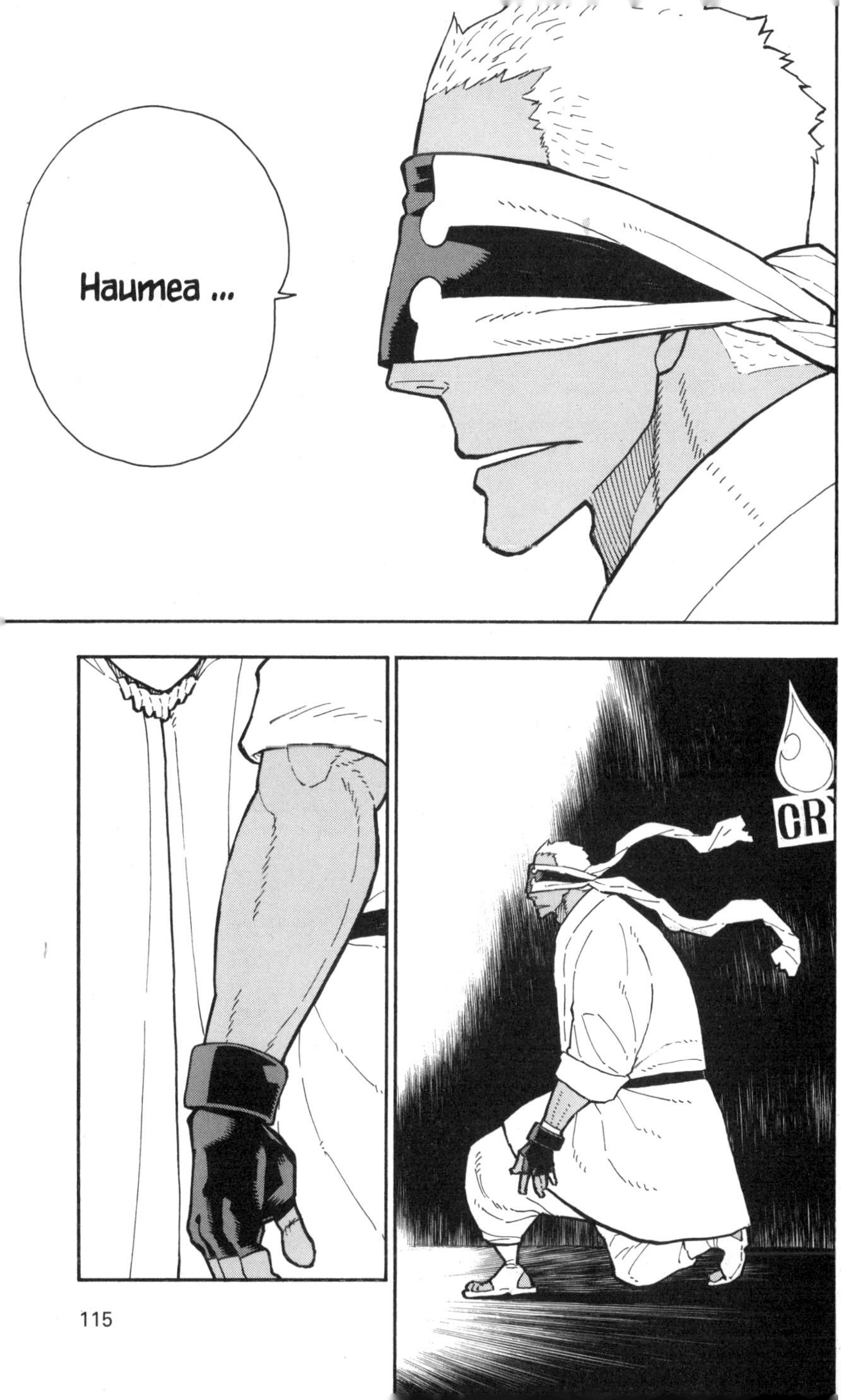
Haumea ...
CRY

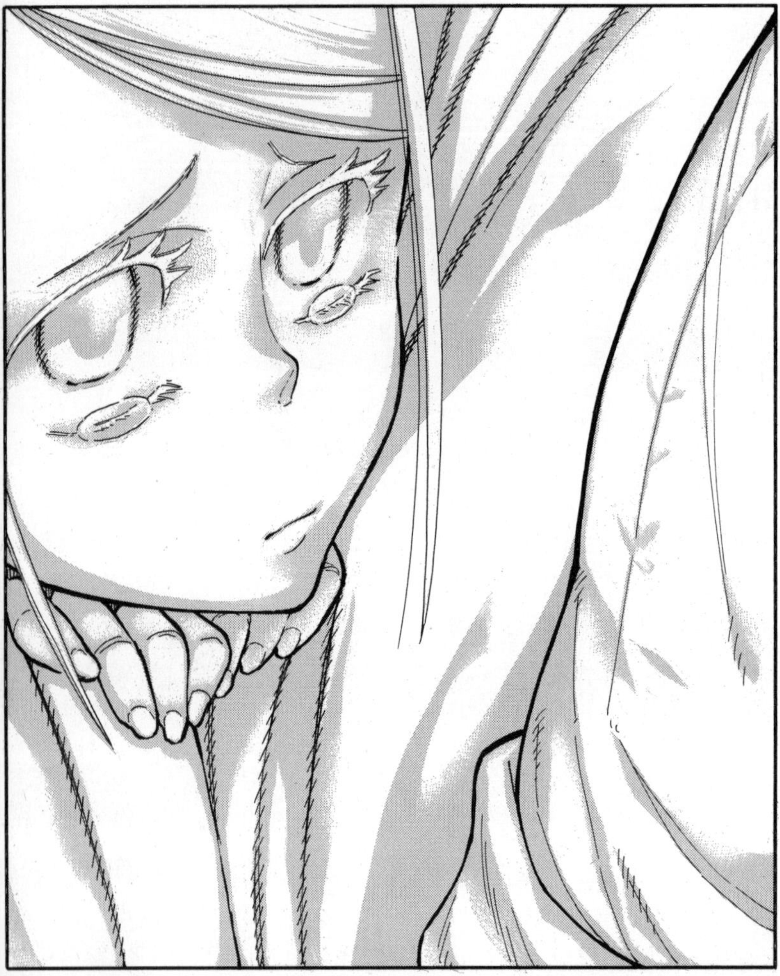

Kapitel 201:
Die Wahl der Zukunft

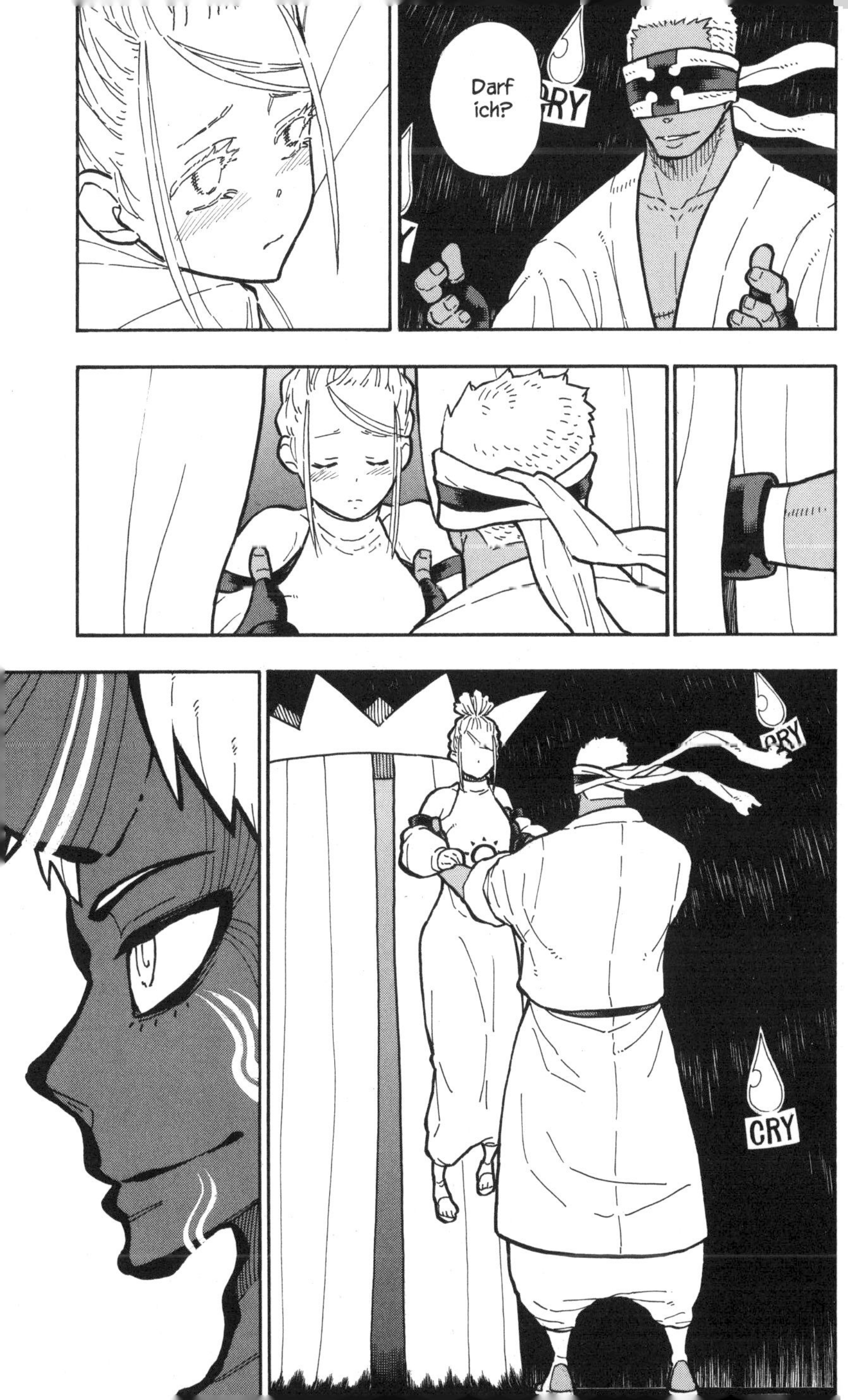

Darf ich?
CRY
CRY
CRY

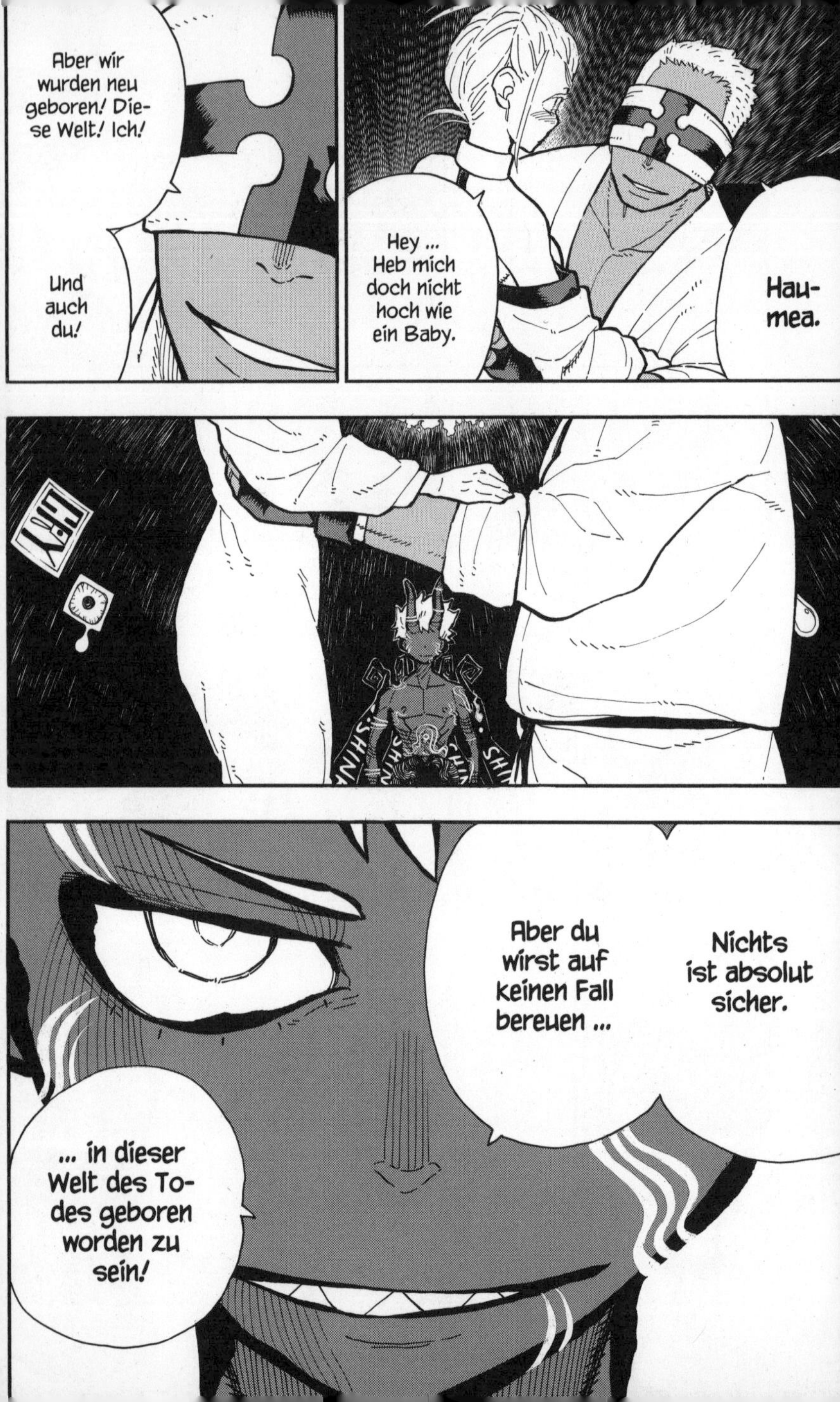
Hau-mea.
Hey ... Heb mich doch nicht hoch wie ein Baby.
Aber wir wurden neu geboren! Die-se Welt! Ich!
Und auch du!
Nichts ist absolut sicher.
Aber du wirst auf keinen Fall bereuen ...
... in dieser Welt des To-des geboren worden zu sein!

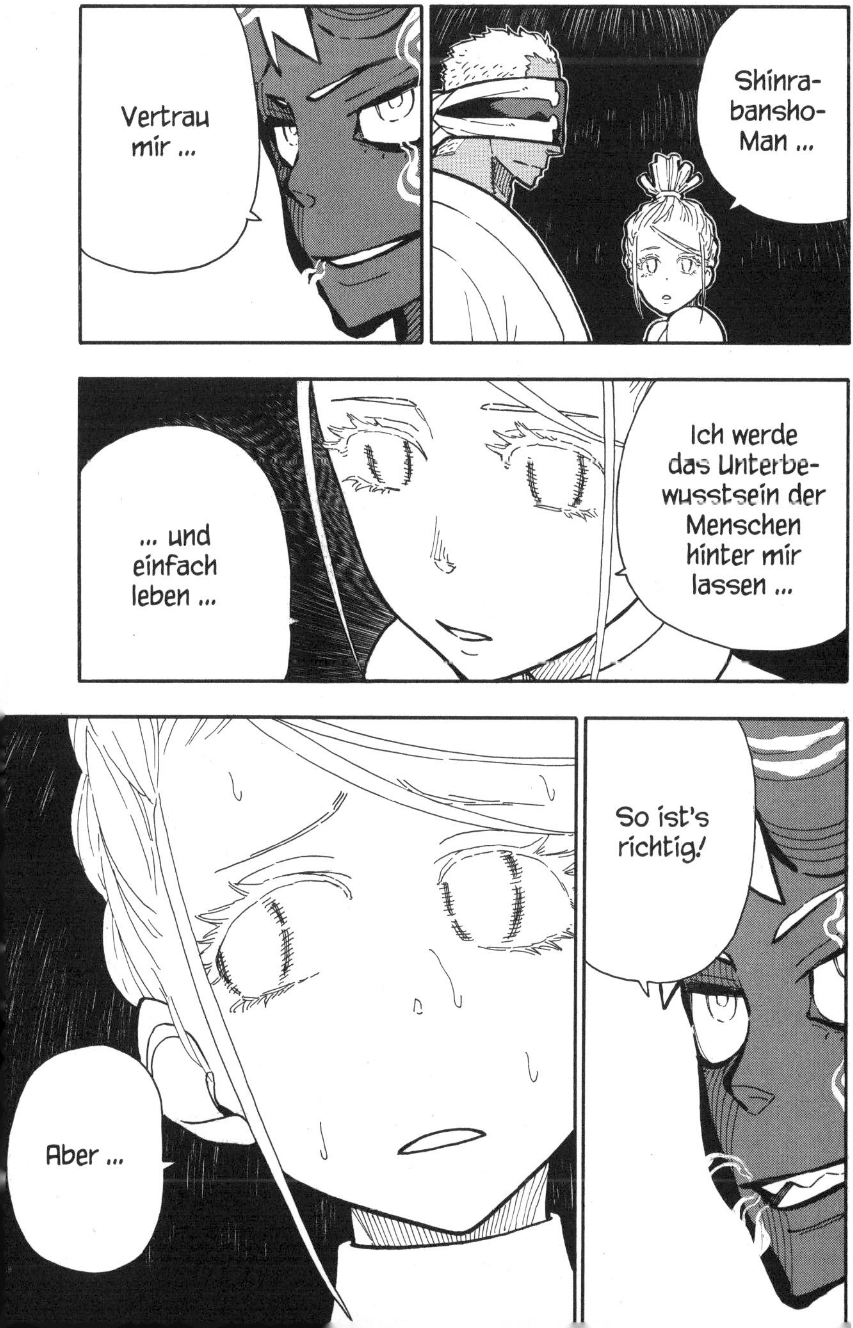
Shinra-bansho-Man ...
Vertrau mir ...
Ich werde das Unterbe-wusstsein der Menschen hinter mir lassen ...
... und einfach leben ...
So ist's richtig!
Aber ...

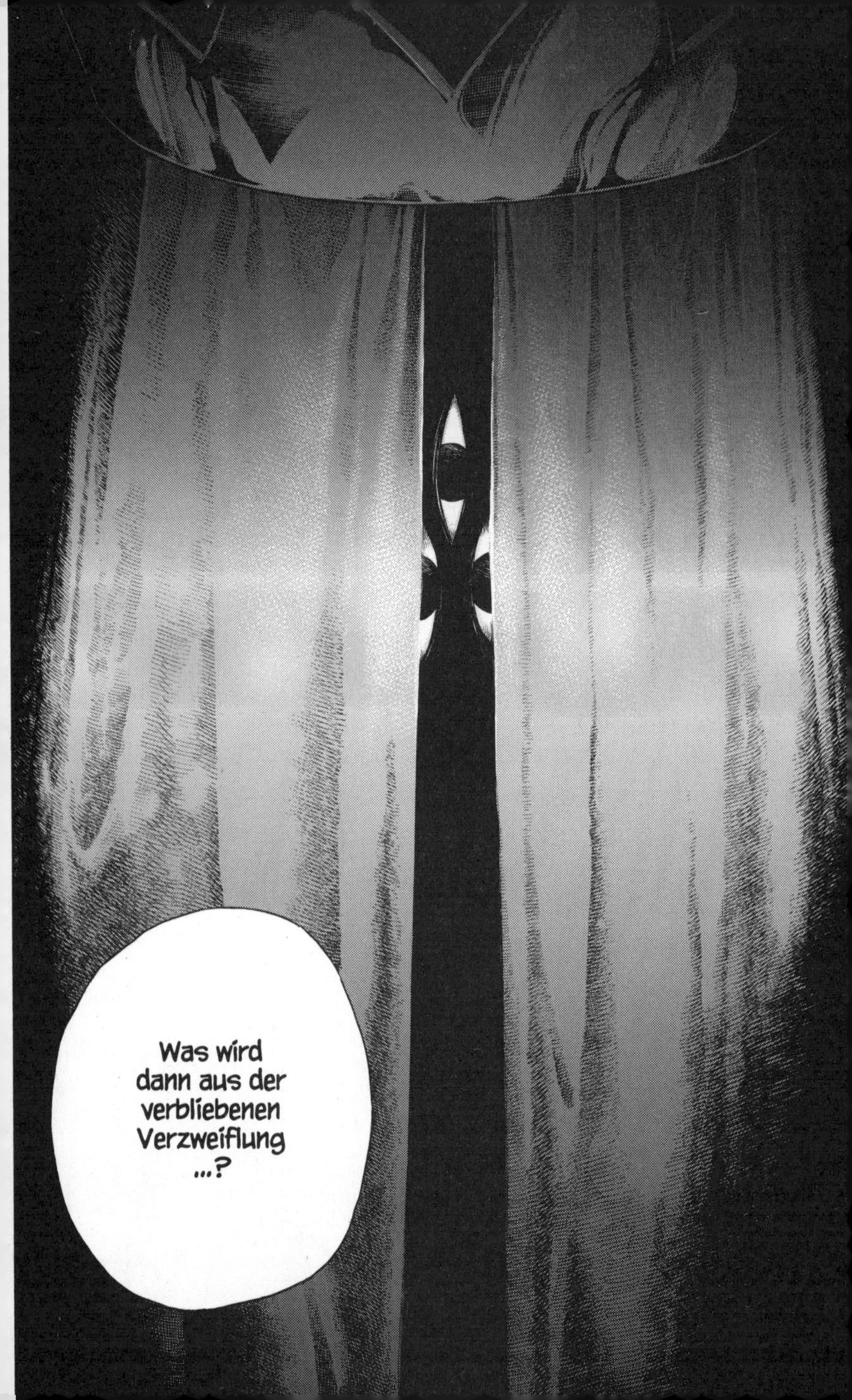
Was wird dann aus der verbliebenen Verzweiflung ...?

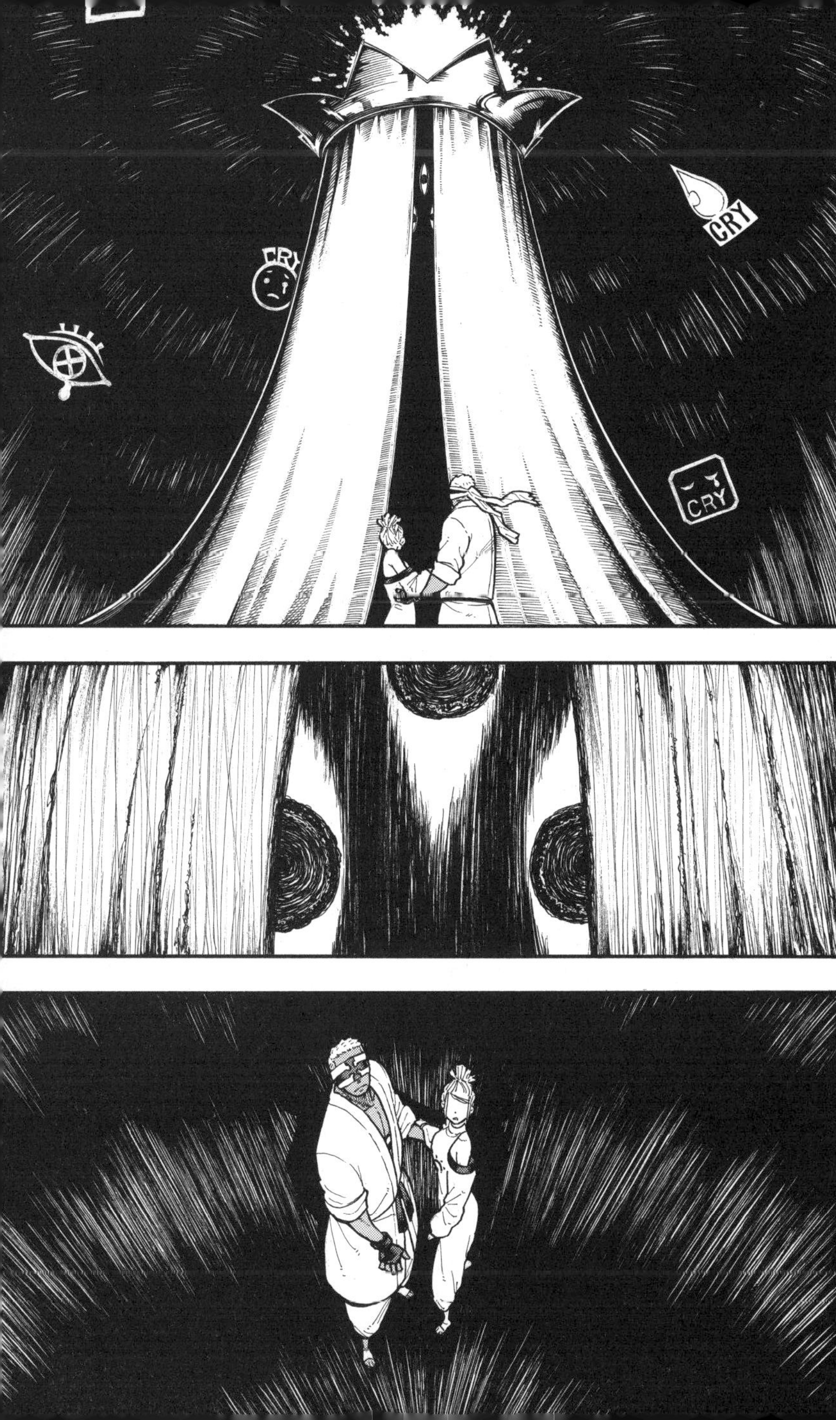
CRY
CRY
CRY

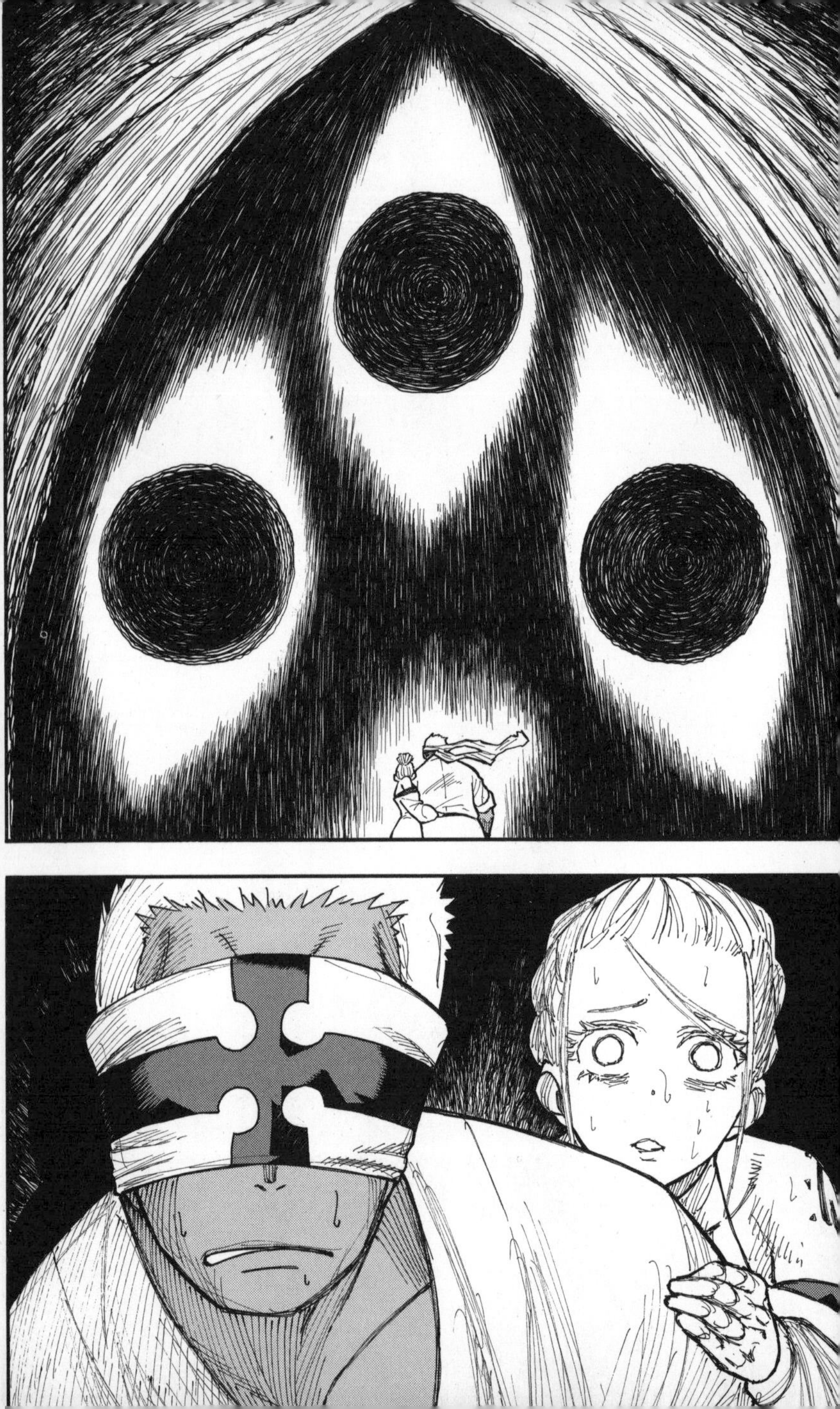

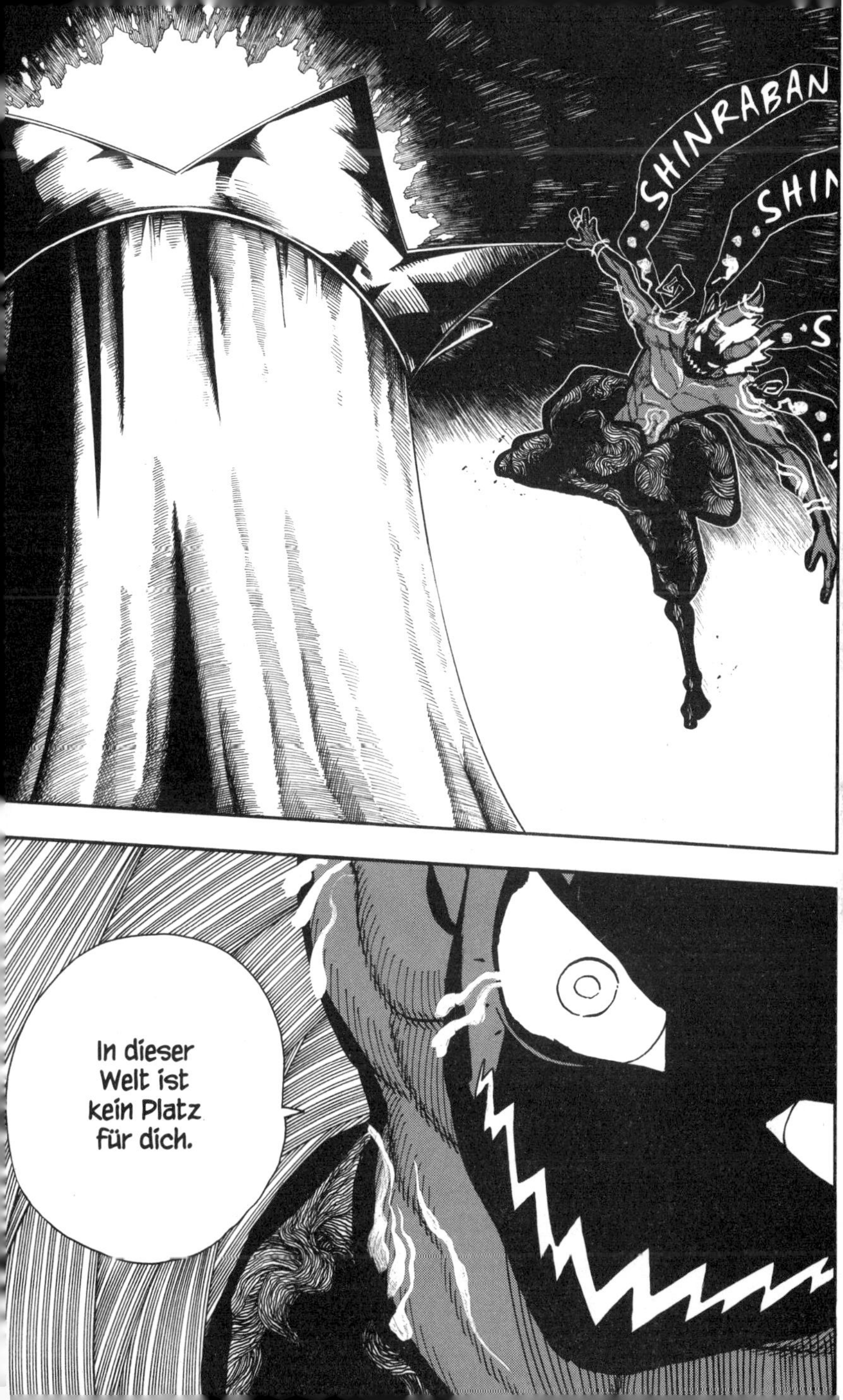
SHINRABAN
SHIN
In dieser Welt ist kein Platz für dich.

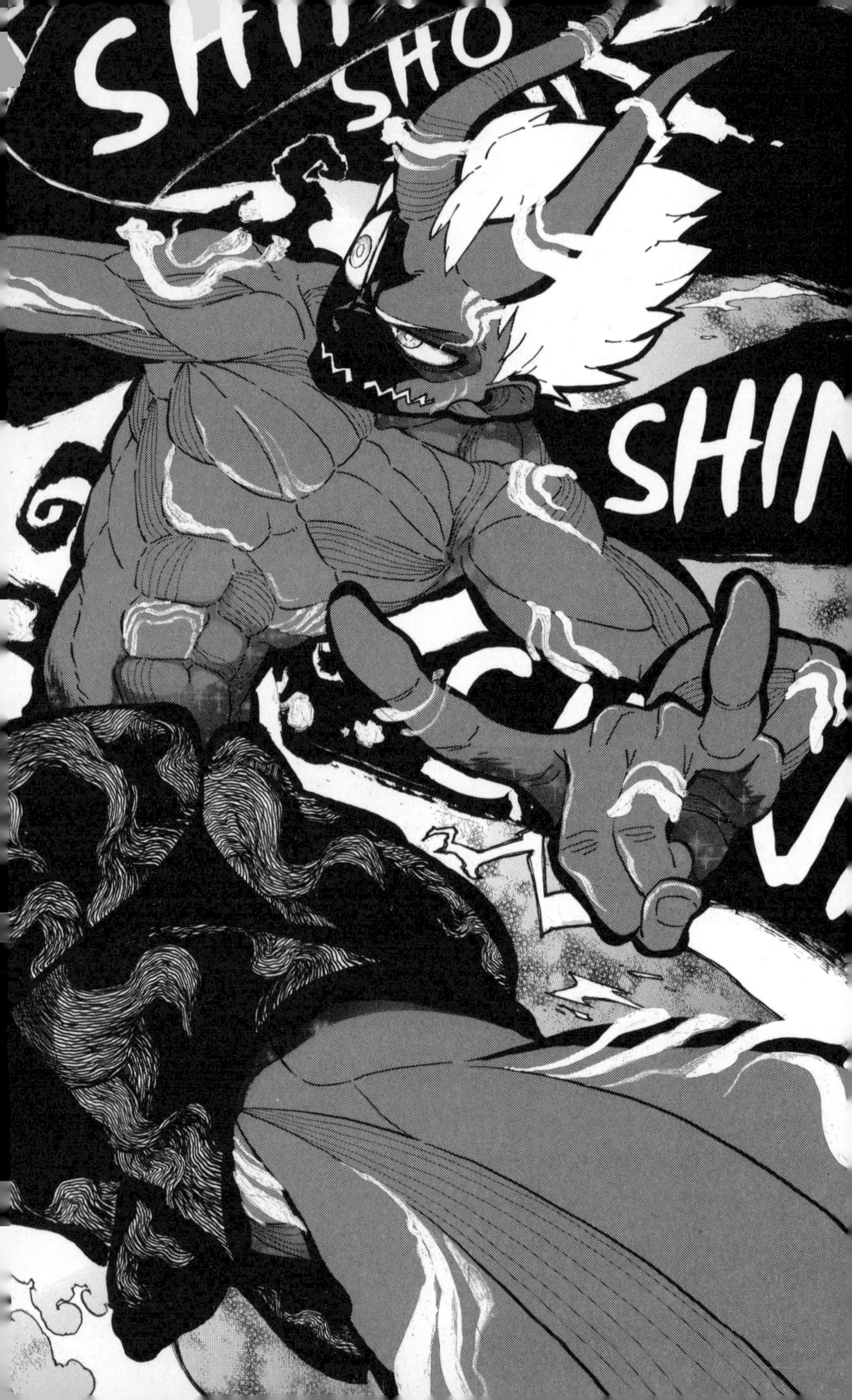
SHO
SHIN

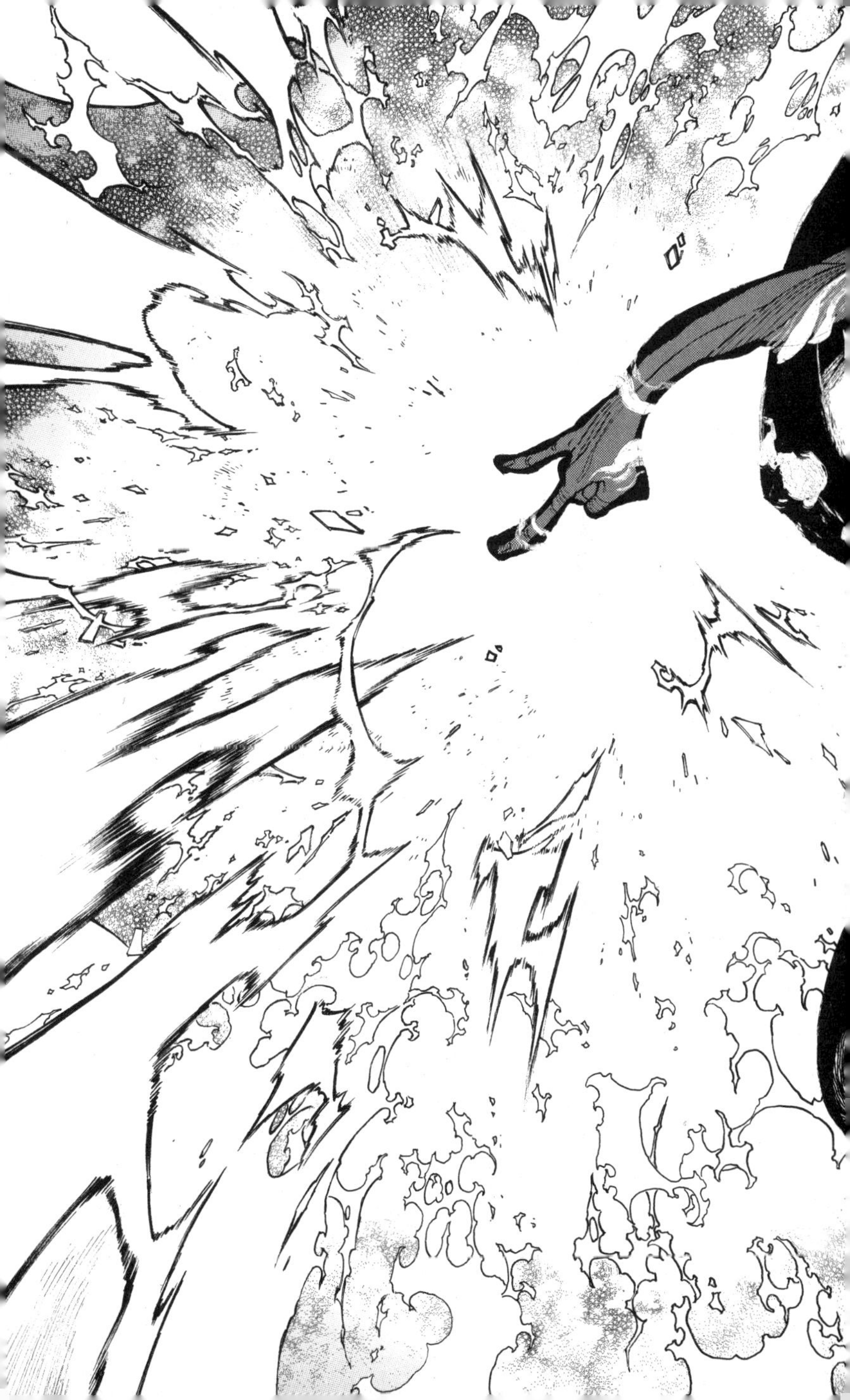

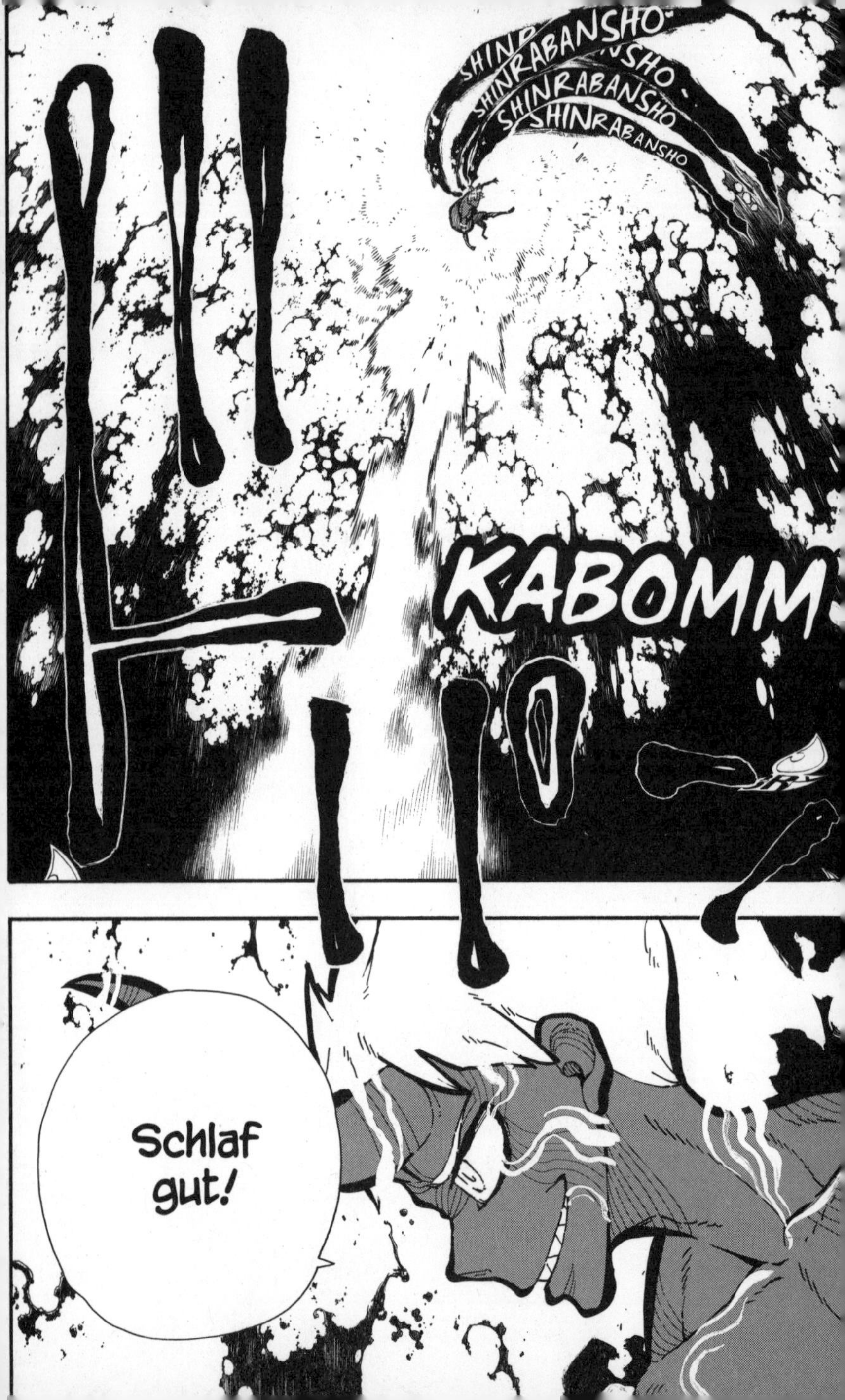
SHINRABANSHO
SHINRABANSHO
SHINRABANSHO
SHINRABANSHO
KABOMM
Schlaf gut!

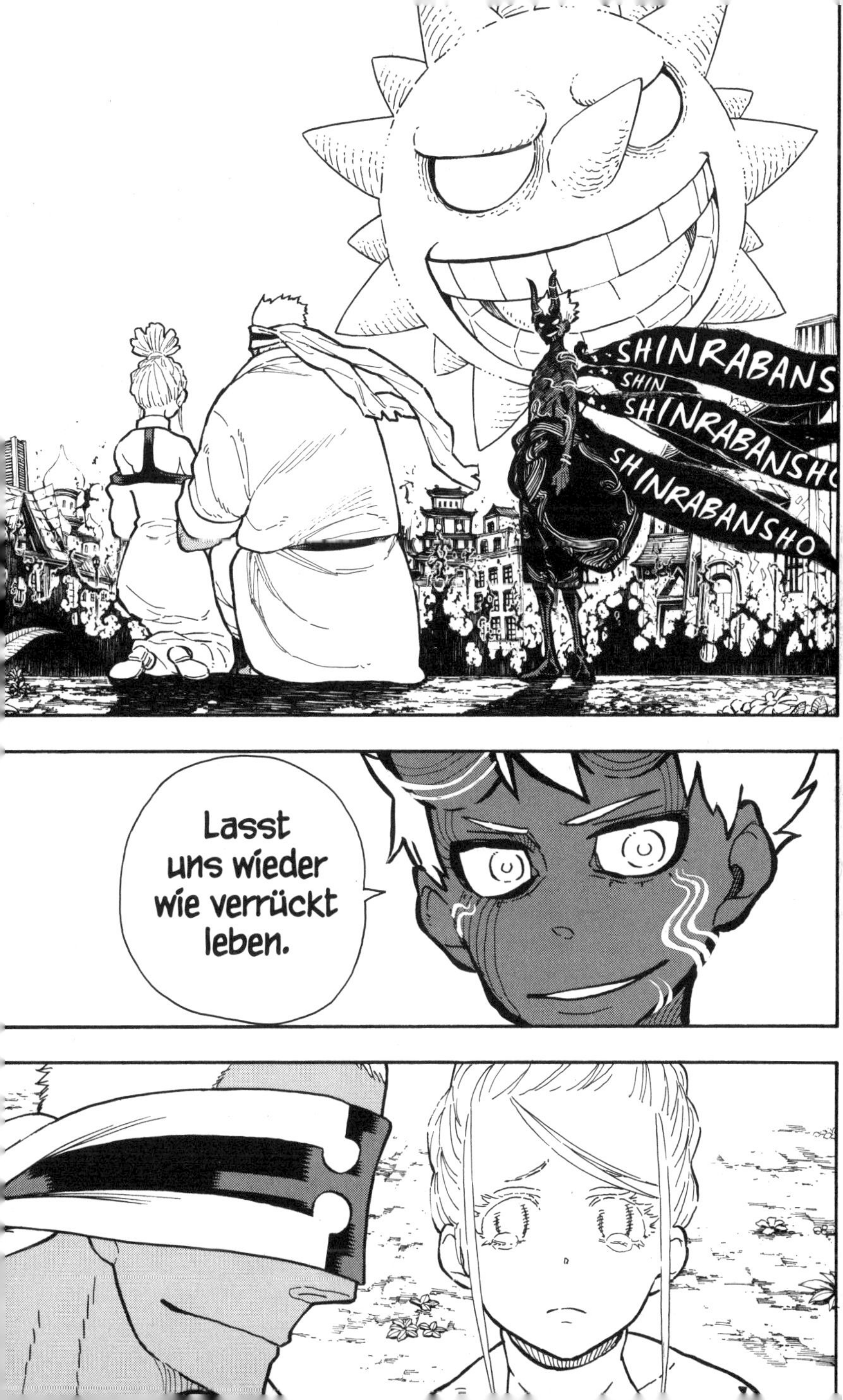
SHINRABANS
SHIN
SHINRABANSHO
SHINRABANSHO
SHINRABANSHO
Lasst uns wieder wie verrückt leben.

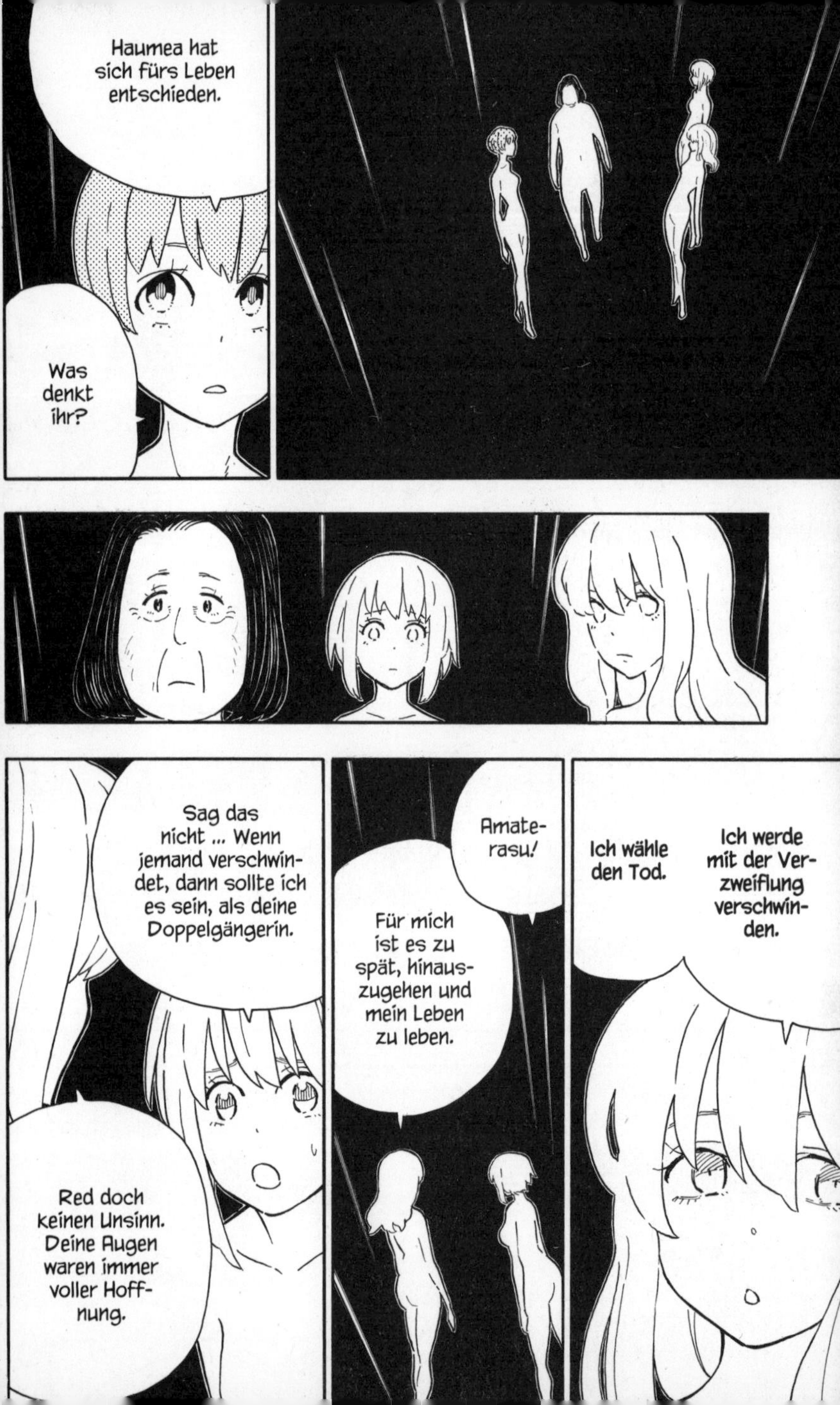

Haumea hat sich fürs Leben entschieden.
Was denkt ihr?
Ich werde mit der Verzweiflung verschwinden.
Ich wähle den Tod.
Amaterasu!
Für mich ist es zu spät, hinauszugehen und mein Leben zu leben.
Sag das nicht ... Wenn jemand verschwindet, dann sollte ich es sein, als deine Doppelgängerin.
Red doch keinen Unsinn. Deine Augen waren immer voller Hoffnung.

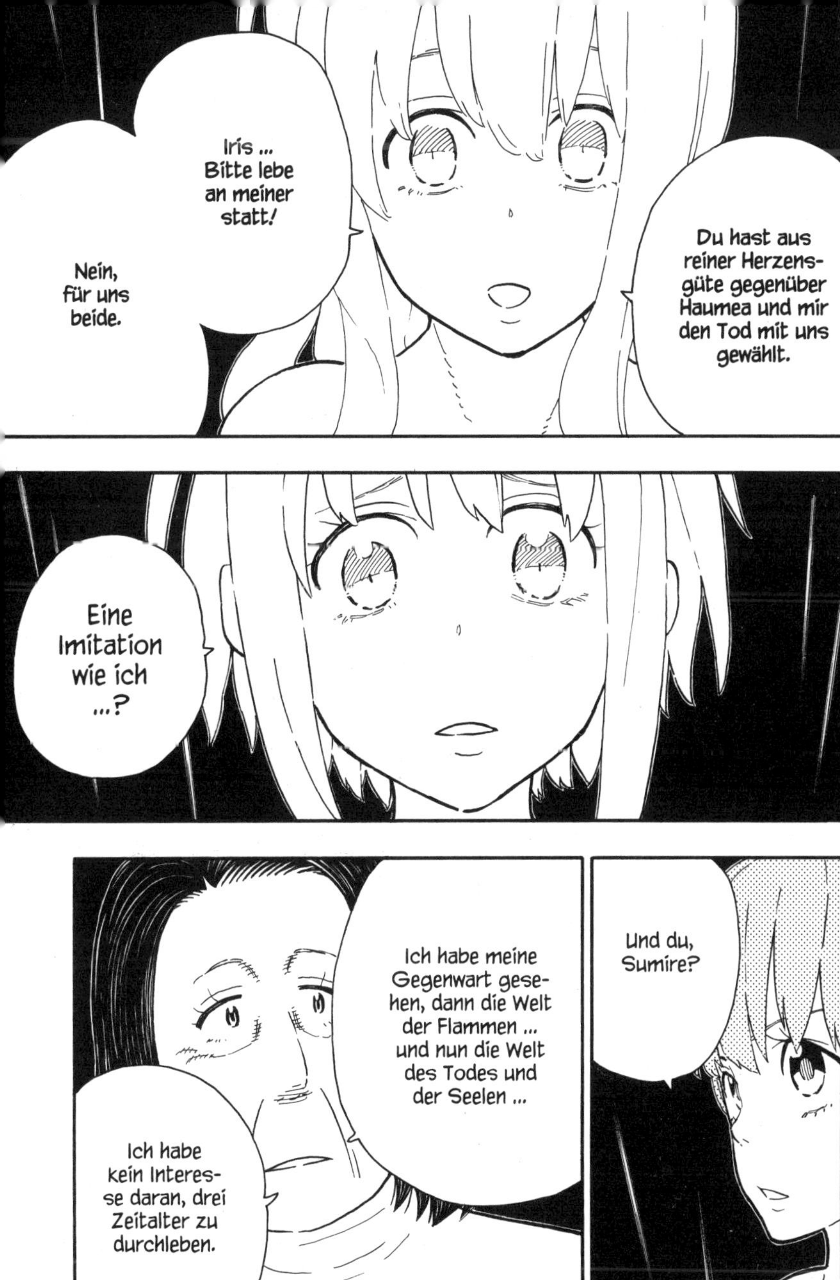
Du hast aus reiner Herzens-güte gegenüber Haumea und mir den Tod mit uns gewählt.
Iris ... Bitte lebe an meiner statt!
Nein, für uns beide.
Eine Imitation wie ich ...?
Und du, Sumire?
Ich habe meine Gegenwart gese-hen, dann die Welt der Flammen ... und nun die Welt des Todes und der Seelen ...
Ich habe kein Interes-se daran, drei Zeitalter zu durchleben.

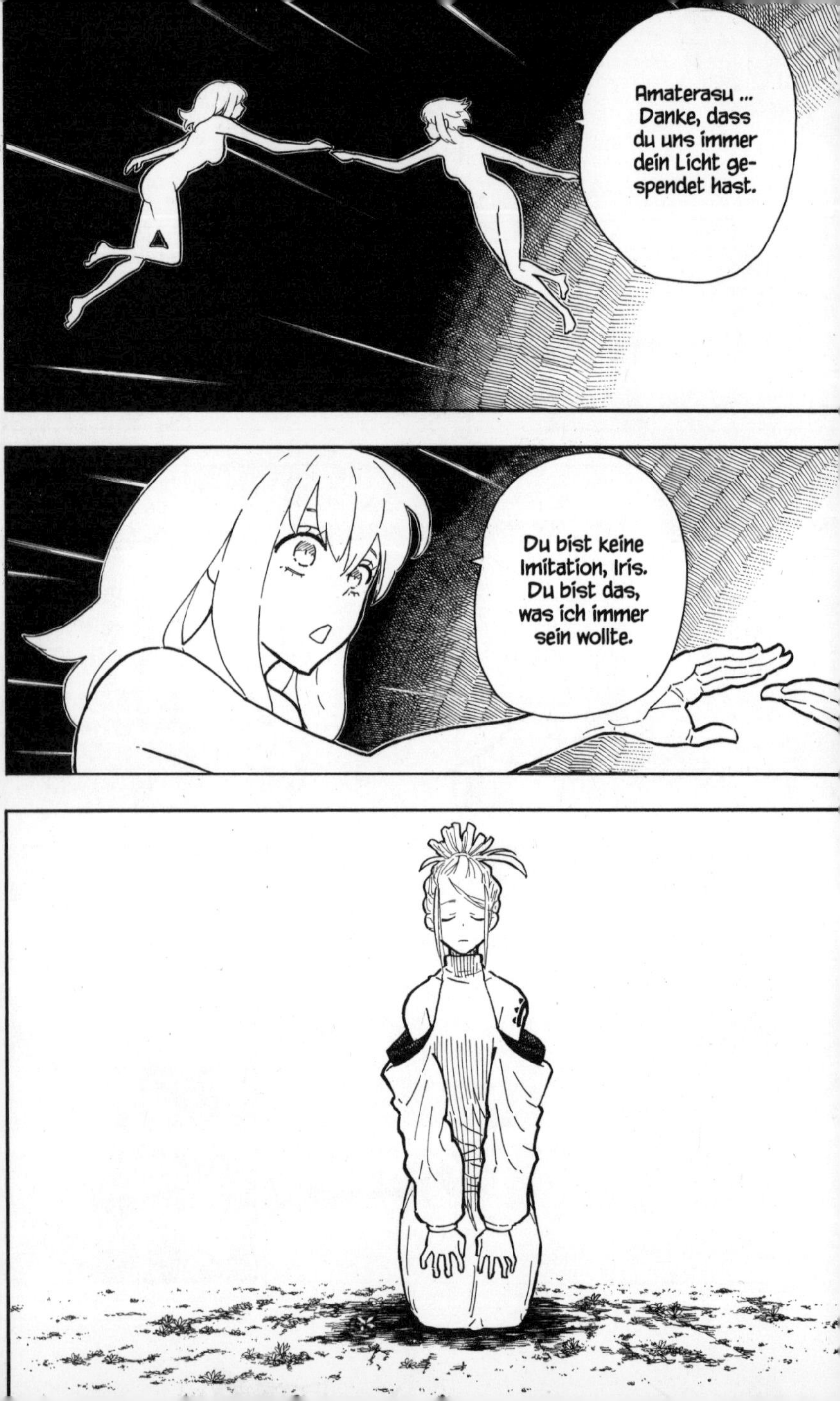
Amaterasu ... Danke, dass du uns immer dein Licht gespendet hast.
Du bist keine Imitation, Iris. Du bist das, was ich immer sein wollte.

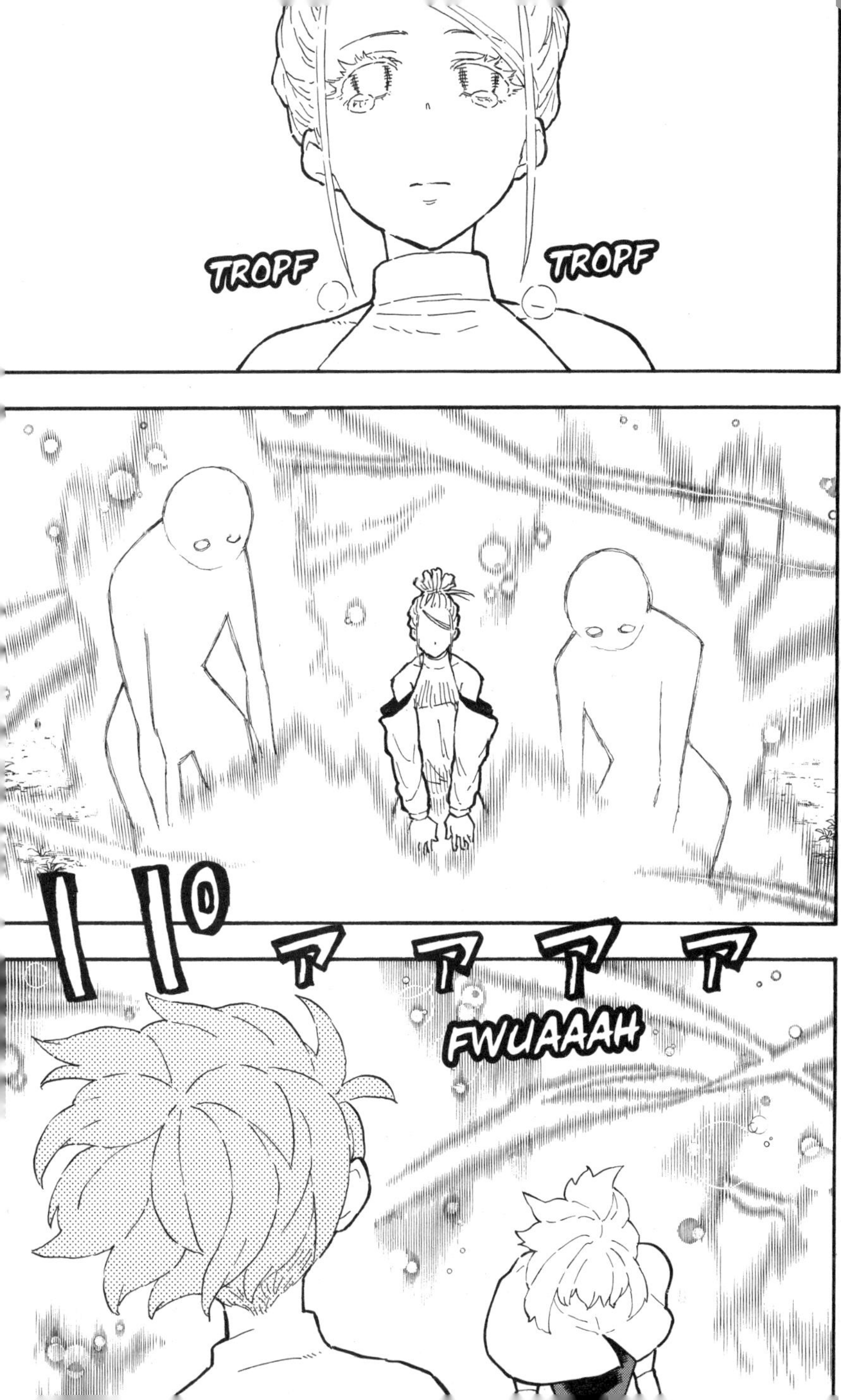
TROPF
TROPF
パアアアア
FWUAAAH

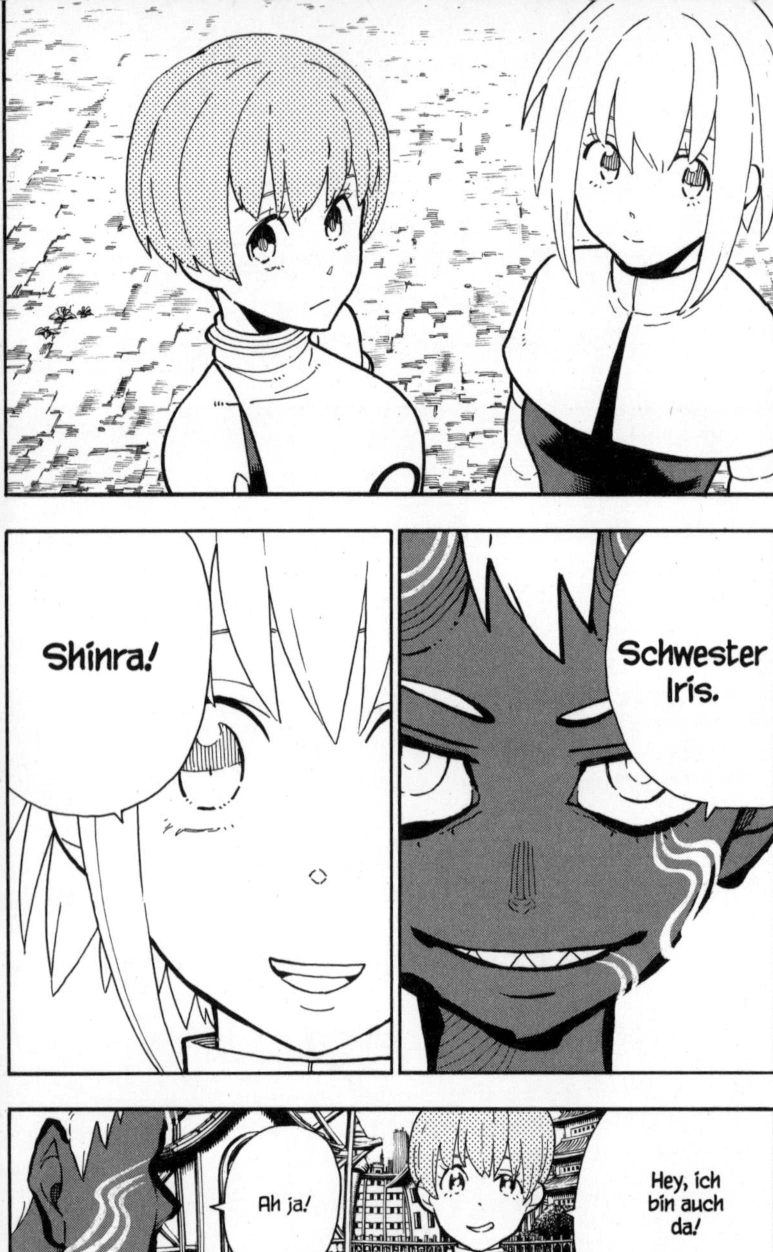
Schwester Iris.
Shinra!
Hey, ich bin auch da!
Ah ja!

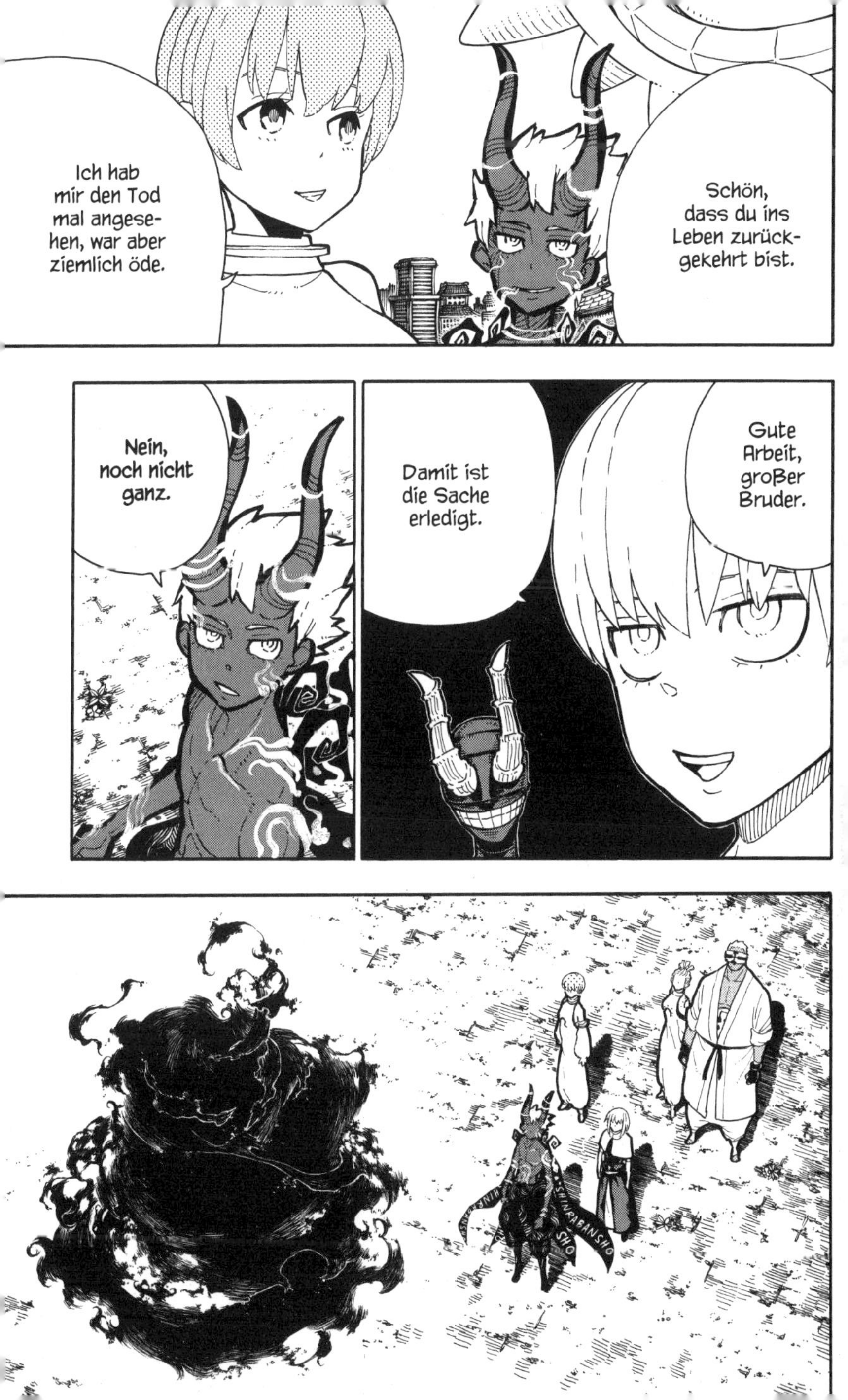
Schön, dass du ins Leben zurückgekehrt bist.
Ich hab mir den Tod mal angesehen, war aber ziemlich öde.
Gute Arbeit, großer Bruder.
Damit ist die Sache erledigt.
Nein, noch nicht ganz.
SHINRABANSHO

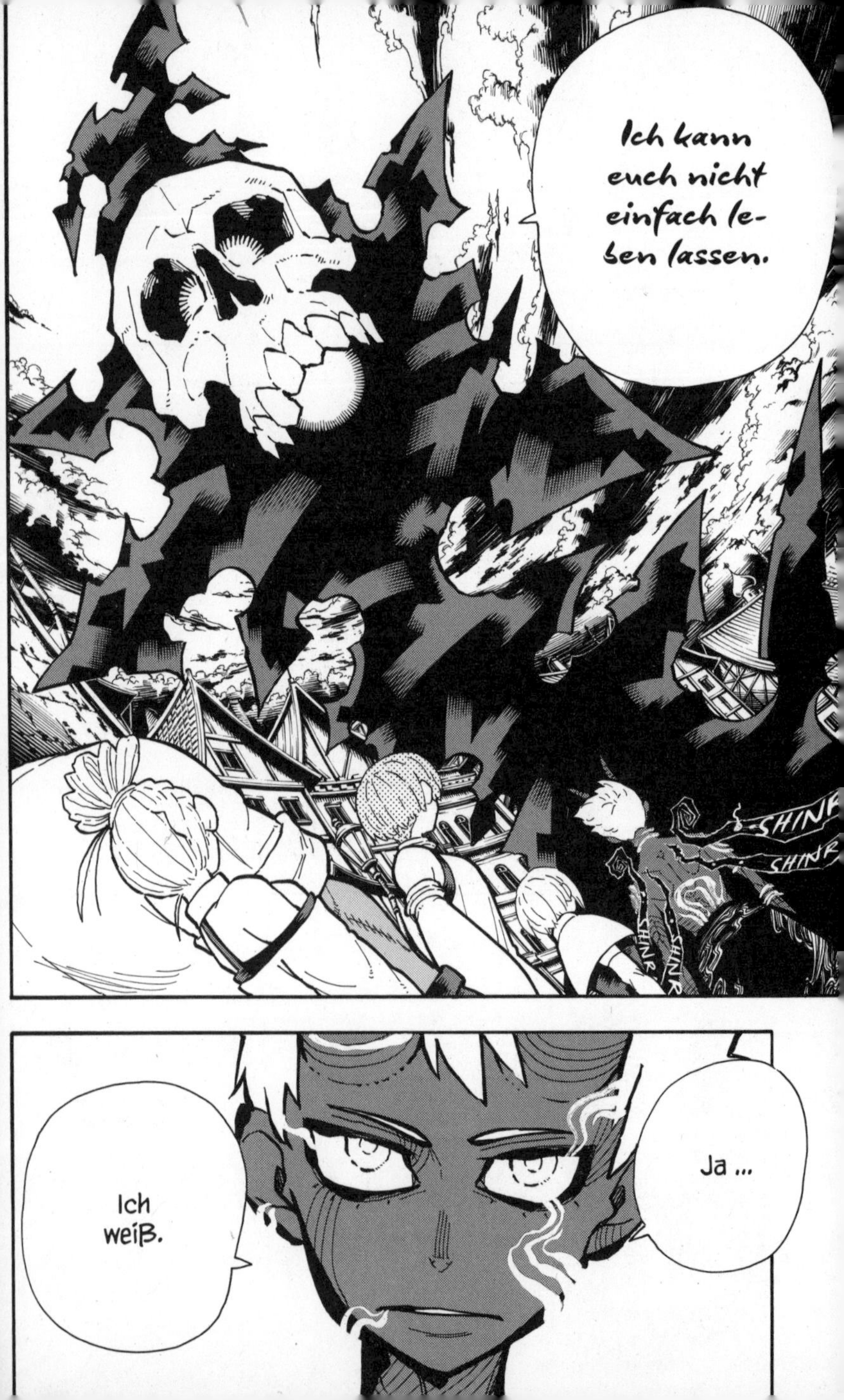
Ich kann euch nicht einfach leben lassen.
SHINR
Ja ...
Ich weiß.

FIRE FORCE

FIRE FORCE

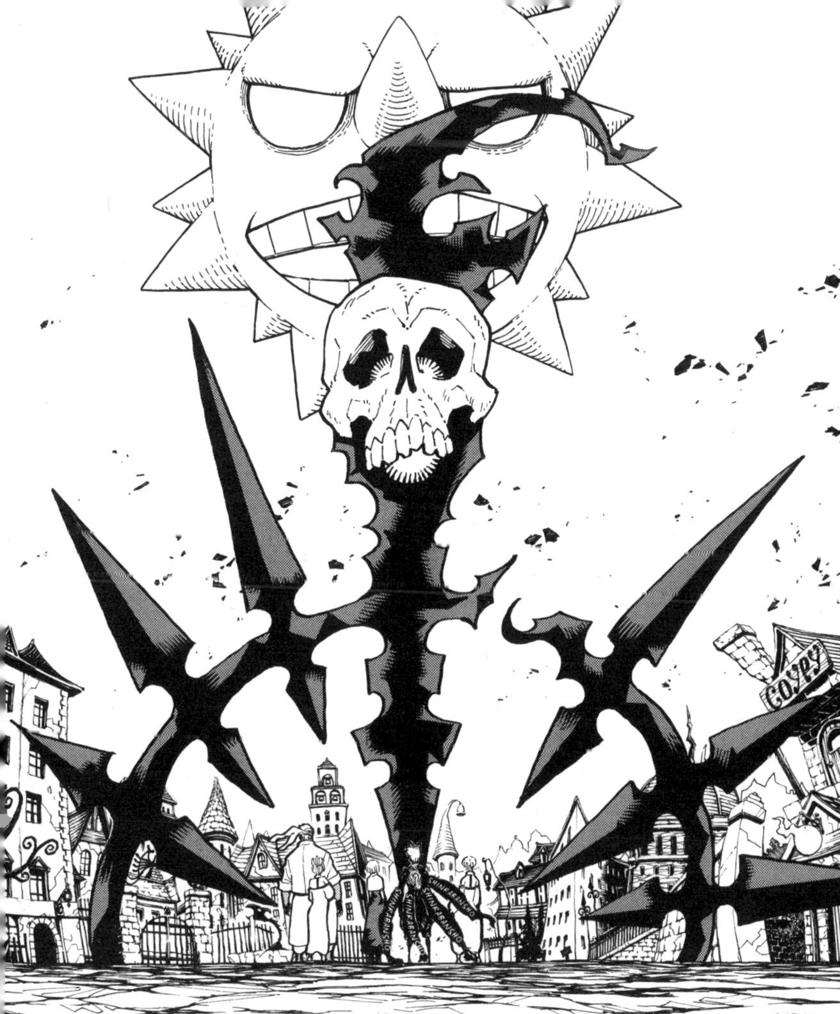

Letztes Kapitel:
Das Jüngste Gericht

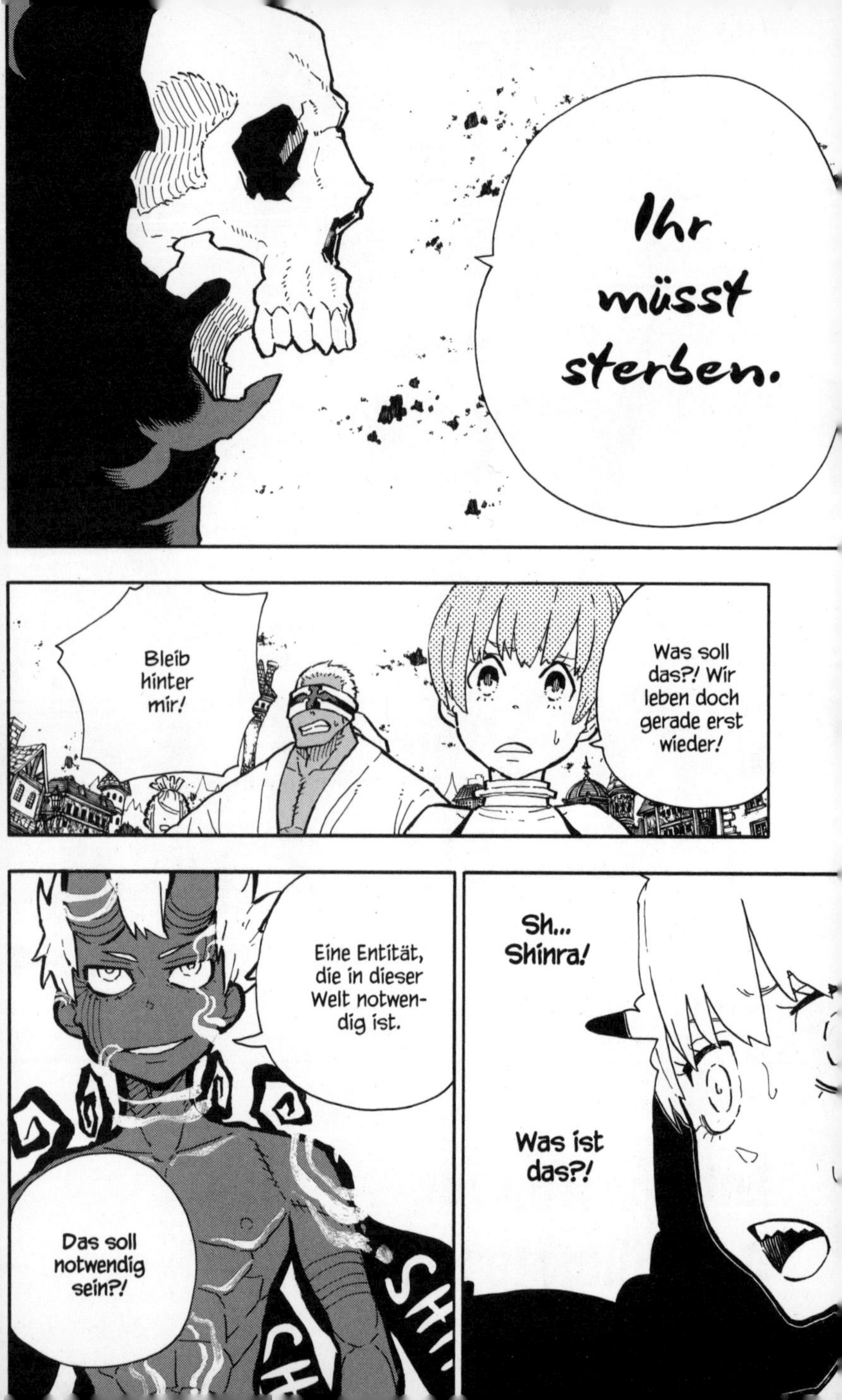
Ihr müsst sterben.
Was soll das?! Wir leben doch gerade erst wieder!
Bleib hinter mir!
Sh... Shinra!
Was ist das?!
Eine Entität, die in dieser Welt notwendig ist.
Das soll notwendig sein?!

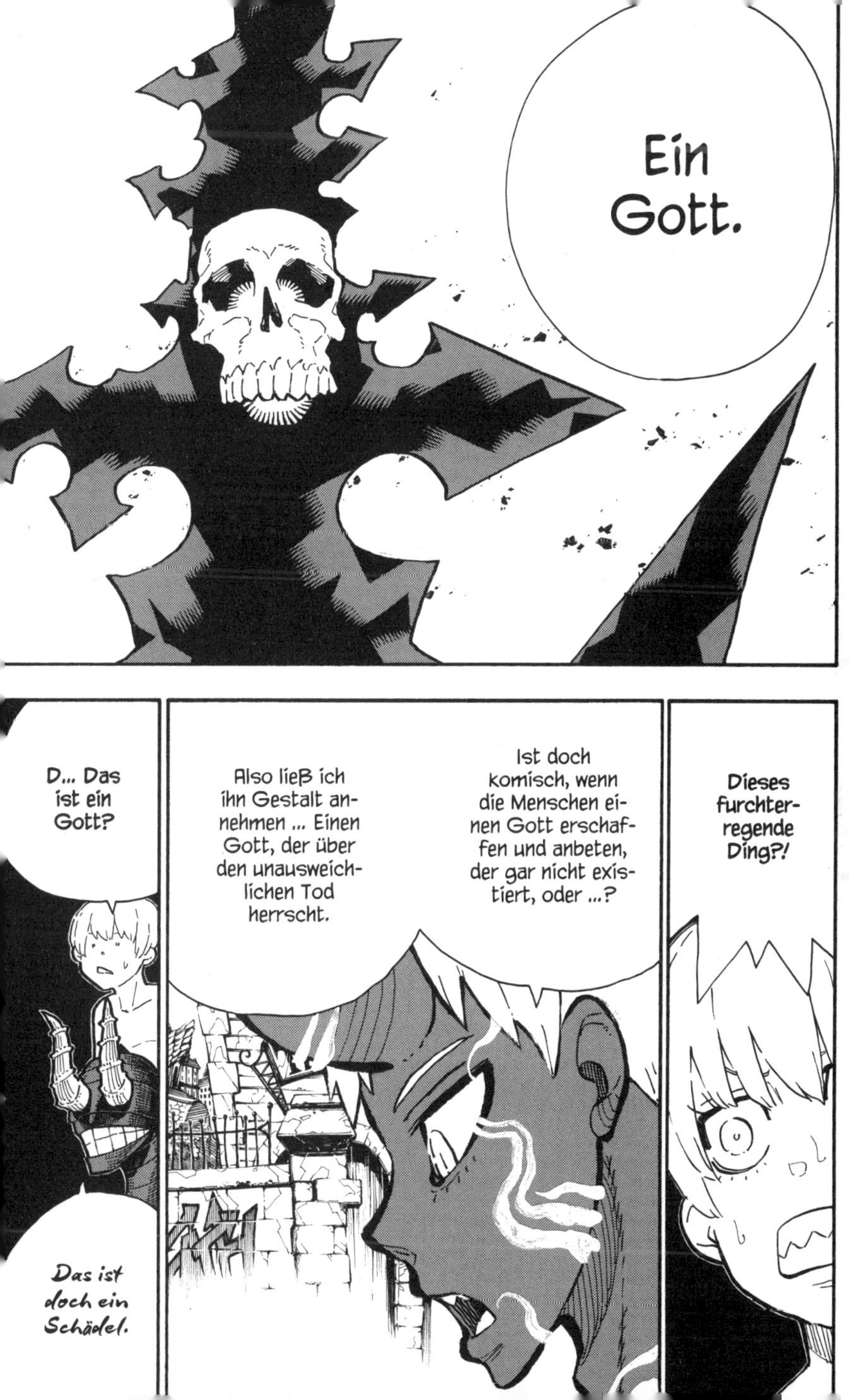
Ein Gott.
Dieses furchter-regende Ding?!
Ist doch komisch, wenn die Menschen ei-nen Gott erschaf-fen und anbeten, der gar nicht exis-tiert, oder ...?
Also ließ ich ihn Gestalt an-nehmen ... Einen Gott, der über den unausweich-lichen Tod herrscht.
D... Das ist ein Gott?
Das ist doch ein Schädel.

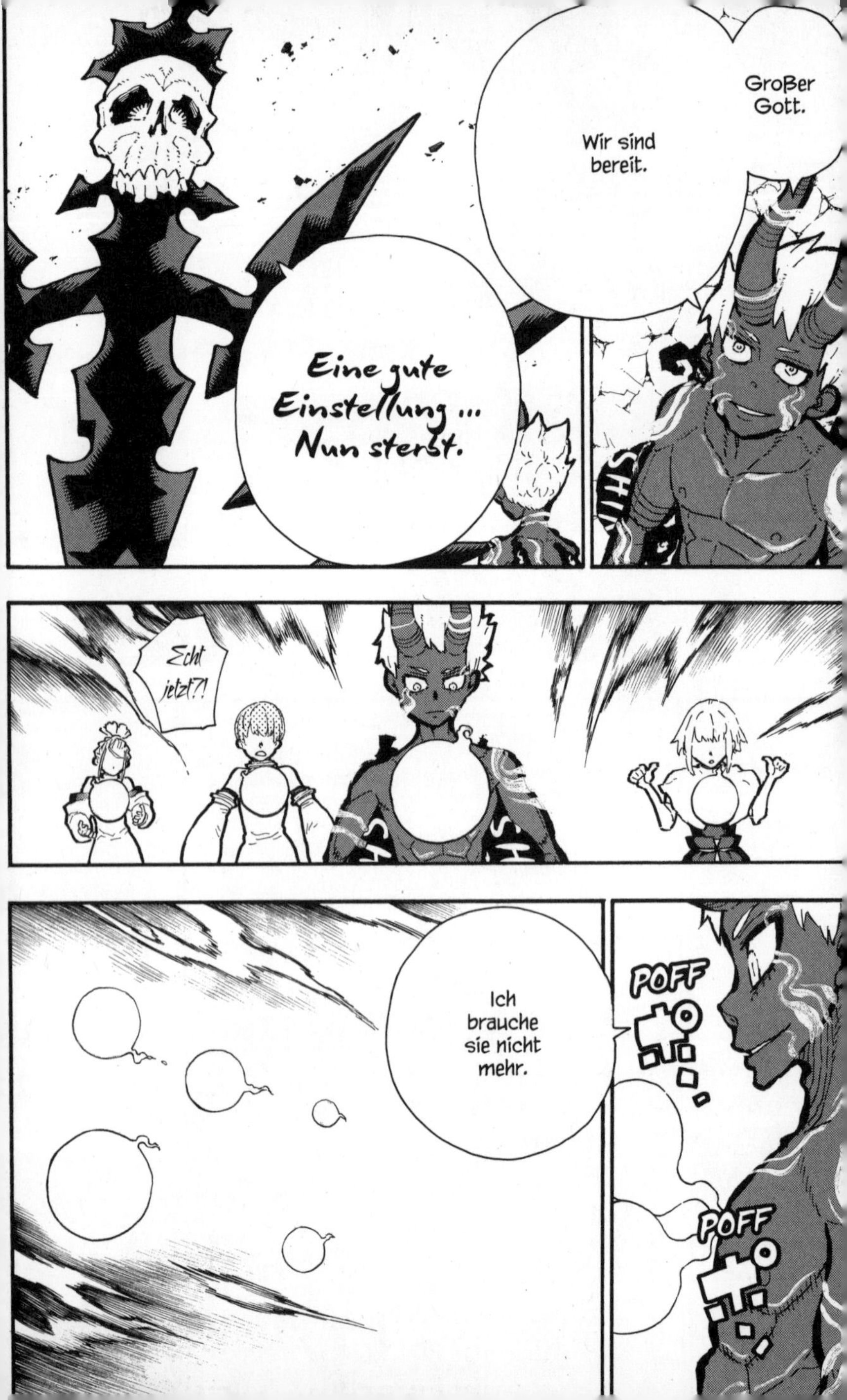
Großer Gott.
Wir sind bereit.
Eine gute Einstellung ... Nun sterbt.
Echt jetzt?!
POFF
Ich brauche sie nicht mehr.
POFF

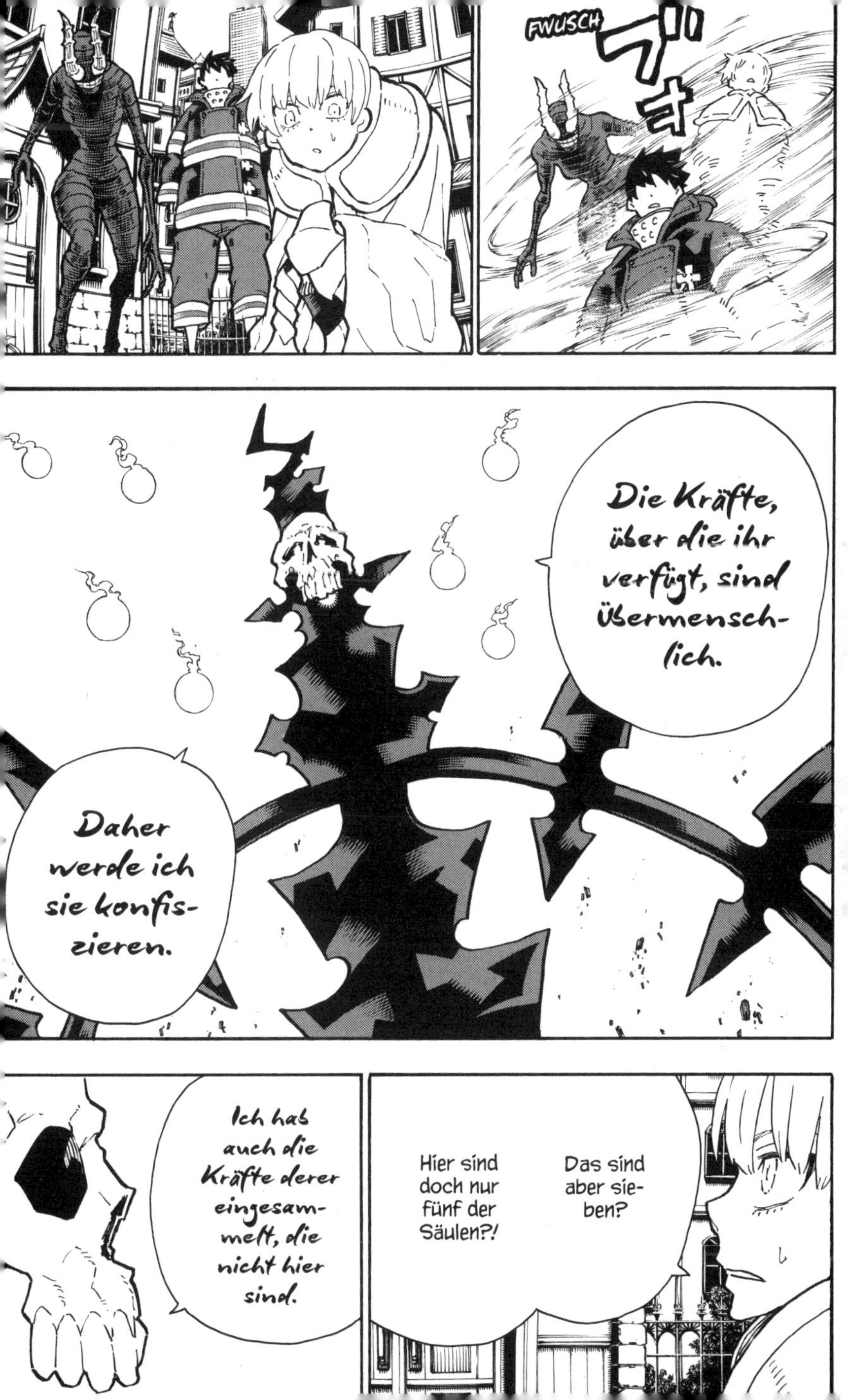
FWUSCH
Die Kräfte, über die ihr verfügt, sind übermensch-lich.
Daher werde ich sie konfis-zieren.
Das sind aber sie-ben?
Hier sind doch nur fünf der Säulen?!
Ich hab auch die Kräfte derer eingesam-melt, die nicht hier sind.

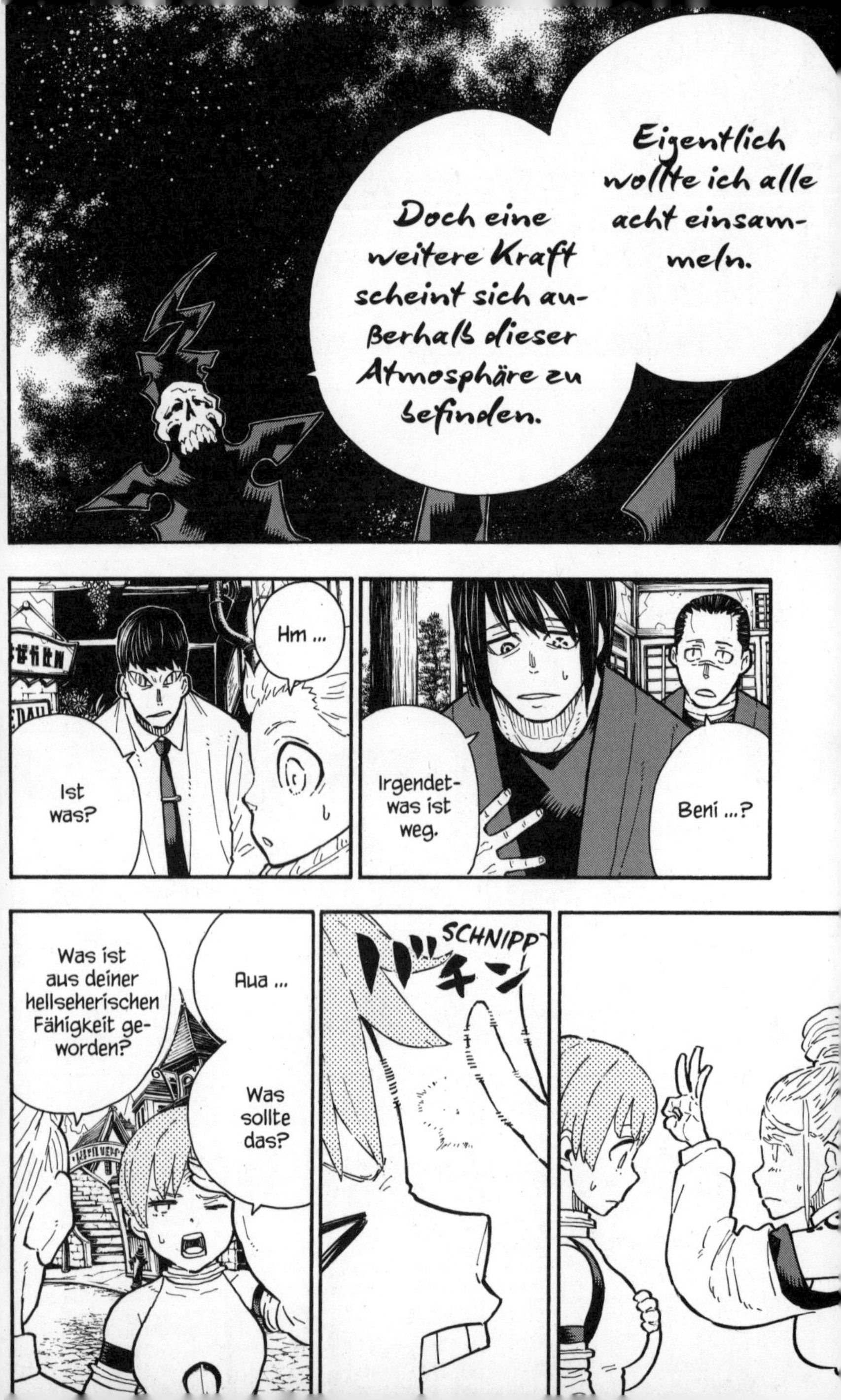
Eigentlich wollte ich alle acht einsammeln.
Doch eine weitere Kraft scheint sich außerhalb dieser Atmosphäre zu befinden.
Beni ...?
Irgendetwas ist weg.
Hm ...
Ist was?
SCHNIPP
Aua ...
Was sollte das?
Was ist aus deiner hellseherischen Fähigkeit geworden?

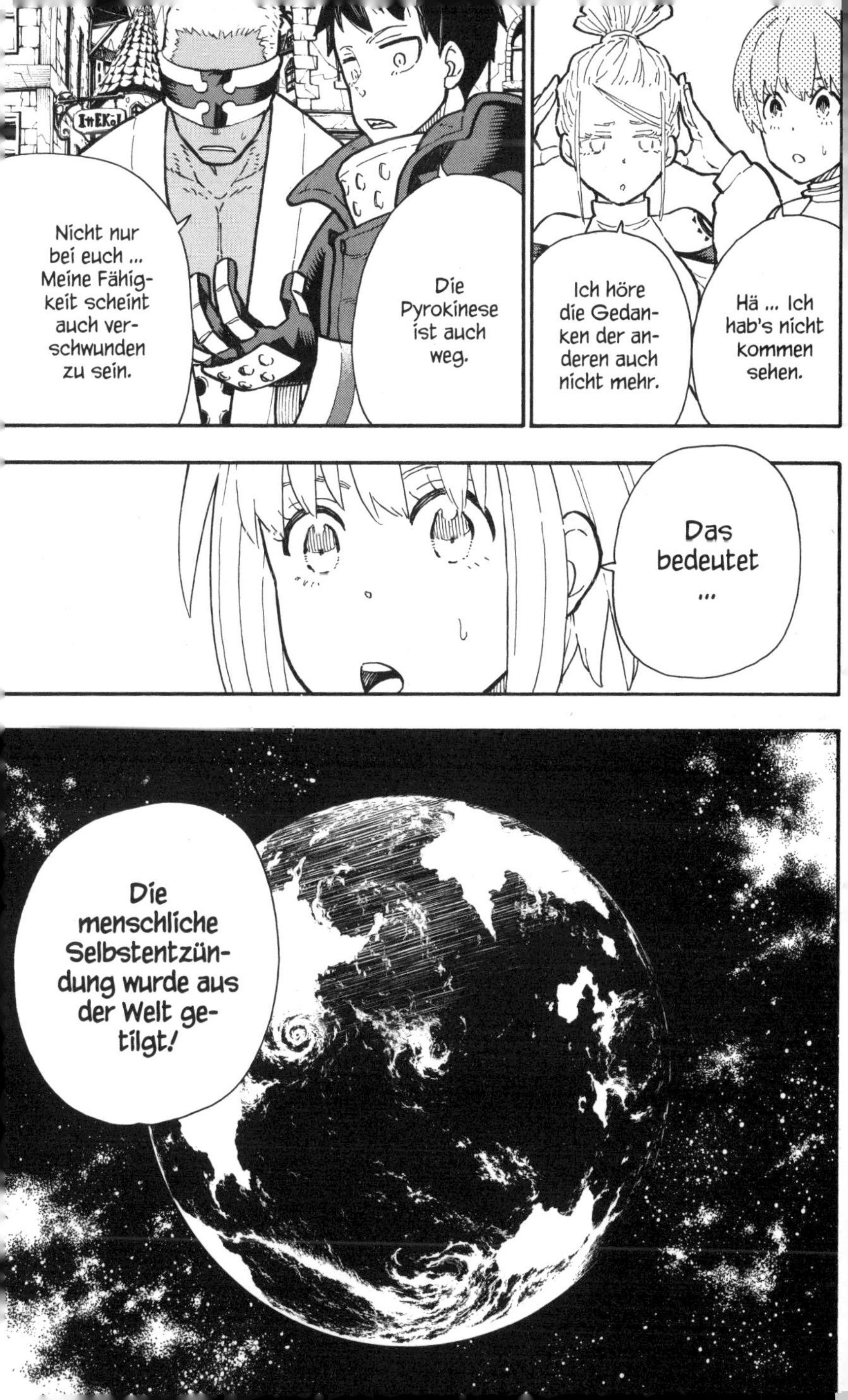
Hä ... Ich hab's nicht kommen sehen.
Ich höre die Gedanken der anderen auch nicht mehr.
Die Pyrokinese ist auch weg.
Nicht nur bei euch ... Meine Fähigkeit scheint auch verschwunden zu sein.
Das bedeutet ...
Die menschliche Selbstentzündung wurde aus der Welt getilgt!

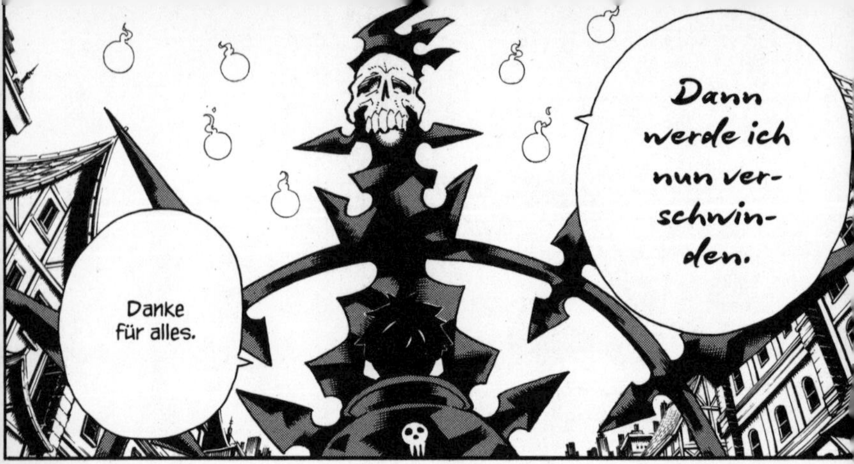

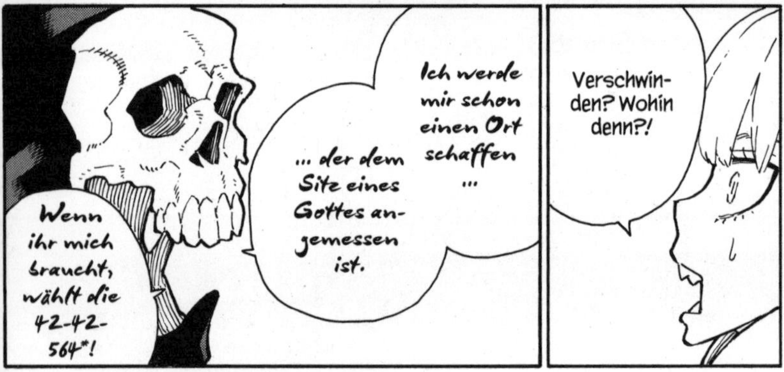

* Die japanischen Zahlen klingen wie Sterben-Sterben-Töten.

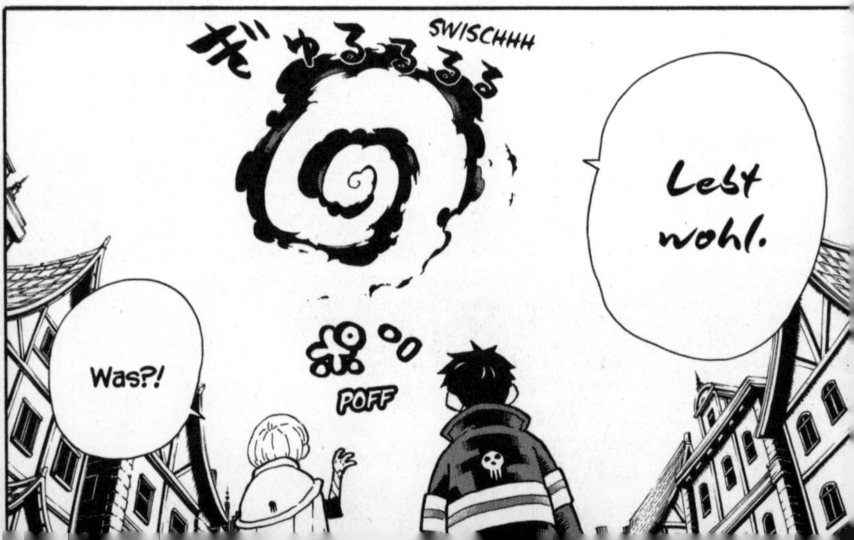

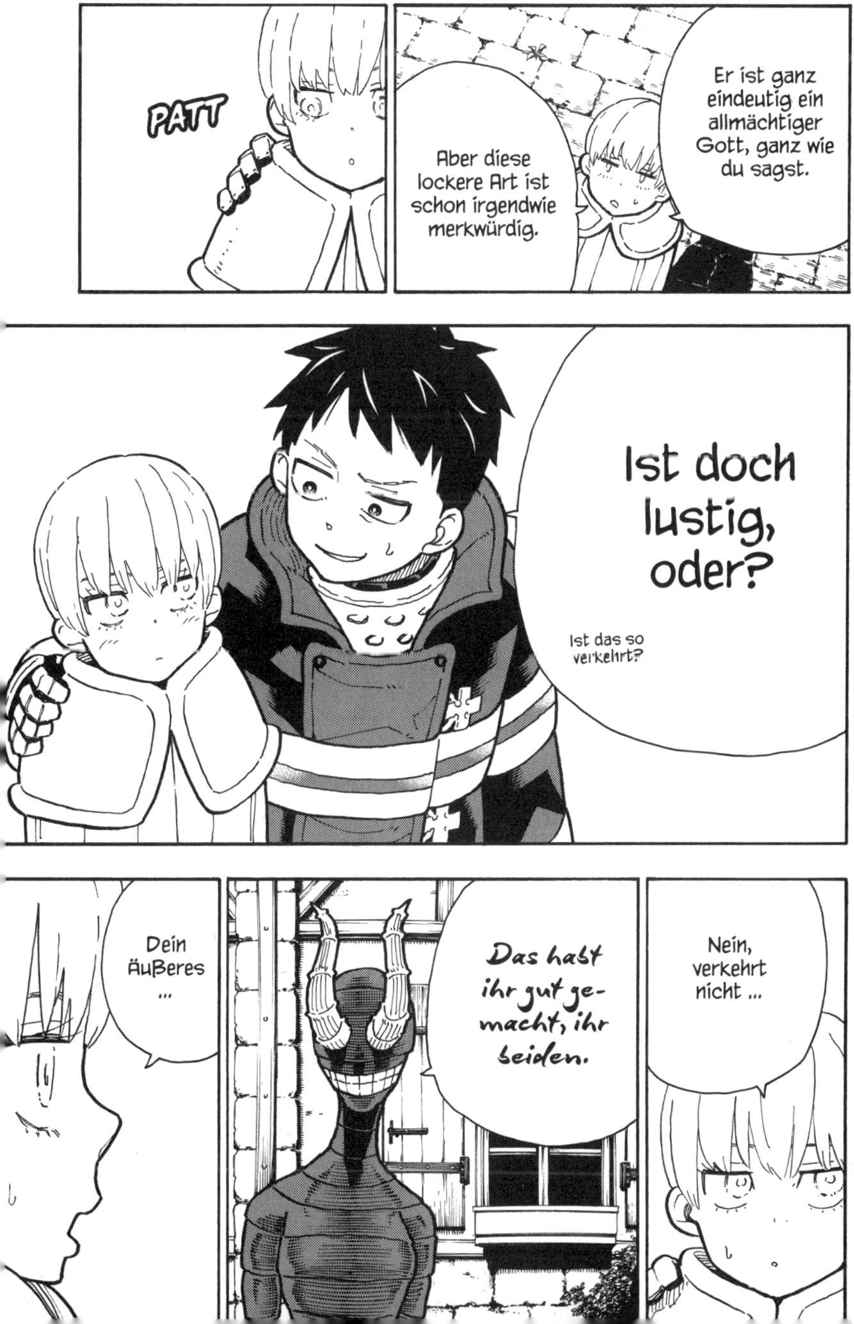
PATT
Er ist ganz eindeutig ein allmächtiger Gott, ganz wie du sagst.
Aber diese lockere Art ist schon irgendwie merkwürdig.
Ist doch lustig, oder?
Ist das so verkehrt?
Nein, verkehrt nicht ...
Das habt ihr gut gemacht, ihr beiden.
Dein Äußeres ...

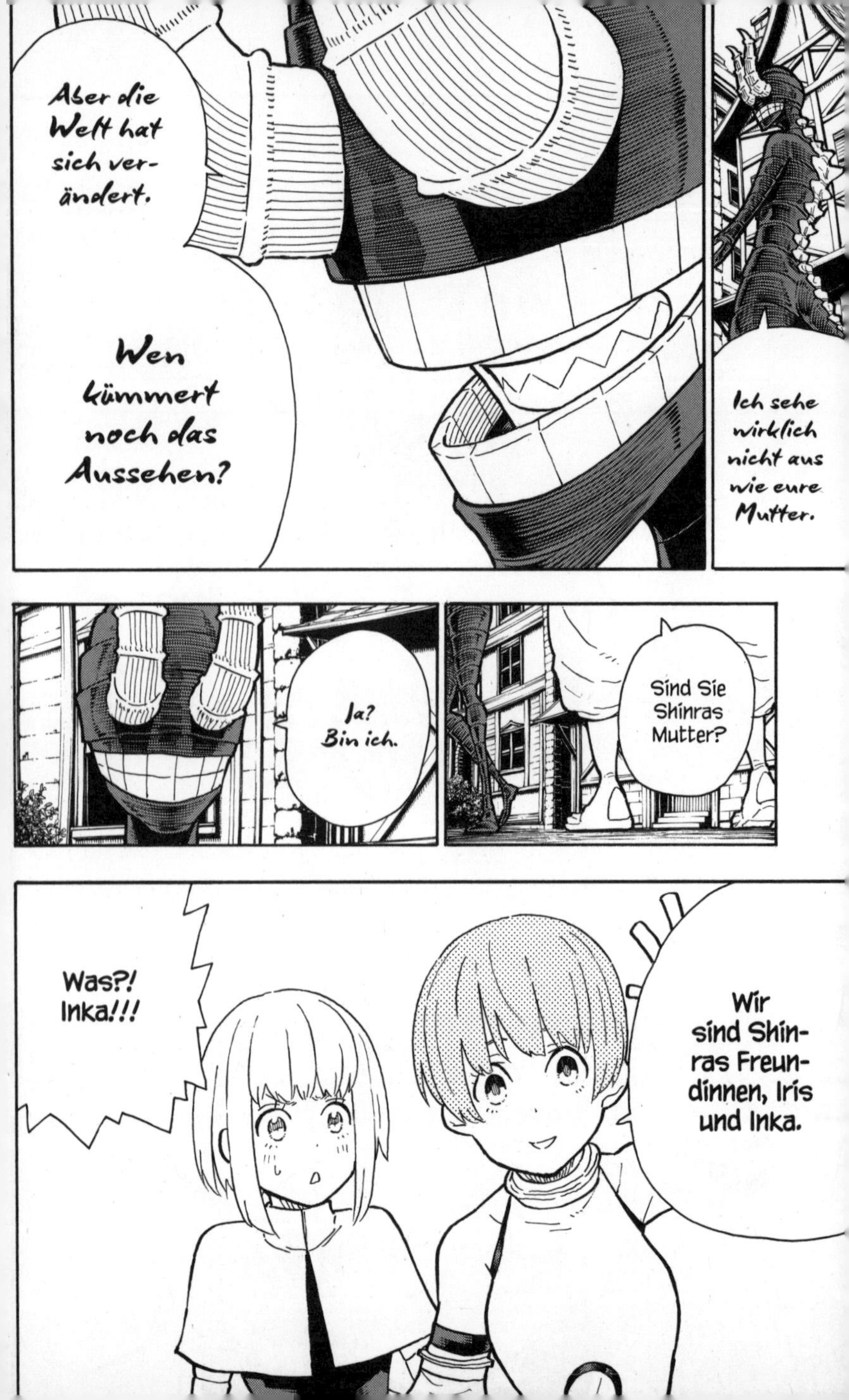
Ich sehe wirklich nicht aus wie eure Mutter.
Aber die Welt hat sich verändert.
Wen kümmert noch das Aussehen?
Sind Sie Shinras Mutter?
Ja? Bin ich.
Wir sind Shinras Freundinnen, Iris und Inka.
Was?! Inka!!!

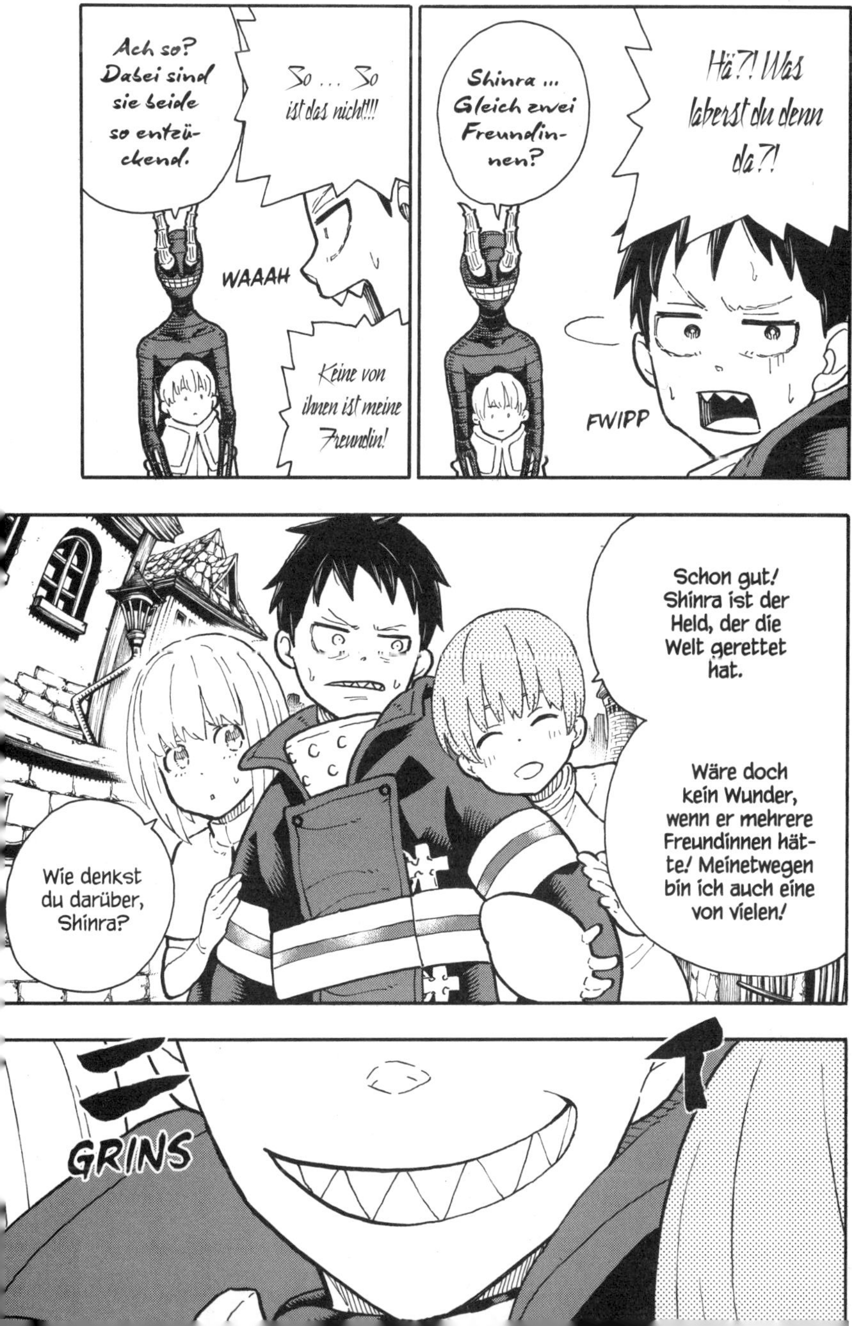
Hä?! Was laberst du denn da?!
Shinra ... Gleich zwei Freundinnen?
FWIPP
So ... So ist das nicht!!!
Ach so? Dabei sind sie beide so entzückend.
WAAAH
Keine von ihnen ist meine Freundin!
Schon gut! Shinra ist der Held, der die Welt gerettet hat.
Wäre doch kein Wunder, wenn er mehrere Freundinnen hätte! Meinetwegen bin ich auch eine von vielen!
Wie denkst du darüber, Shinra?
GRINS

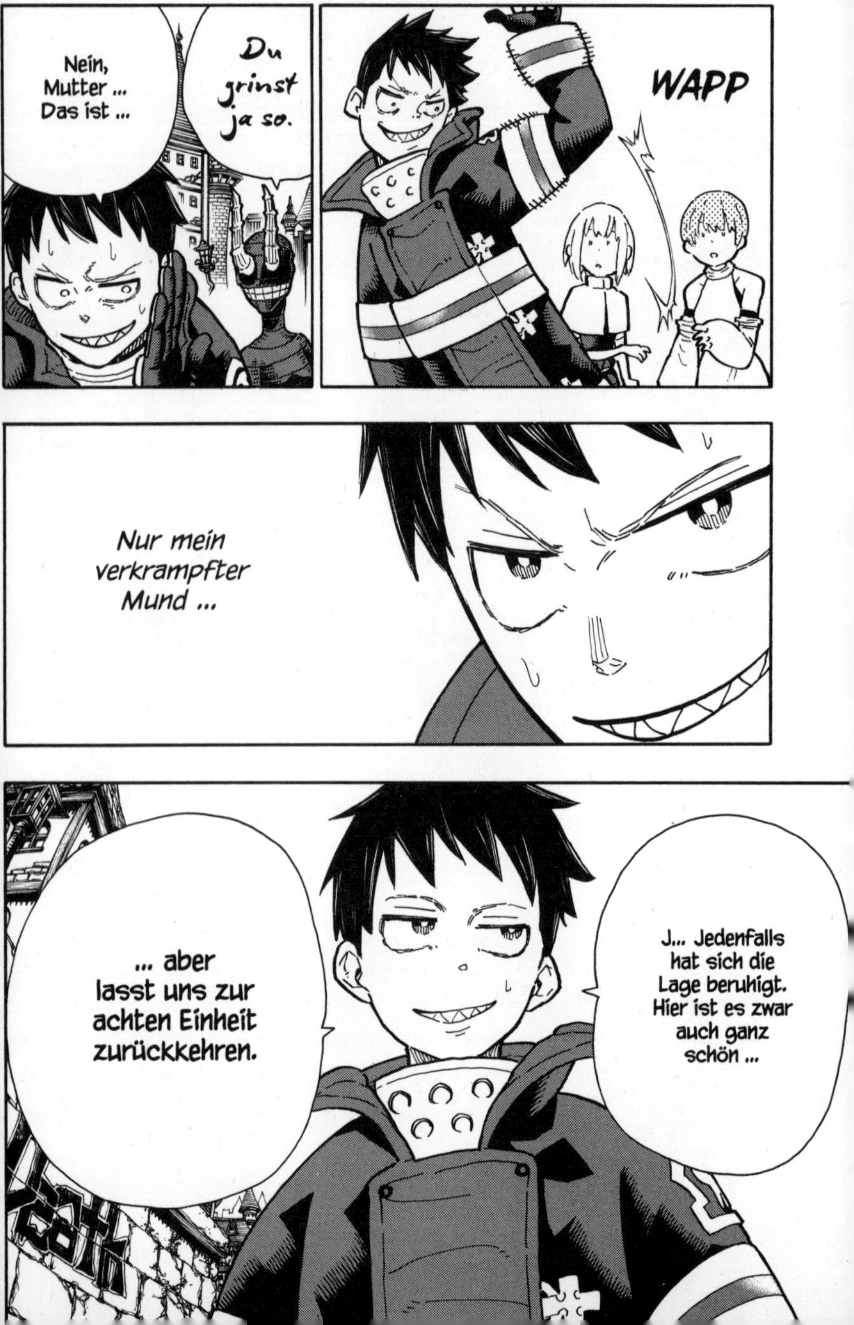
WAPP
Du grinst ja so.
Nein, Mutter ... Das ist ...
Nur mein verkrampfter Mund ...
J... Jedenfalls hat sich die Lage beruhigt. Hier ist es zwar auch ganz schön ...
... aber lasst uns zur achten Einheit zurückkehren.

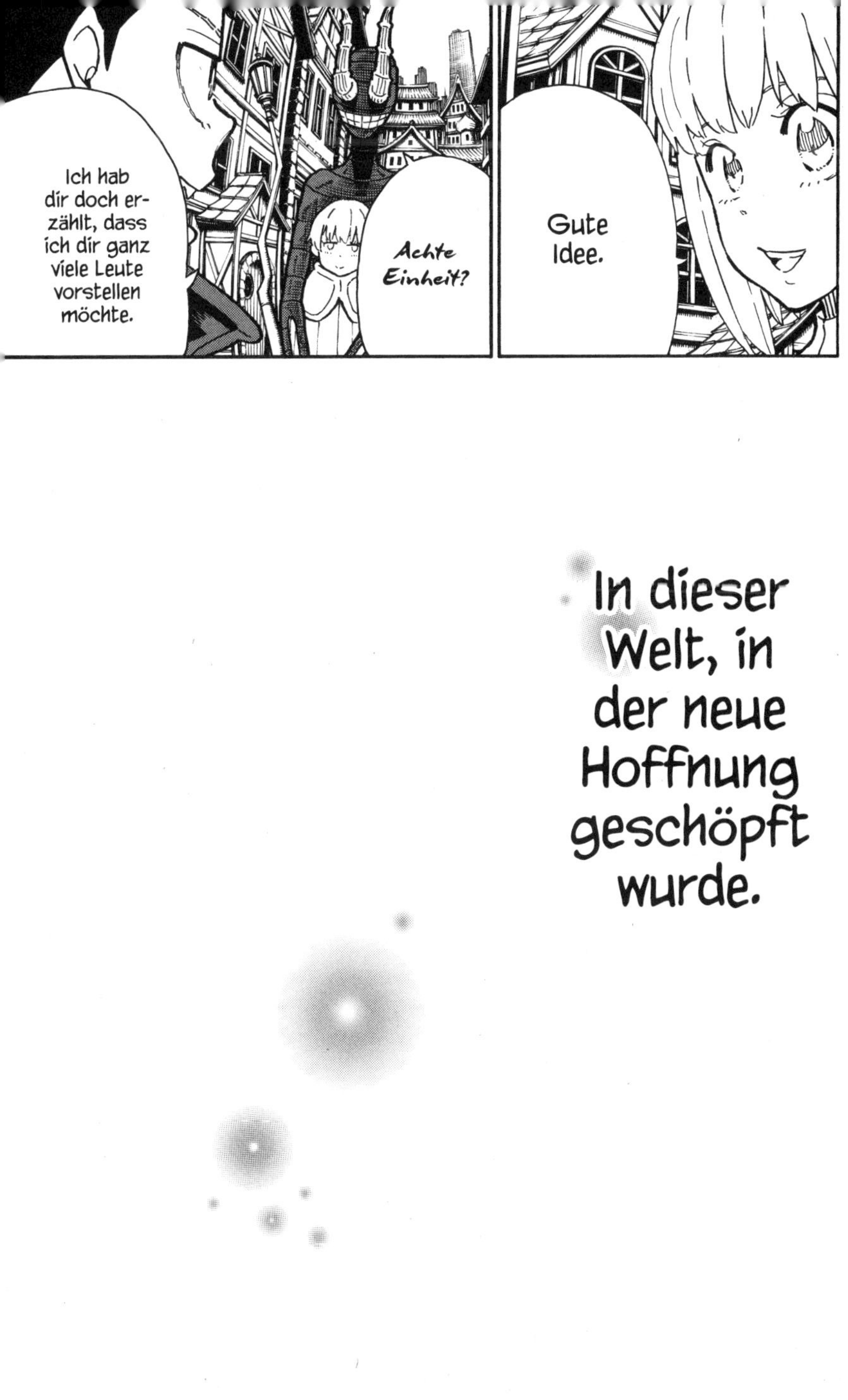
Gute Idee.
Achte Einheit?
Ich hab dir doch erzählt, dass ich dir ganz viele Leute vorstellen möchte.
In dieser Welt, in der neue Hoffnung geschöpft wurde.

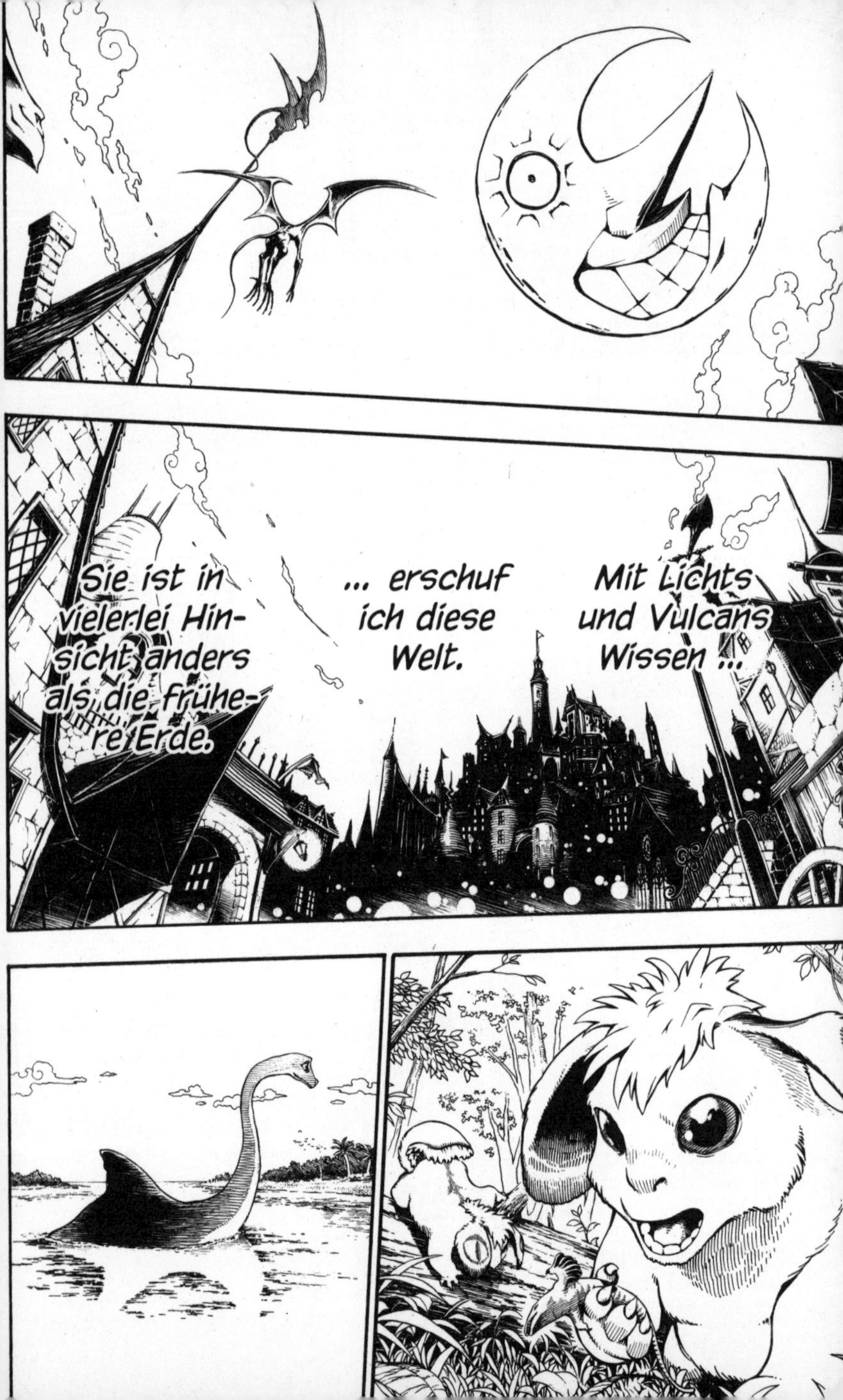
Mit Lichts und Vulcans Wissen ...
... erschuf ich diese Welt.
Sie ist in vielerlei Hinsicht anders als die frühere Erde.

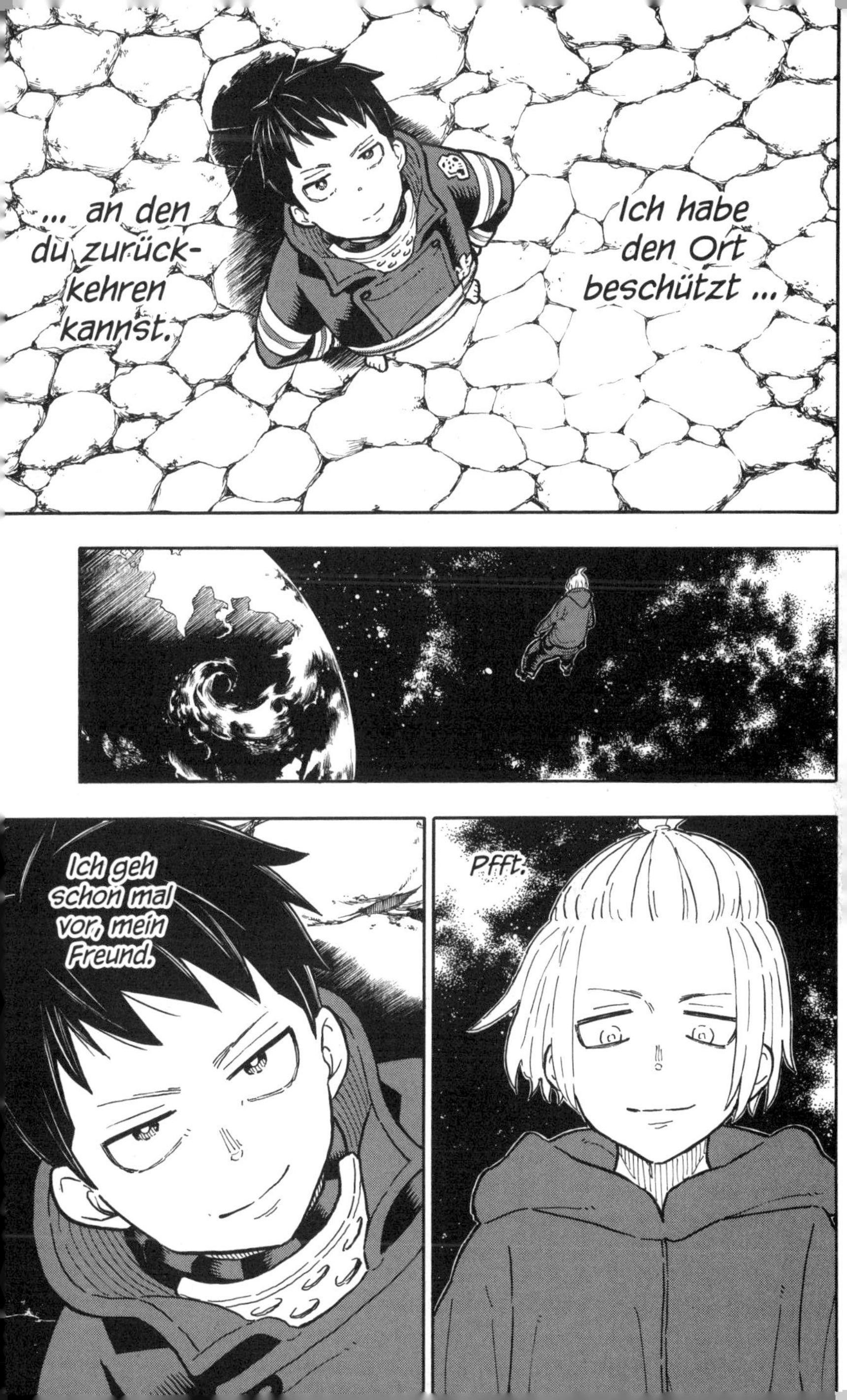

Ich habe den Ort beschützt ...
... an den du zurückkehren kannst.
Pfft.
Ich geh schon mal vor, mein Freund.

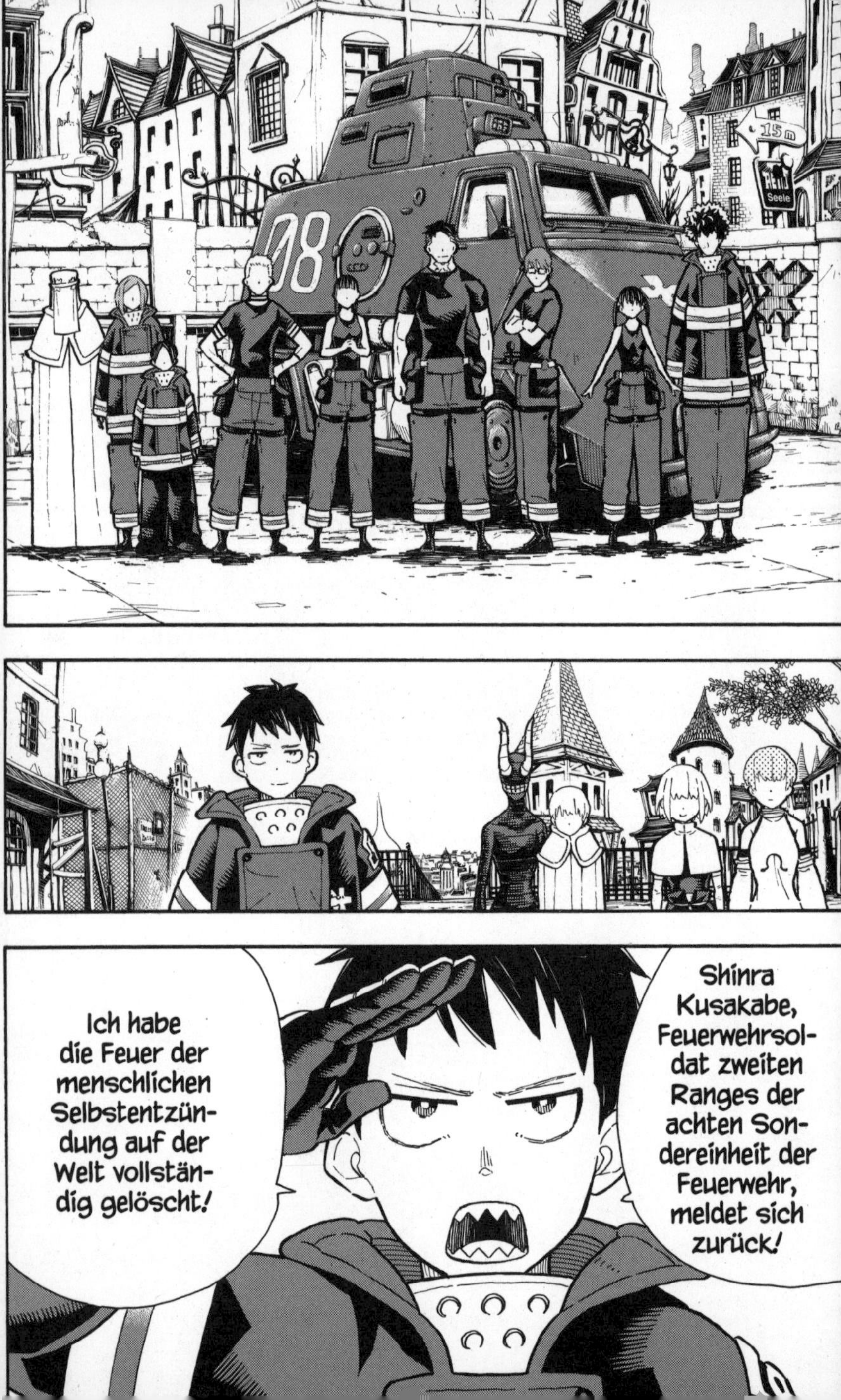
Shinra Kusakabe, Feuerwehrsoldat zweiten Ranges der achten Sondereinheit der Feuerwehr, meldet sich zurück!
Ich habe die Feuer der menschlichen Selbstentzündung auf der Welt vollständig gelöscht!

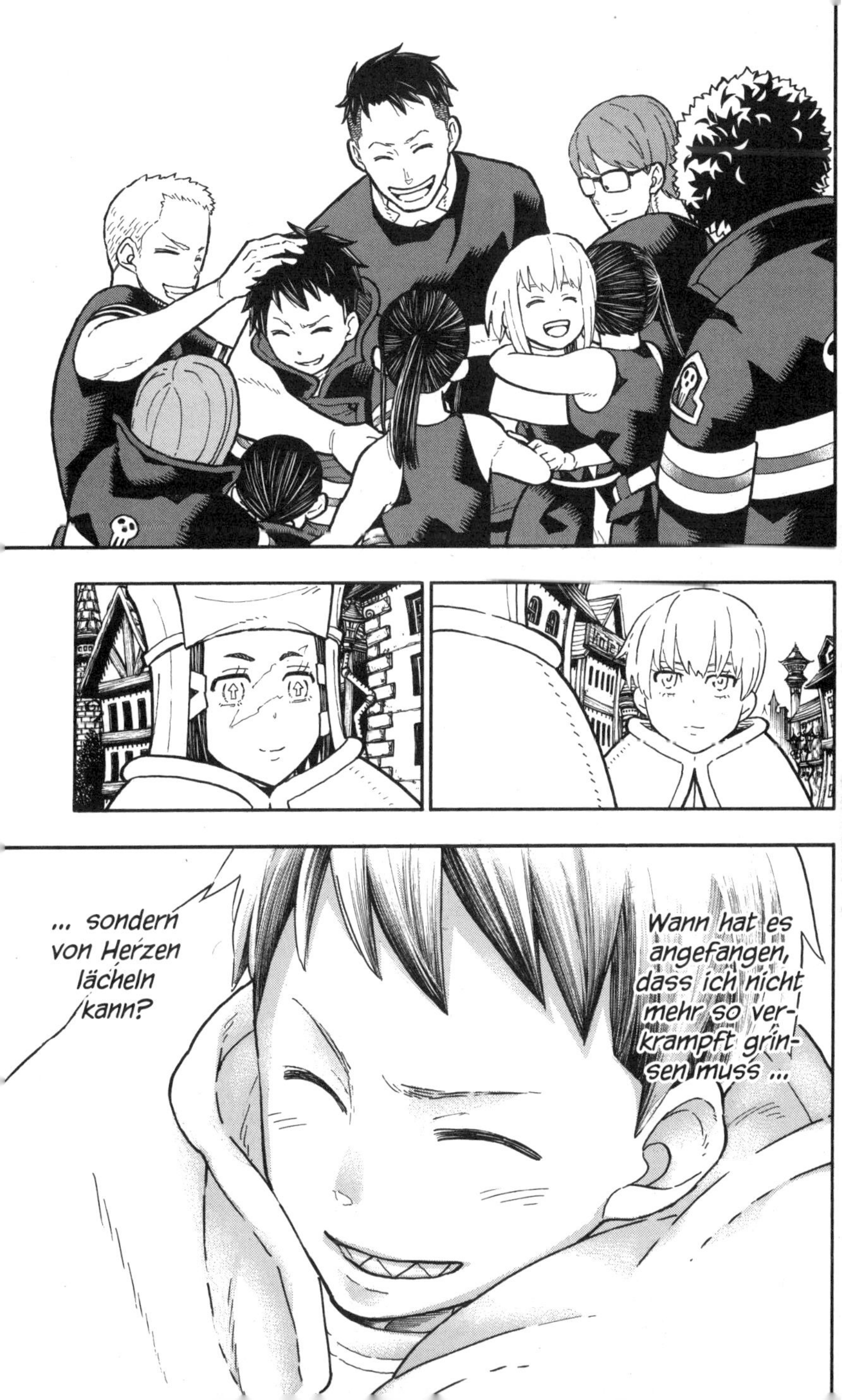
Wann hat es angefangen, dass ich nicht mehr so verkrampft grinsen muss ...
... sondern von Herzen lächeln kann?

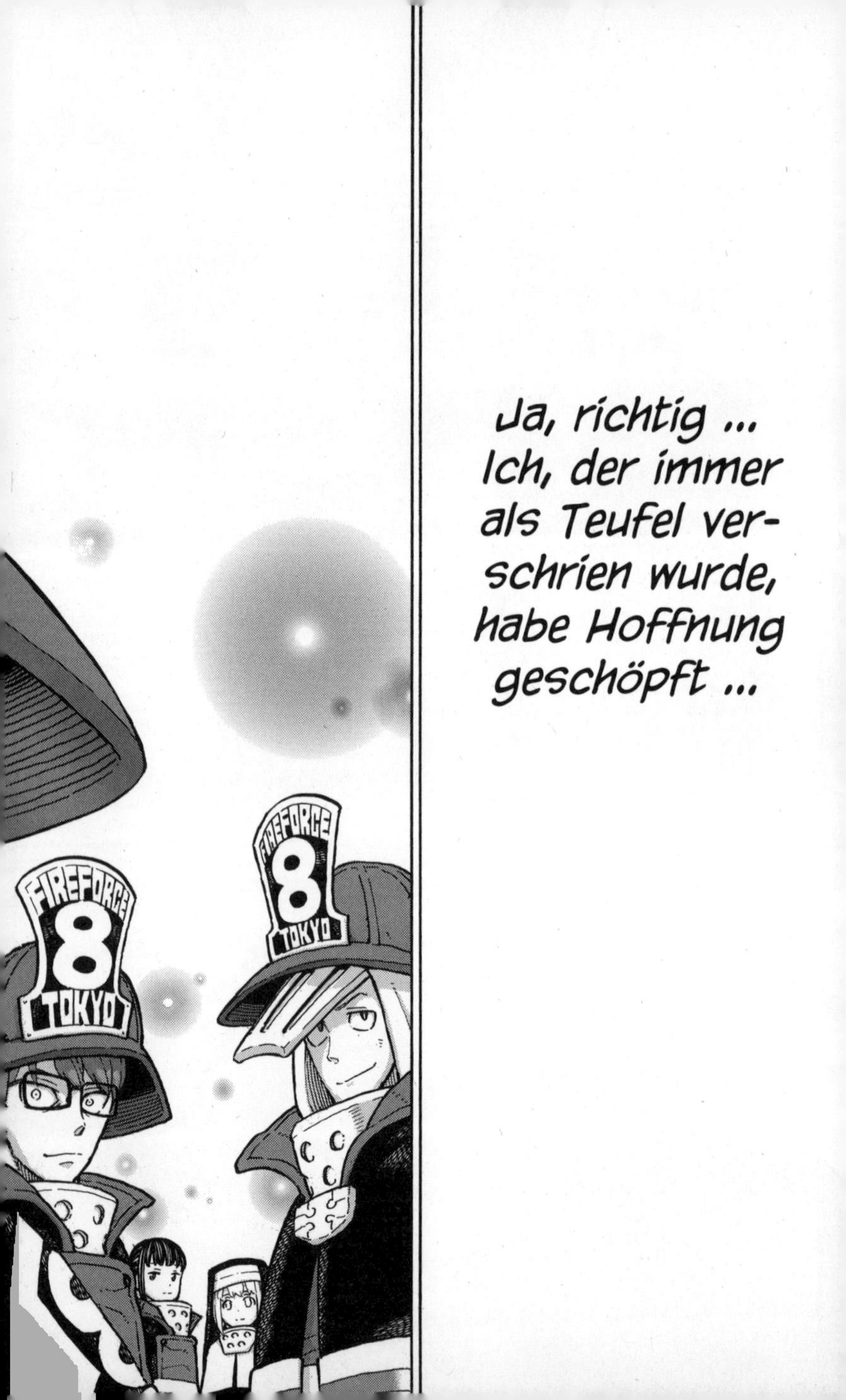
Ja, richtig ... Ich, der immer als Teufel verschrien wurde, habe Hoffnung geschöpft ...
FIREFORCE 8 TOKYO
FIREFORCE 8 TOKYO

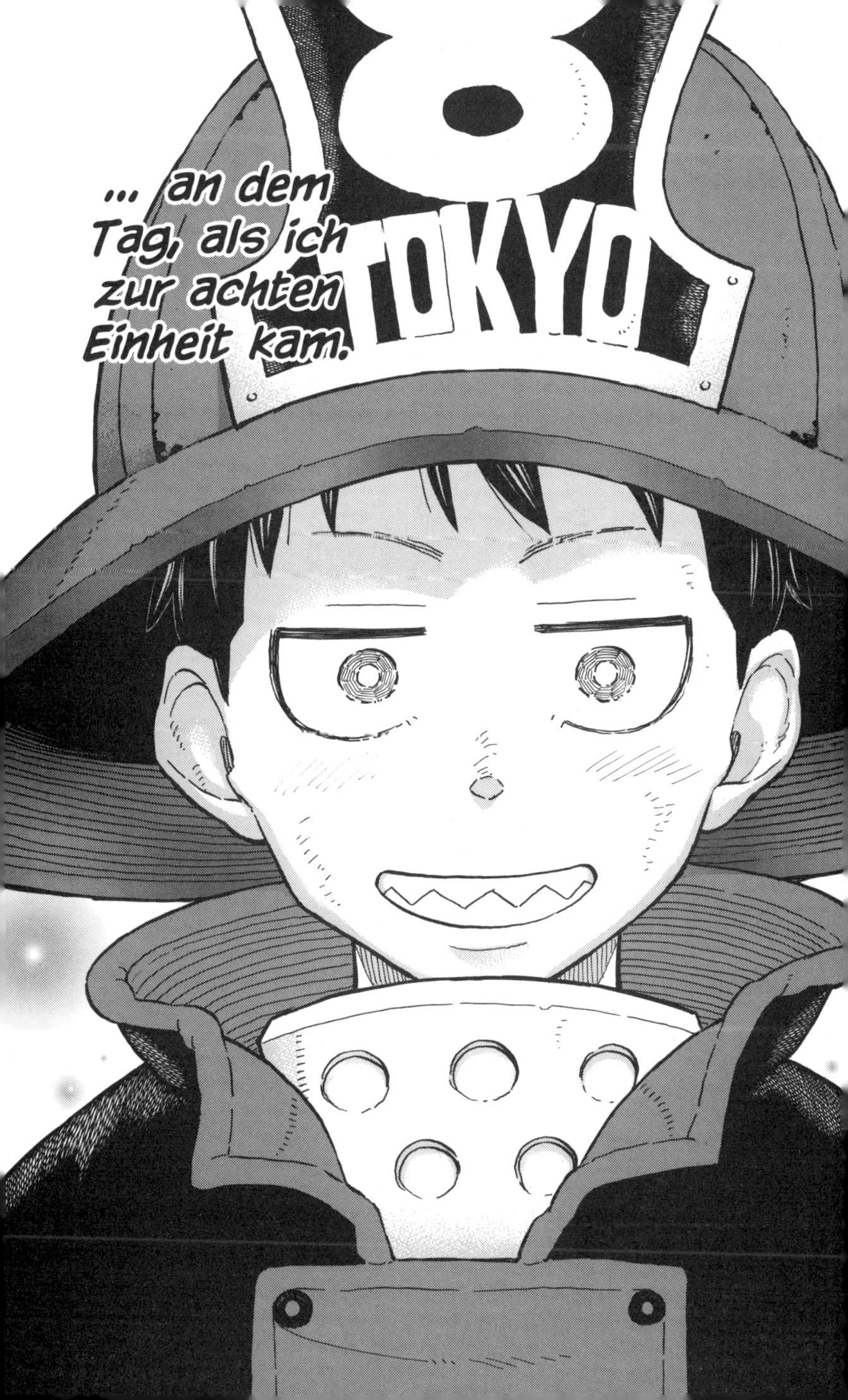
... an dem Tag, als ich zur achten Einheit kam.
TOKYO

ENDE

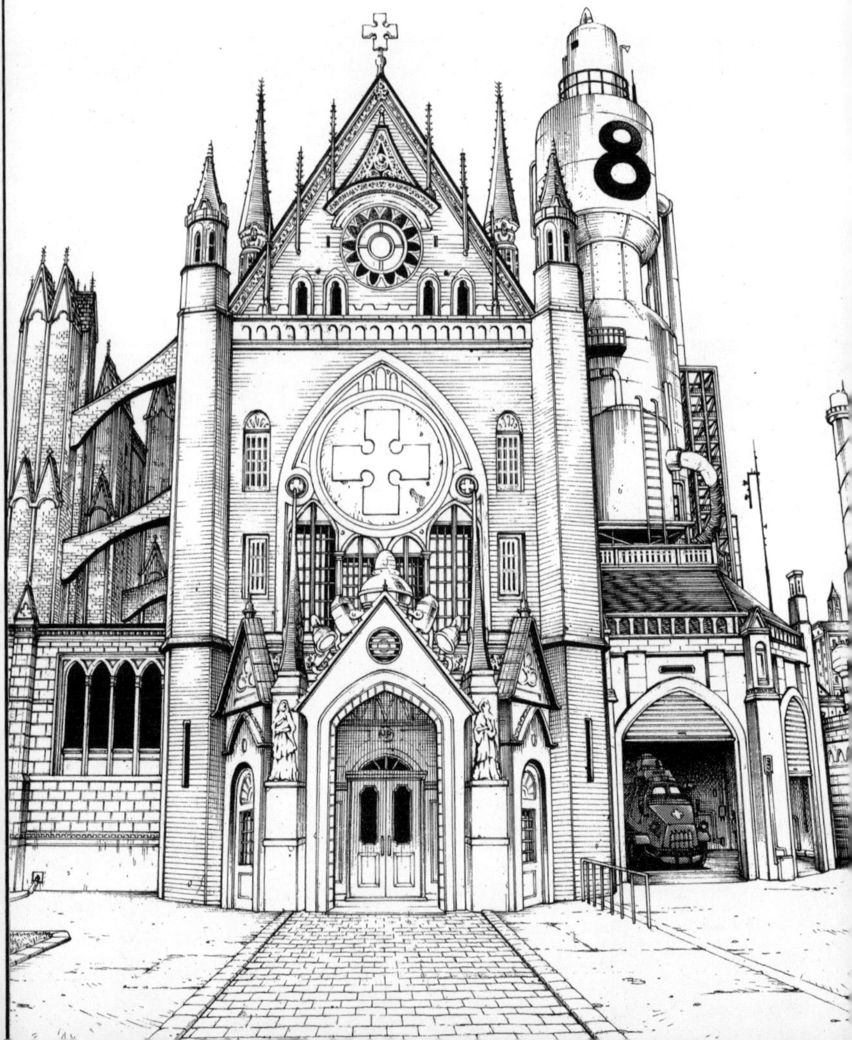

FIRE FORCE

Ende

NEXT IS...

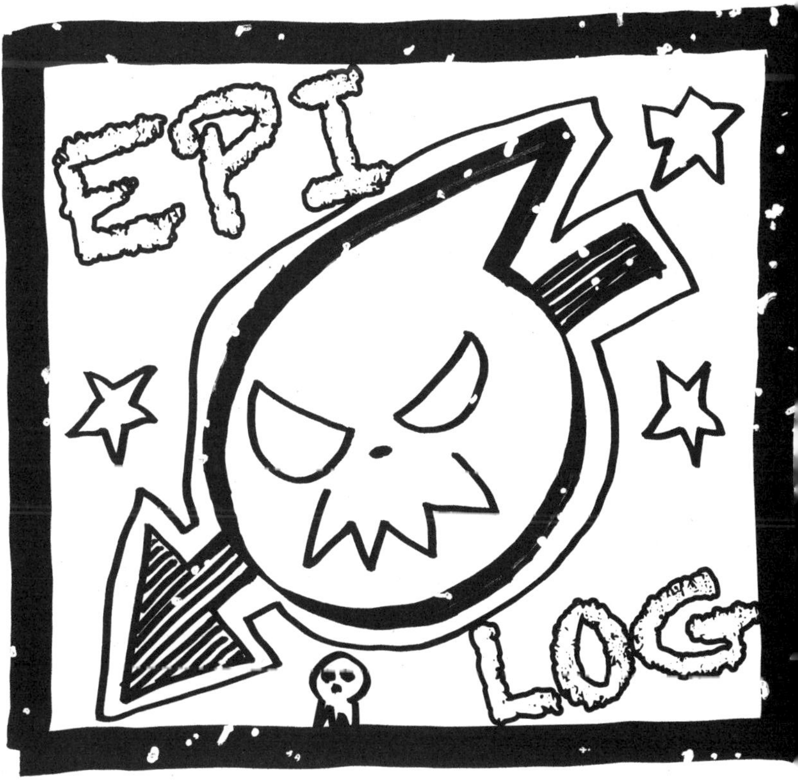

Epilog Teil 1: Eine Welt ohne menschliche Selbstentzündung

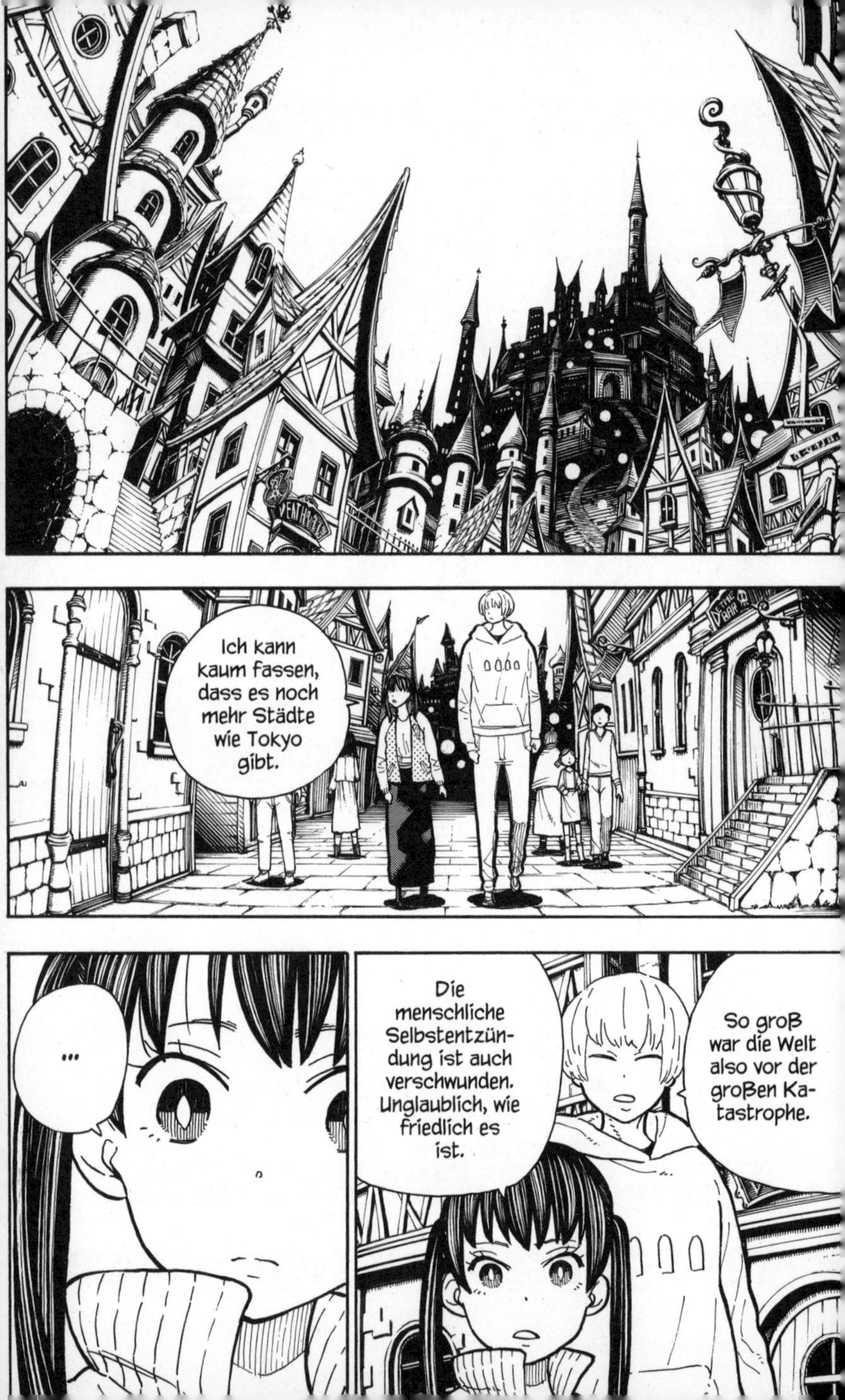
Ich kann kaum fassen, dass es noch mehr Städte wie Tokyo gibt.
So groß war die Welt also vor der großen Katastrophe.
Die menschliche Selbstentzündung ist auch verschwunden. Unglaublich, wie friedlich es ist.
...

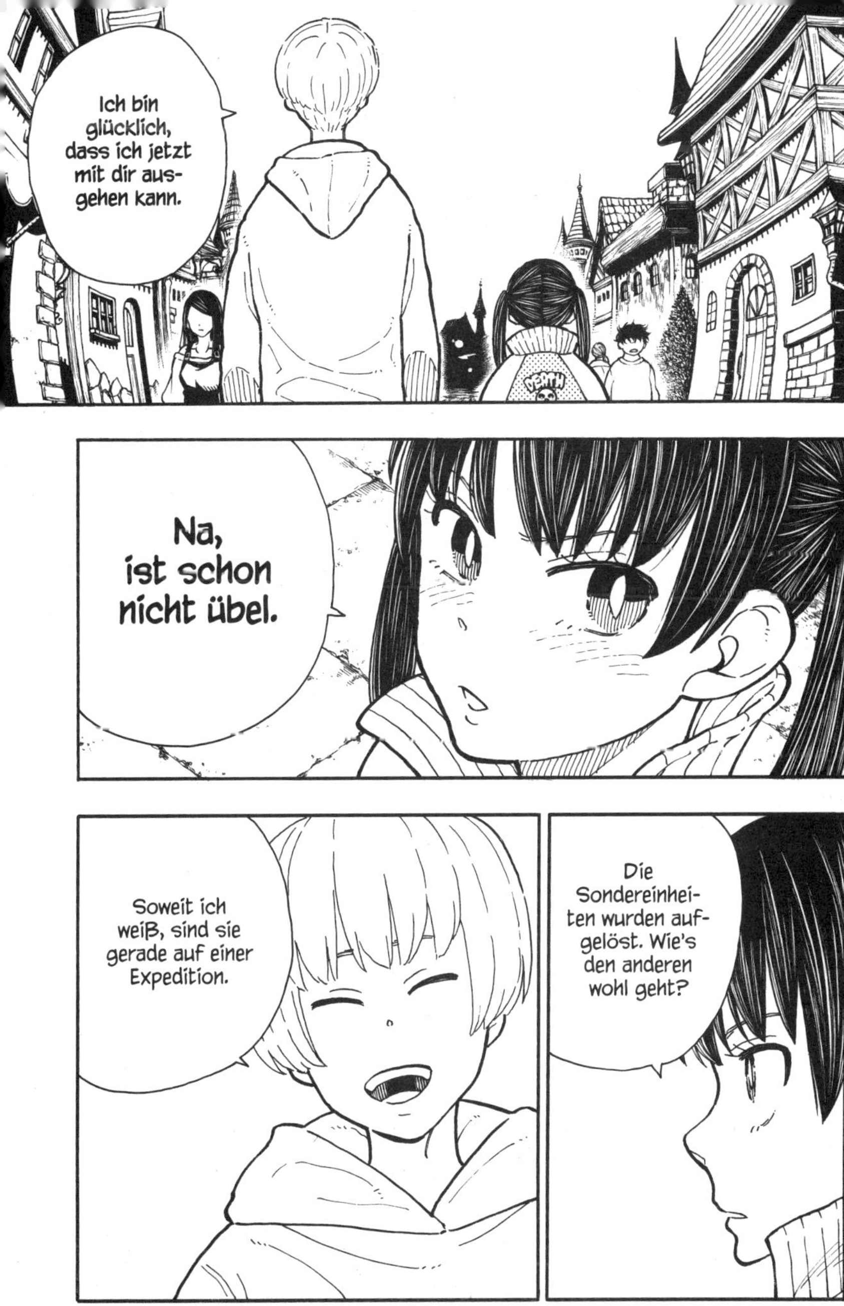
Ich bin glücklich, dass ich jetzt mit dir aus-gehen kann.
DEATH
Na, ist schon nicht übel.
Die Sondereinhei-ten wurden auf-gelöst. Wie's den anderen wohl geht?
Soweit ich weiß, sind sie gerade auf einer Expedition.

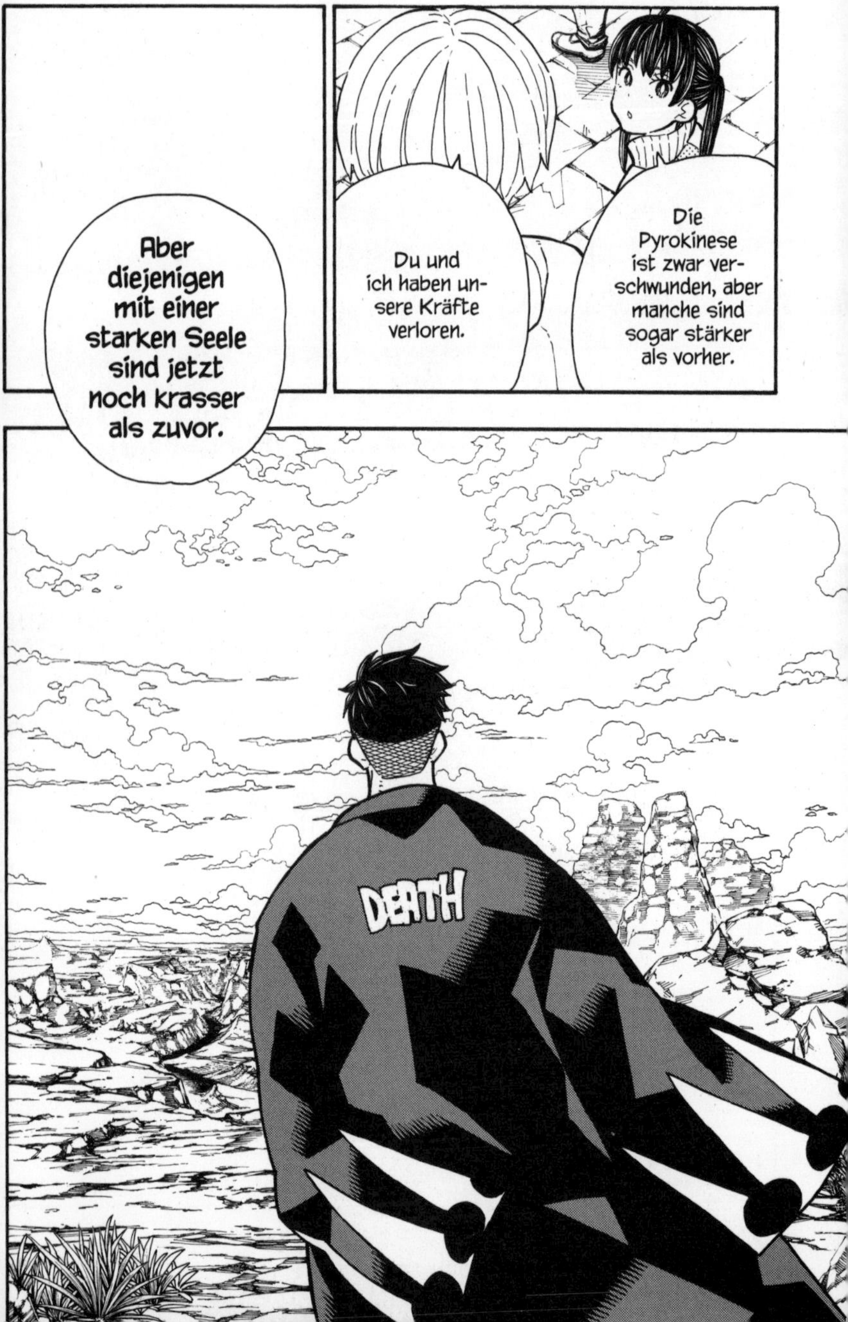
Die Pyrokinese ist zwar verschwunden, aber manche sind sogar stärker als vorher.
Du und ich haben unsere Kräfte verloren.
Aber diejenigen mit einer starken Seele sind jetzt noch krasser als zuvor.
DEATH

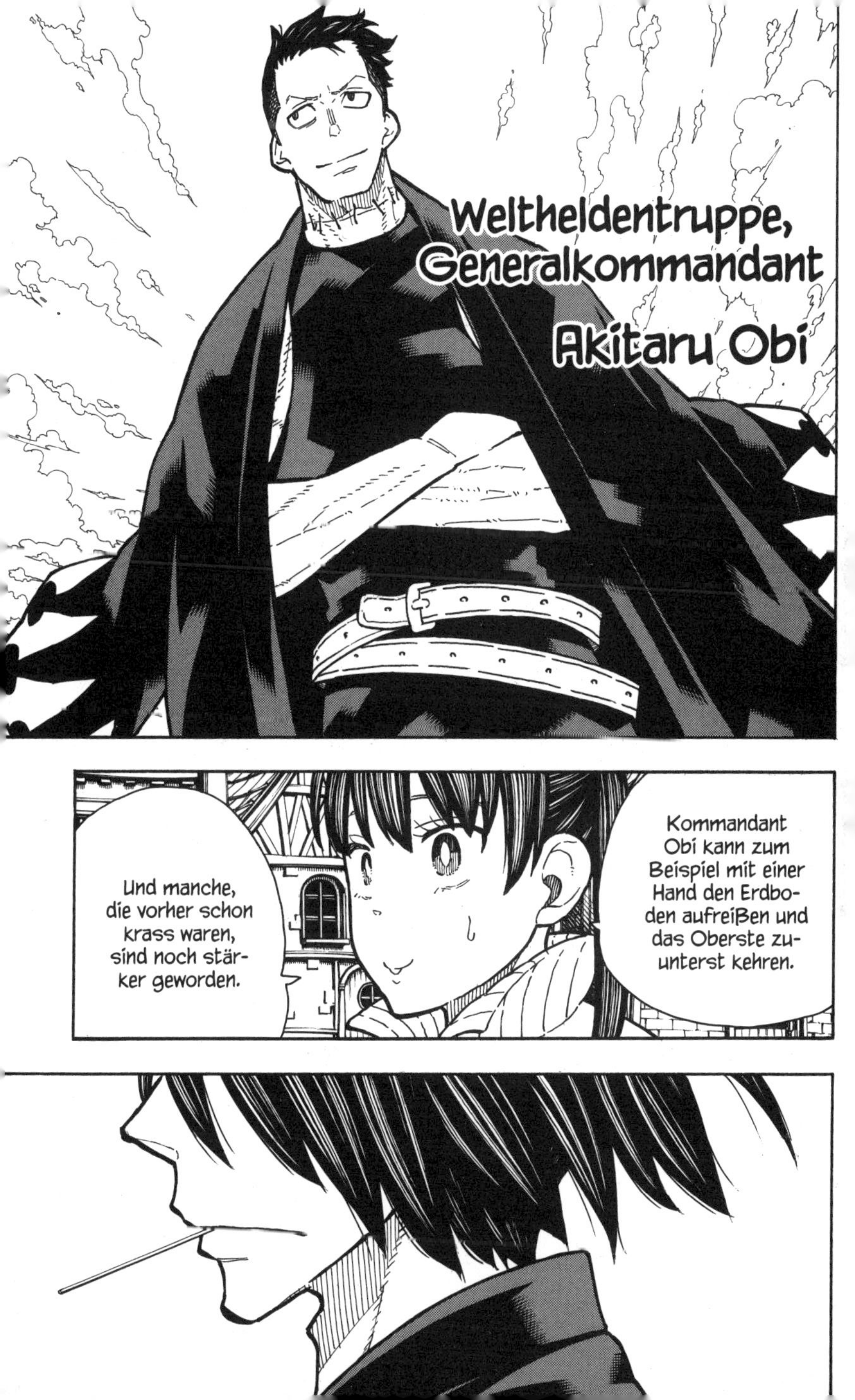
Weltheldentruppe, Generalkommandant
Akitaru Obi
Kommandant Obi kann zum Beispiel mit einer Hand den Erdboden aufreißen und das Oberste zuunterst kehren.
Und manche, die vorher schon krass waren, sind noch stärker geworden.

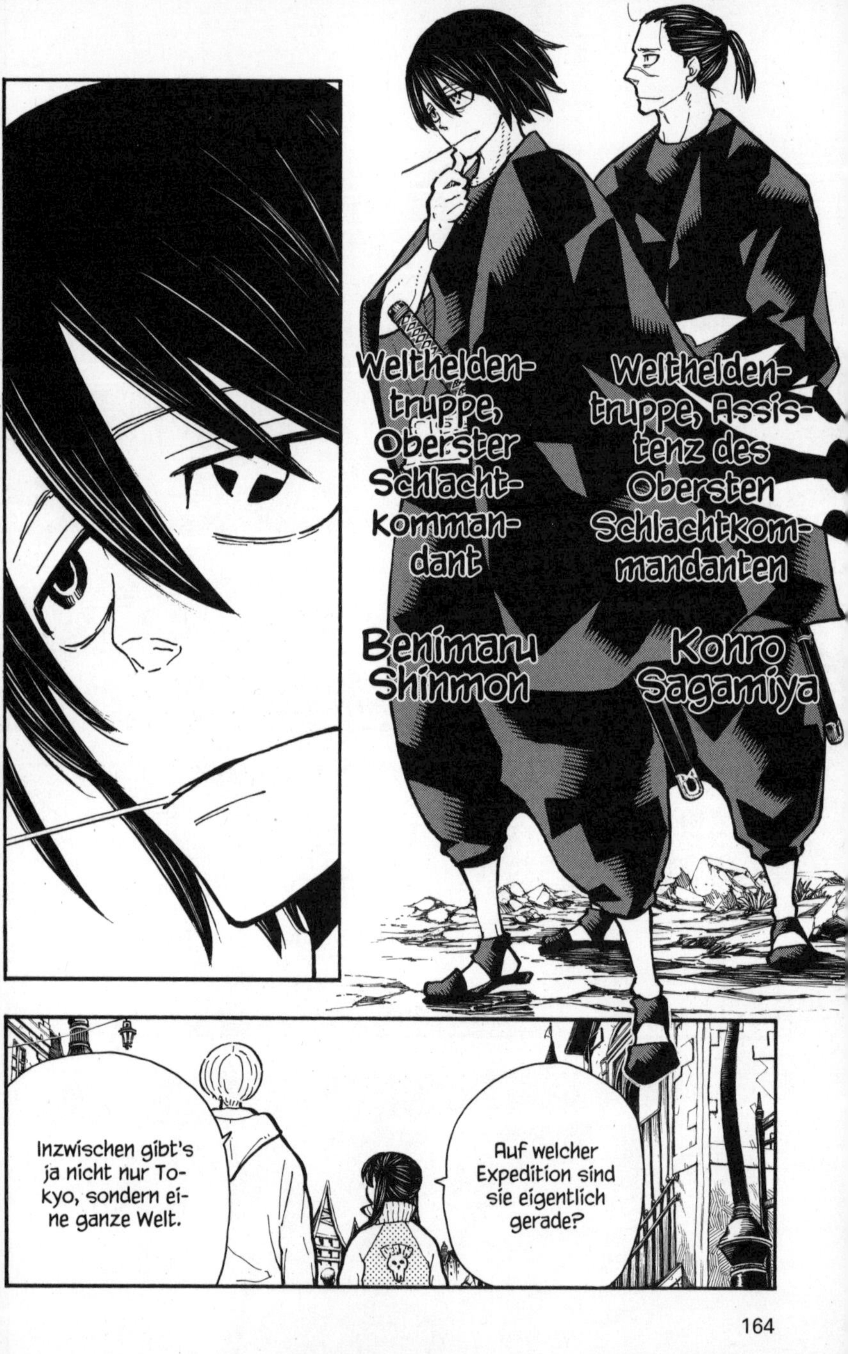
Welthelden-truppe, Assis-tenz des Obersten Schlachtkom-mandanten
Konro Sagamiya
Welthelden-truppe, Oberster Schlacht-komman-dant
Benimaru Shinmon
Auf welcher Expedition sind sie eigentlich gerade?
Inzwischen gibt's ja nicht nur To-kyo, sondern ei-ne ganze Welt.

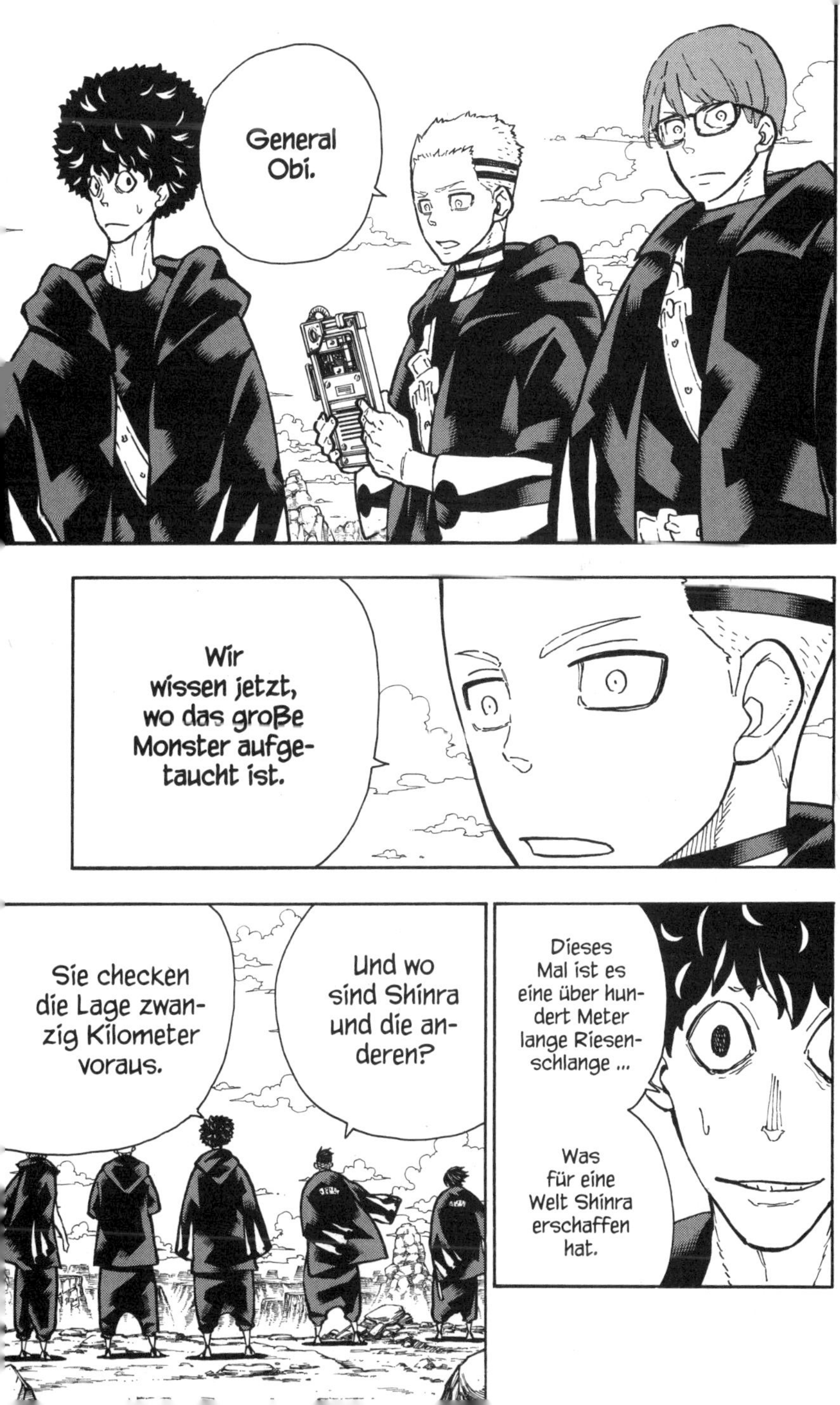
General Obi.
Wir wissen jetzt, wo das große Monster aufgetaucht ist.
Dieses Mal ist es eine über hundert Meter lange Riesenschlange ...
Was für eine Welt Shinra erschaffen hat.
Und wo sind Shinra und die anderen?
Sie checken die Lage zwanzig Kilometer voraus.

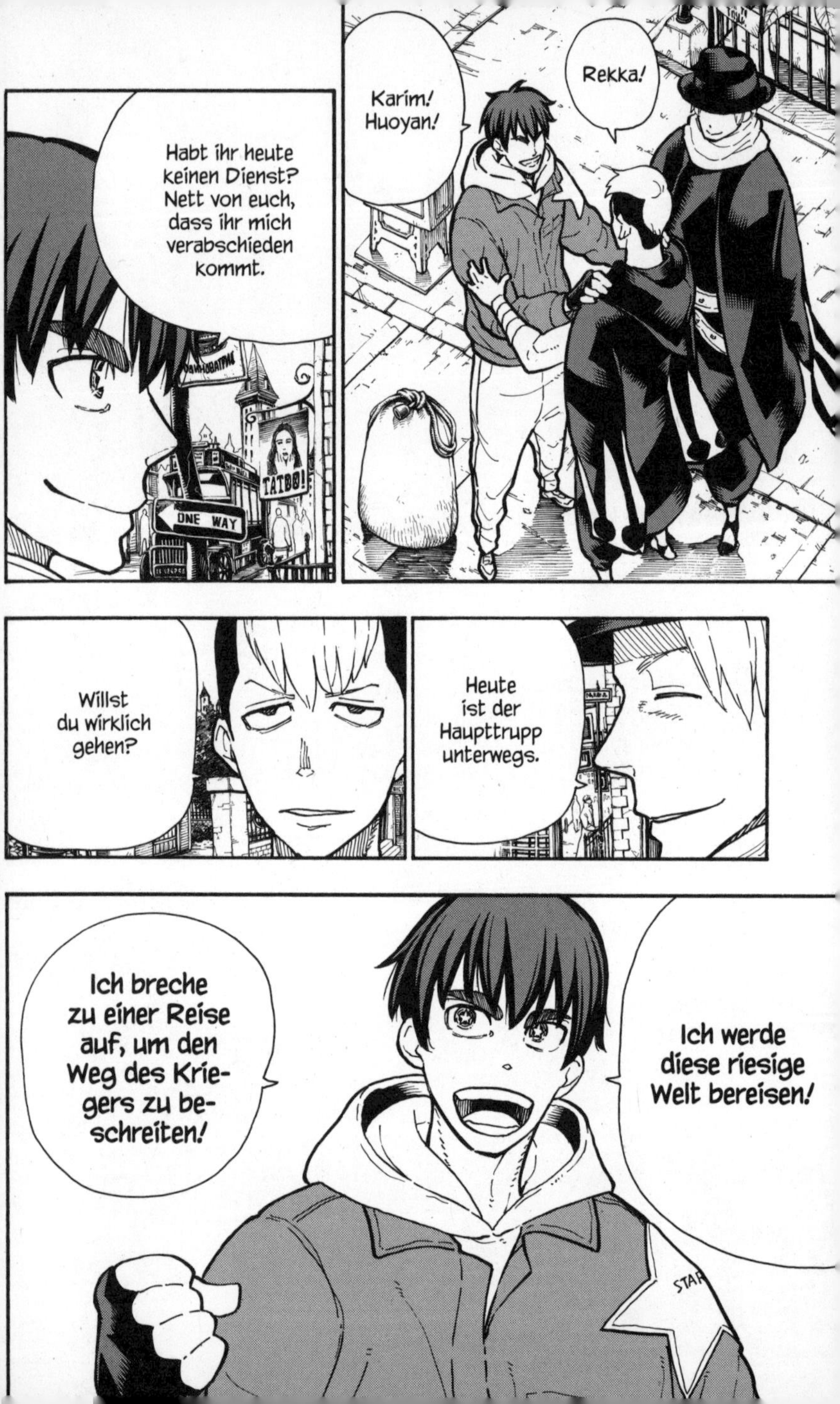
Rekka!
Karim! Huoyan!
Habt ihr heute keinen Dienst? Nett von euch, dass ihr mich verabschieden kommt.
TATOO!
ONE WAY
Heute ist der Haupttrupp unterwegs.
Willst du wirklich gehen?
Ich werde diese riesige Welt bereisen!
Ich breche zu einer Reise auf, um den Weg des Kriegers zu beschreiten!
STAR

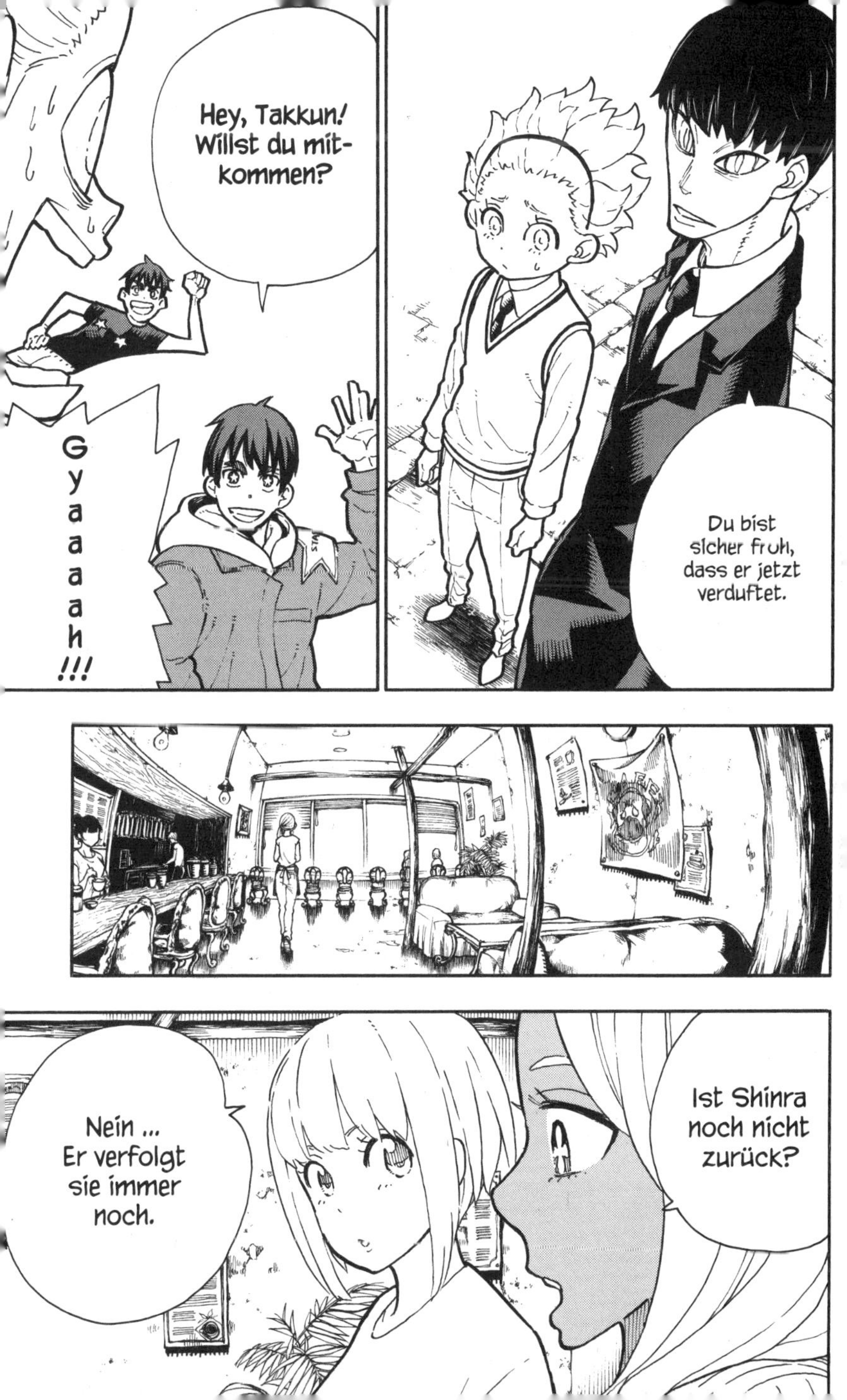
Du bist sicher froh, dass er jetzt verduftet.
Hey, Takkun! Willst du mitkommen?
Gyaaaaah!!!
Ist Shinra noch nicht zurück?
Nein ... Er verfolgt sie immer noch.

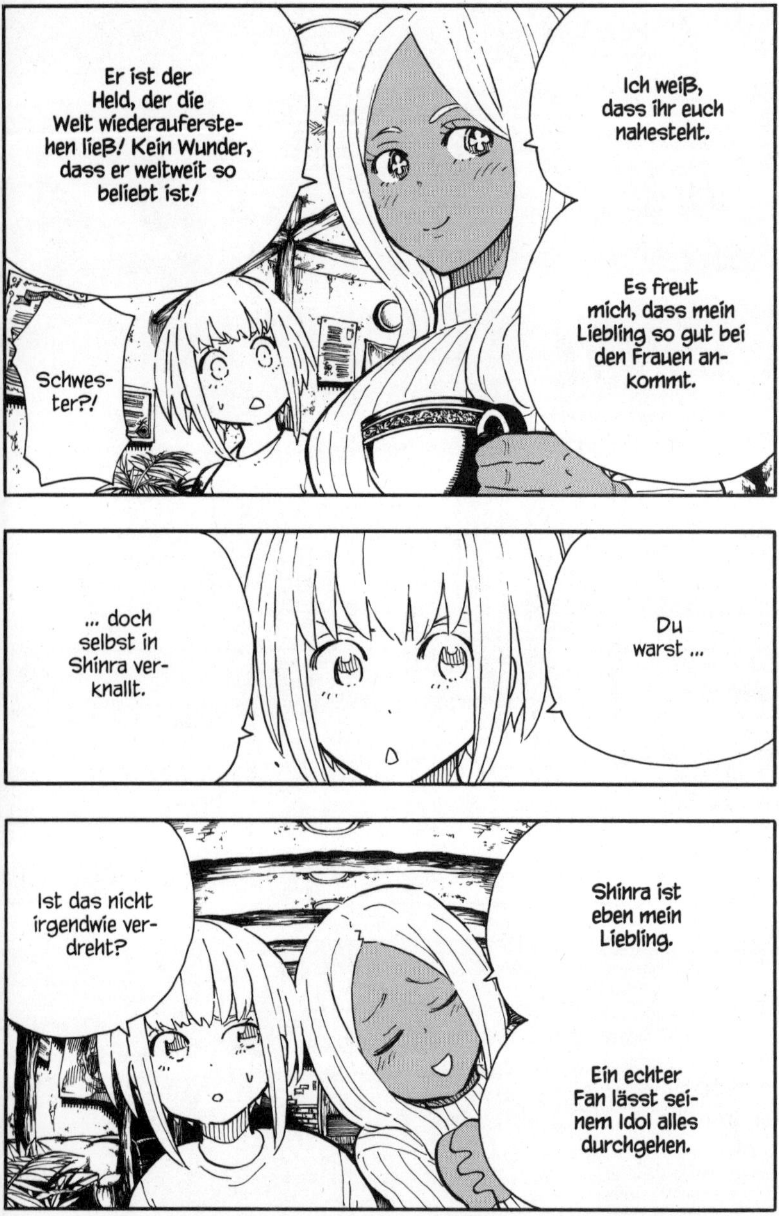
Ich weiß, dass ihr euch nahesteht.
Es freut mich, dass mein Liebling so gut bei den Frauen ankommt.
Er ist der Held, der die Welt wiederauferstehen ließ! Kein Wunder, dass er weltweit so beliebt ist!
Schwester?!
Du warst ...
... doch selbst in Shinra verknallt.
Shinra ist eben mein Liebling.
Ein echter Fan lässt seinem Idol alles durchgehen.
Ist das nicht irgendwie verdreht?

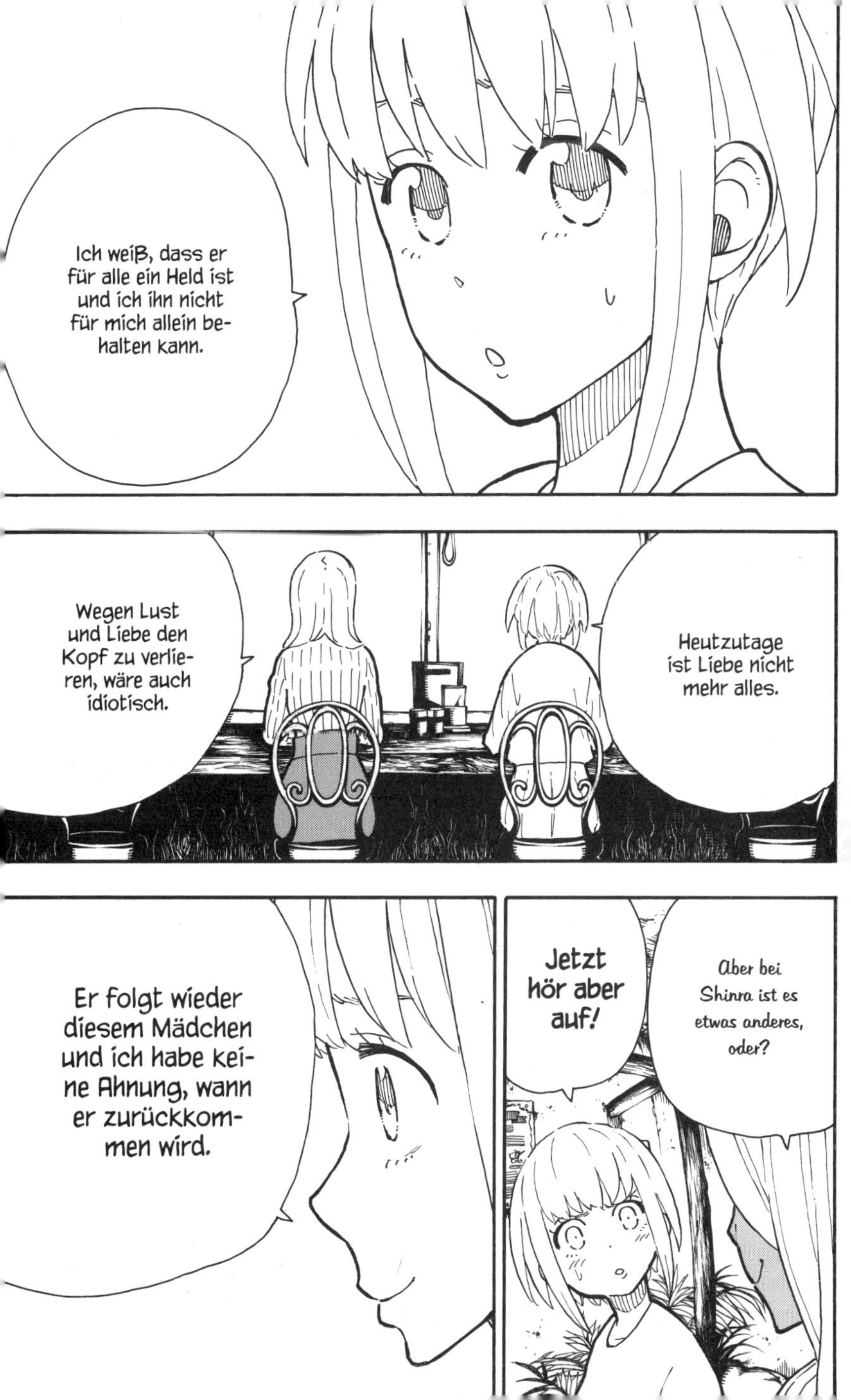
Ich weiß, dass er für alle ein Held ist und ich ihn nicht für mich allein behalten kann.
Heutzutage ist Liebe nicht mehr alles.
Wegen Lust und Liebe den Kopf zu verlieren, wäre auch idiotisch.
Aber bei Shinra ist es etwas anderes, oder?
Jetzt hör aber auf!
Er folgt wieder diesem Mädchen und ich habe keine Ahnung, wann er zurückkommen wird.

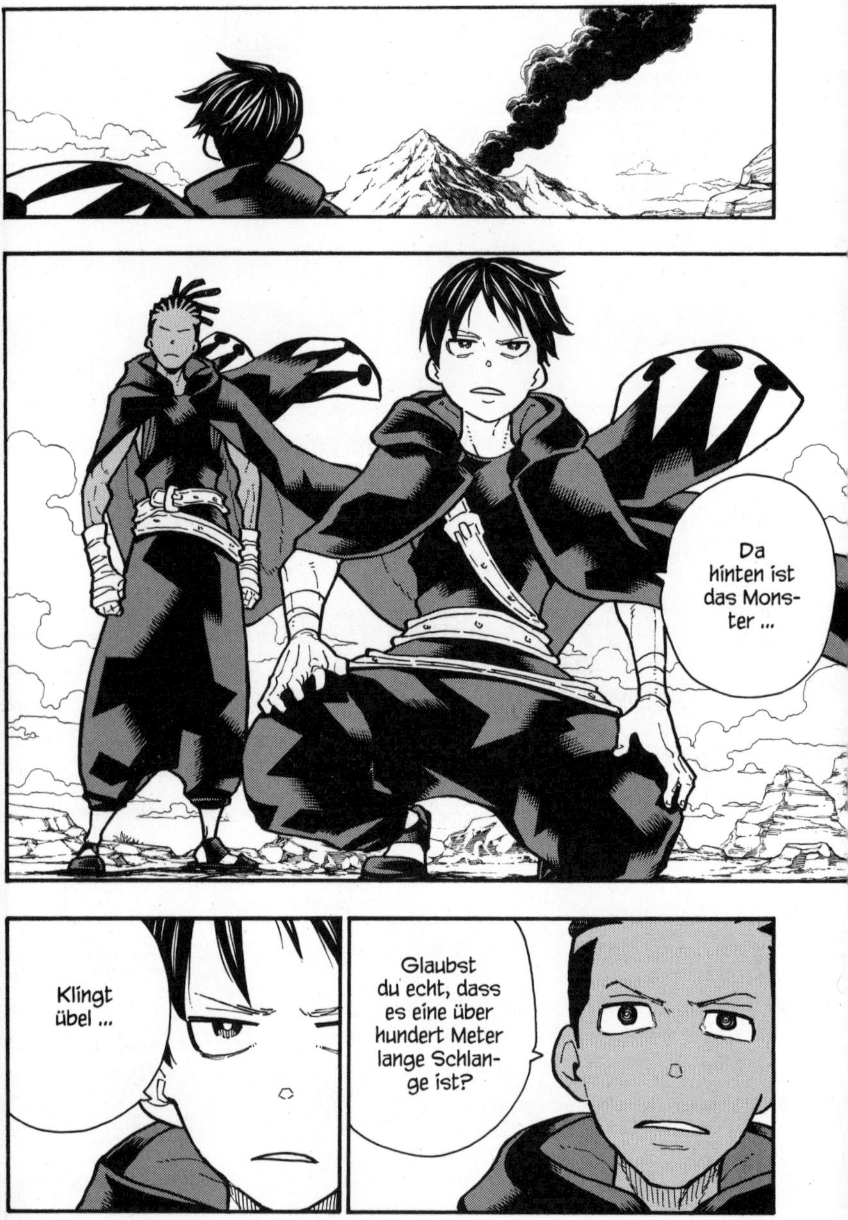
Da hinten ist das Monster ...
Glaubst du echt, dass es eine über hundert Meter lange Schlange ist?
Klingt übel ...

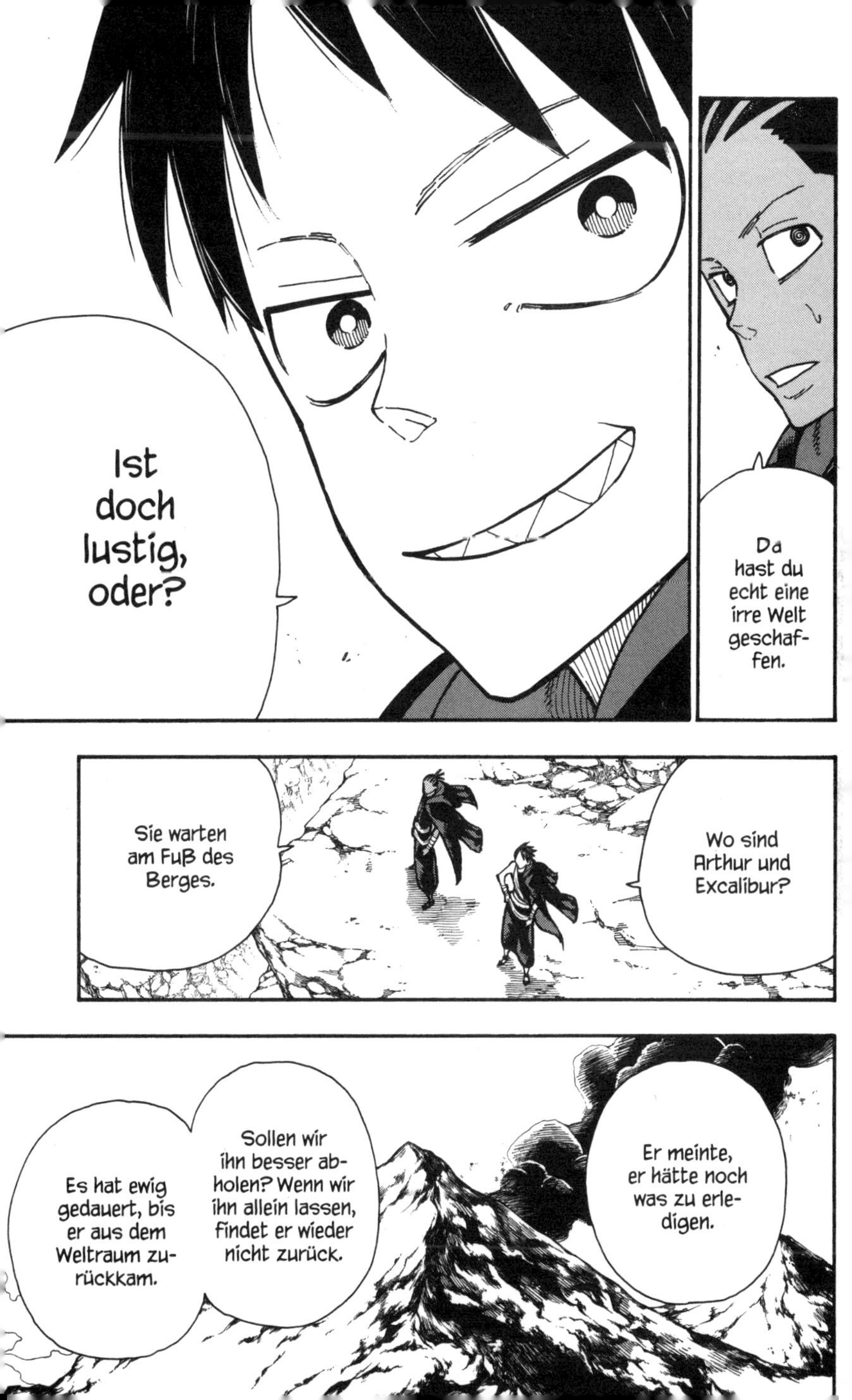
Da hast du echt eine irre Welt geschaf-fen.
Ist doch lustig, oder?
Wo sind Arthur und Excalibur?
Sie warten am Fuß des Berges.
Er meinte, er hätte noch was zu erle-digen.
Sollen wir ihn besser ab-holen? Wenn wir ihn allein lassen, findet er wieder nicht zurück.
Es hat ewig gedauert, bis er aus dem Weltraum zu-rückkam.

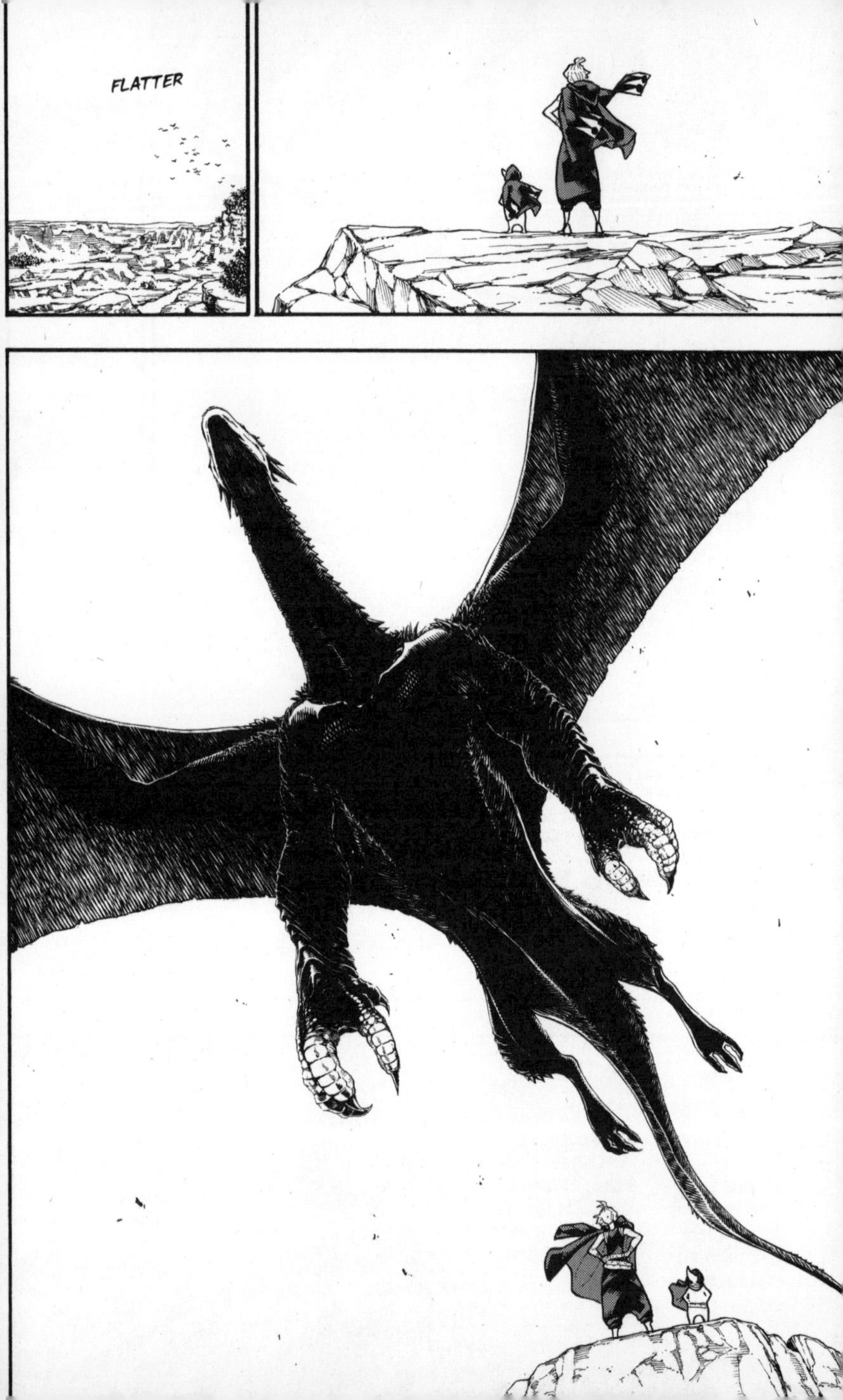
FLATTER

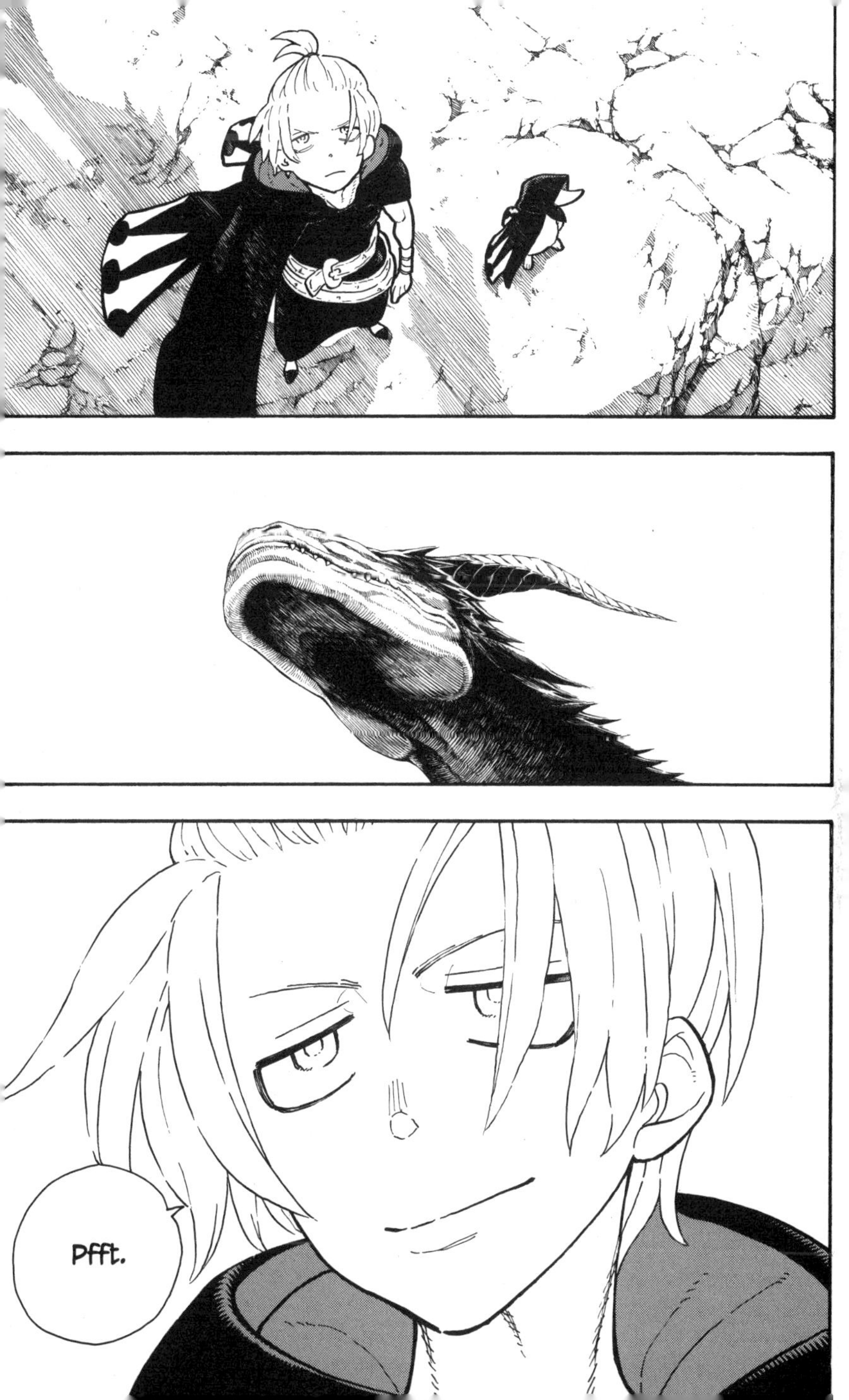
Pfft.

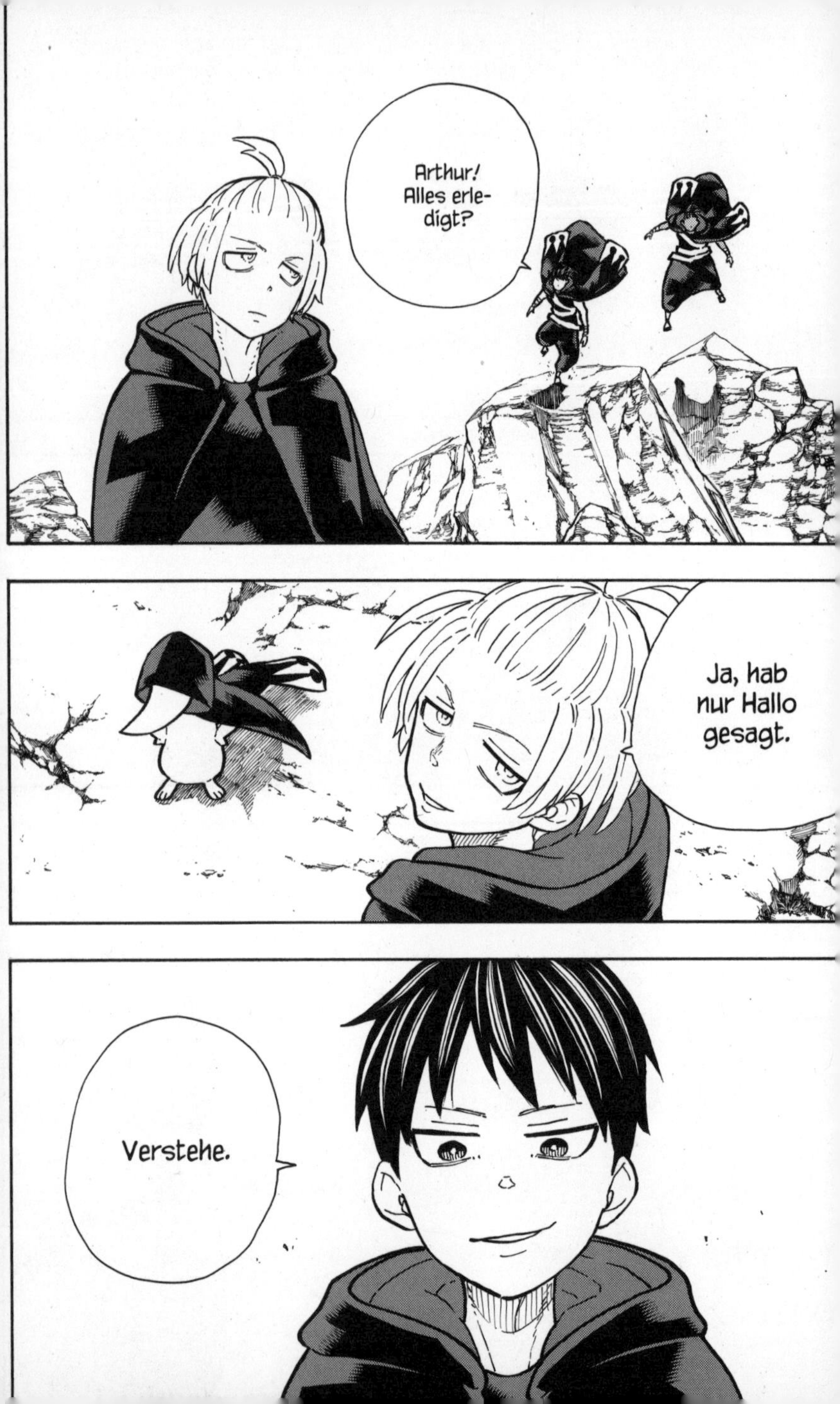
Arthur! Alles erledigt?
Ja, hab nur Hallo gesagt.
Verstehe.

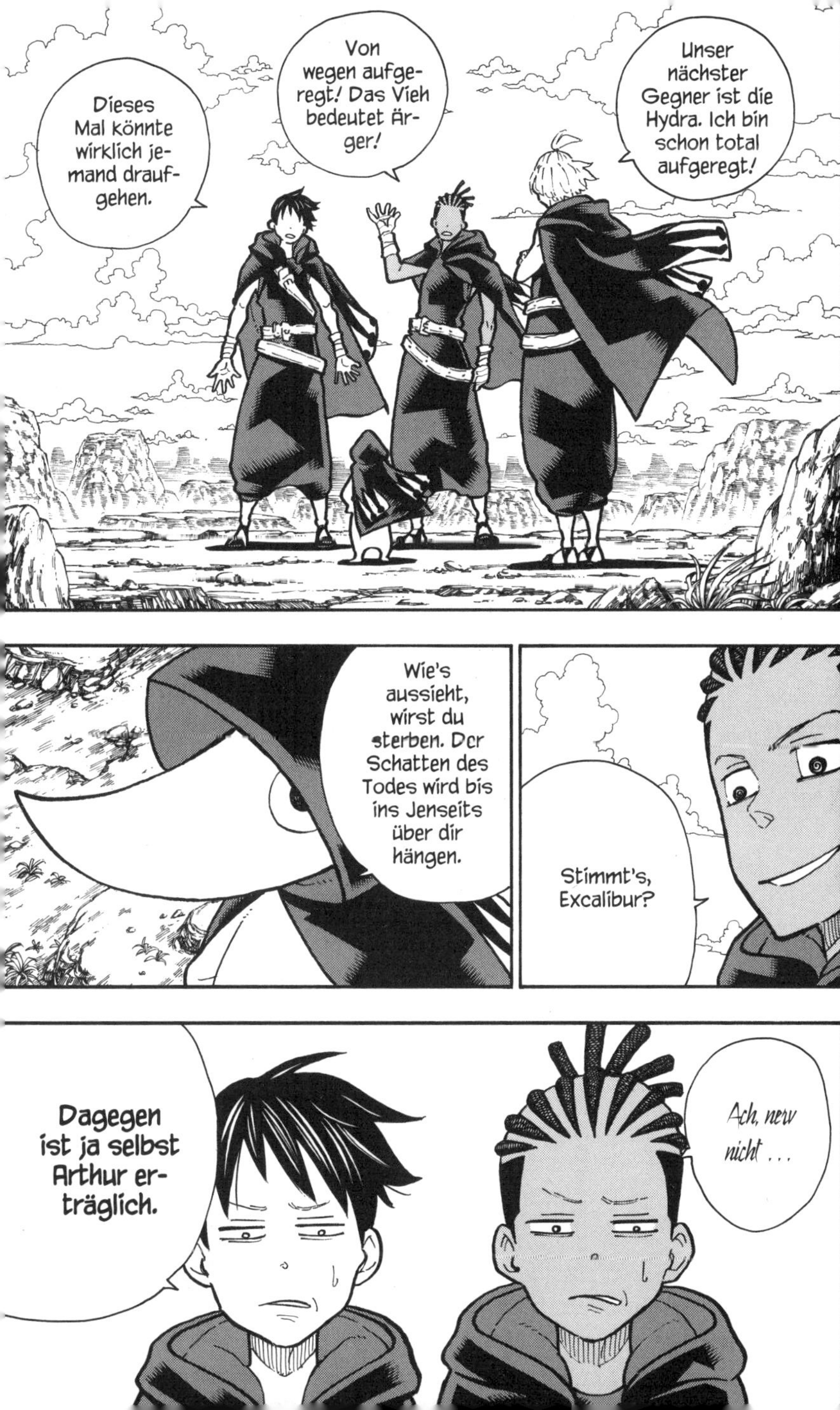
Unser nächster Gegner ist die Hydra. Ich bin schon total aufgeregt!
Von wegen aufgeregt! Das Vieh bedeutet Ärger!
Dieses Mal könnte wirklich jemand draufgehen.
Stimmt's, Excalibur?
Wie's aussieht, wirst du sterben. Dcr Schatten des Todes wird bis ins Jenseits über dir hängen.
Ach, nerv nicht ...
Dagegen ist ja selbst Arthur erträglich.

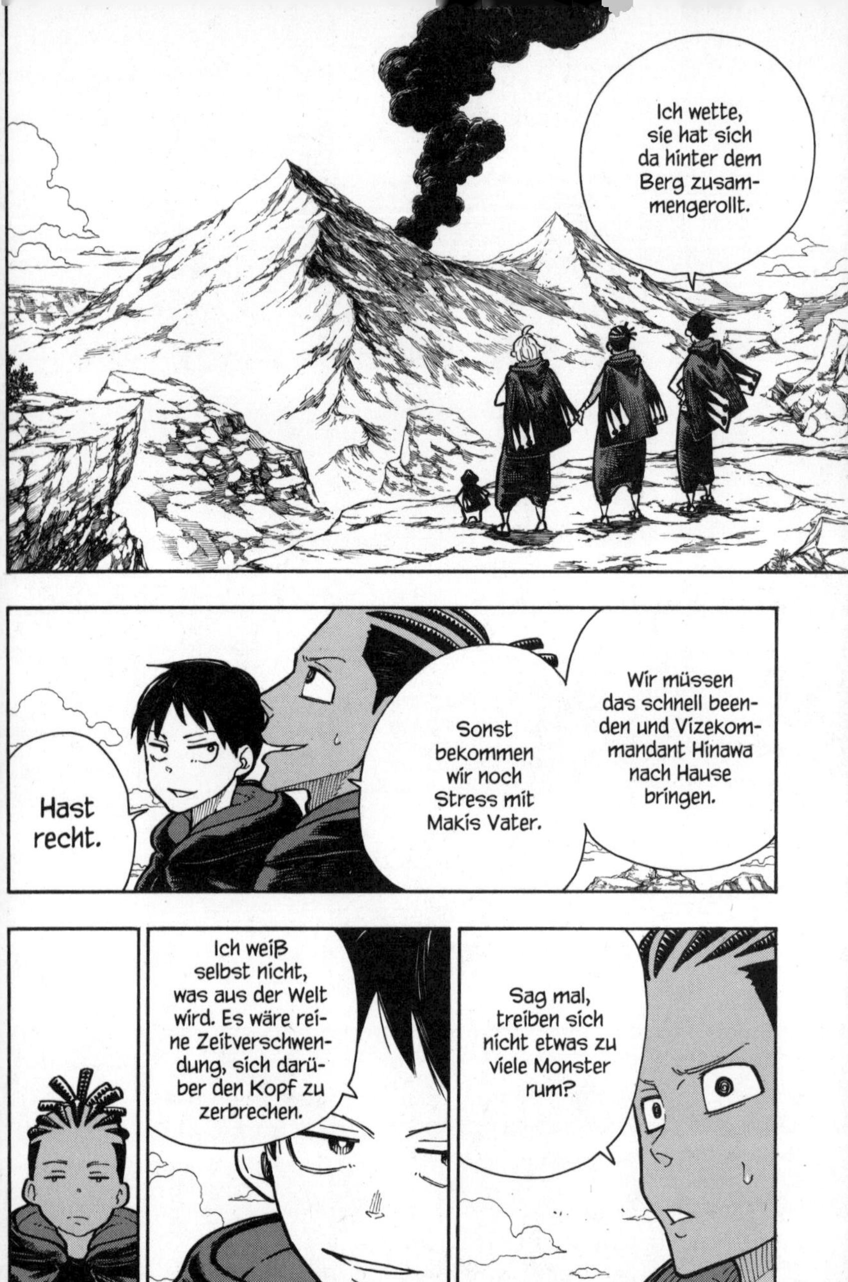
Ich wette, sie hat sich da hinter dem Berg zusammengerollt.
Wir müssen das schnell beenden und Vizekommandant Hinawa nach Hause bringen.
Sonst bekommen wir noch Stress mit Makis Vater.
Hast recht.
Sag mal, treiben sich nicht etwas zu viele Monster rum?
Ich weiß selbst nicht, was aus der Welt wird. Es wäre reine Zeitverschwendung, sich darüber den Kopf zu zerbrechen.

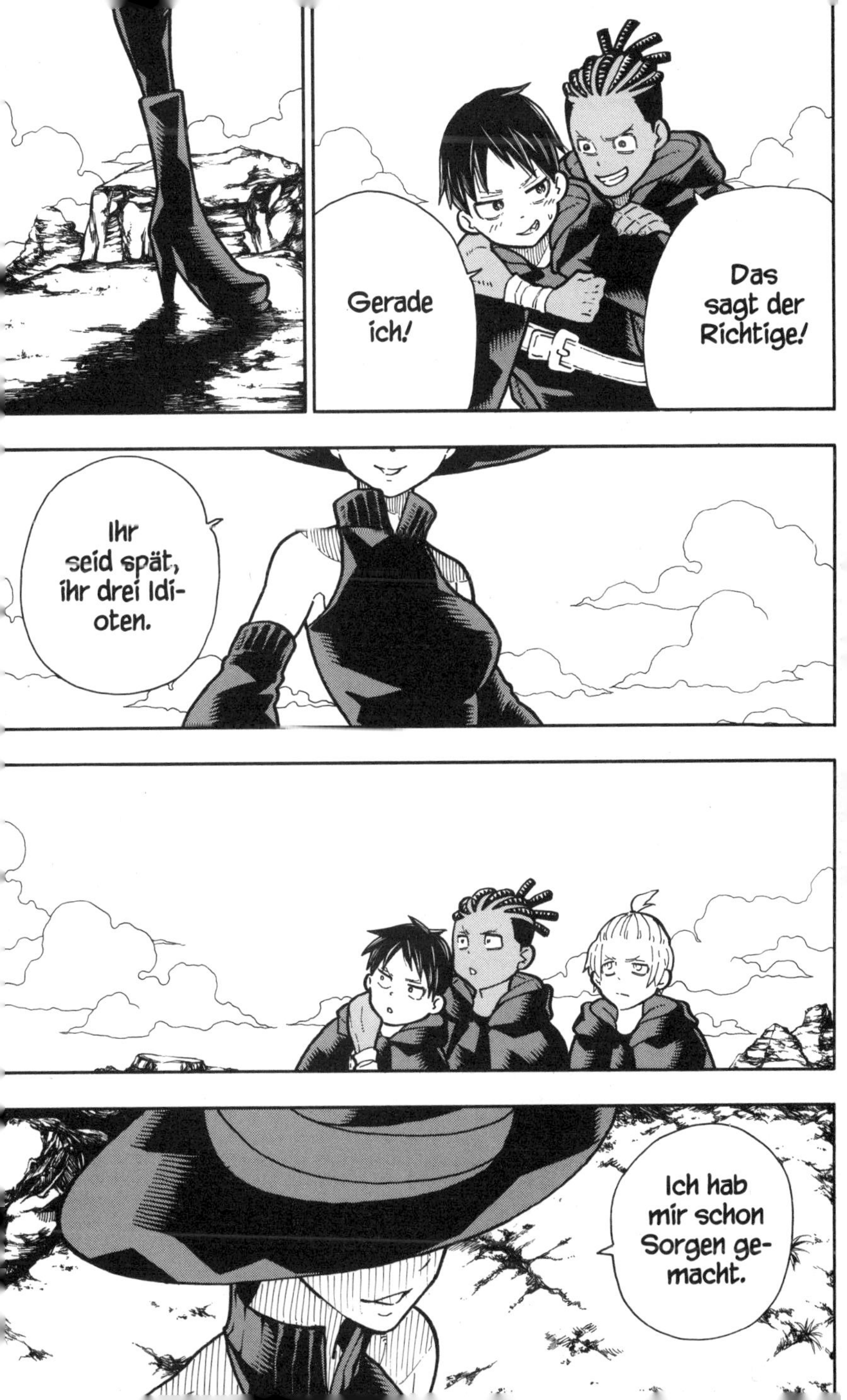
Das sagt der Richtige!
Gerade ich!
Ihr seid spät, ihr drei Idi-oten.
Ich hab mir schon Sorgen ge-macht.

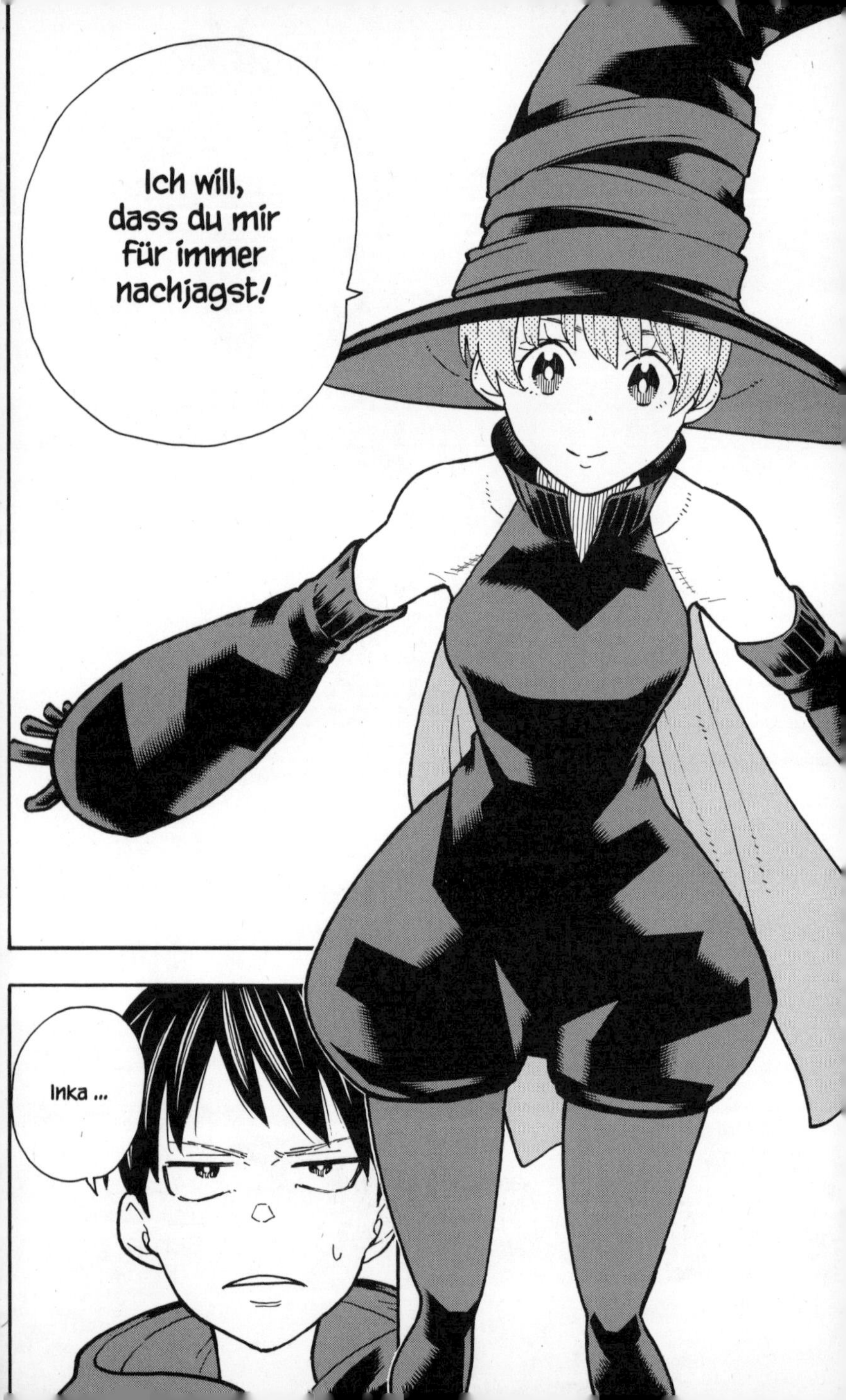
Ich will, dass du mir für immer nachjagst!
Inka ...

FIRE FORCE

FIRE FORCE

Epilog Teil 2: Eine Heldengeschichte

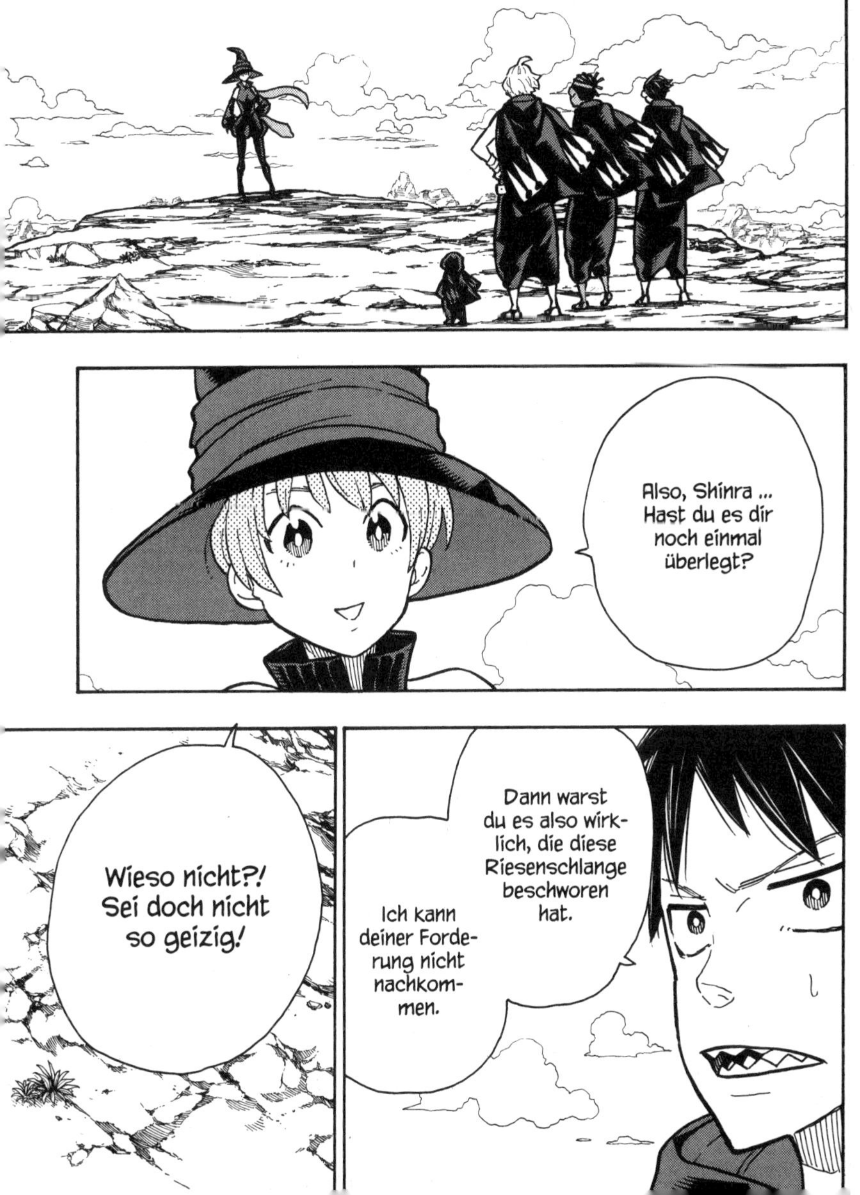

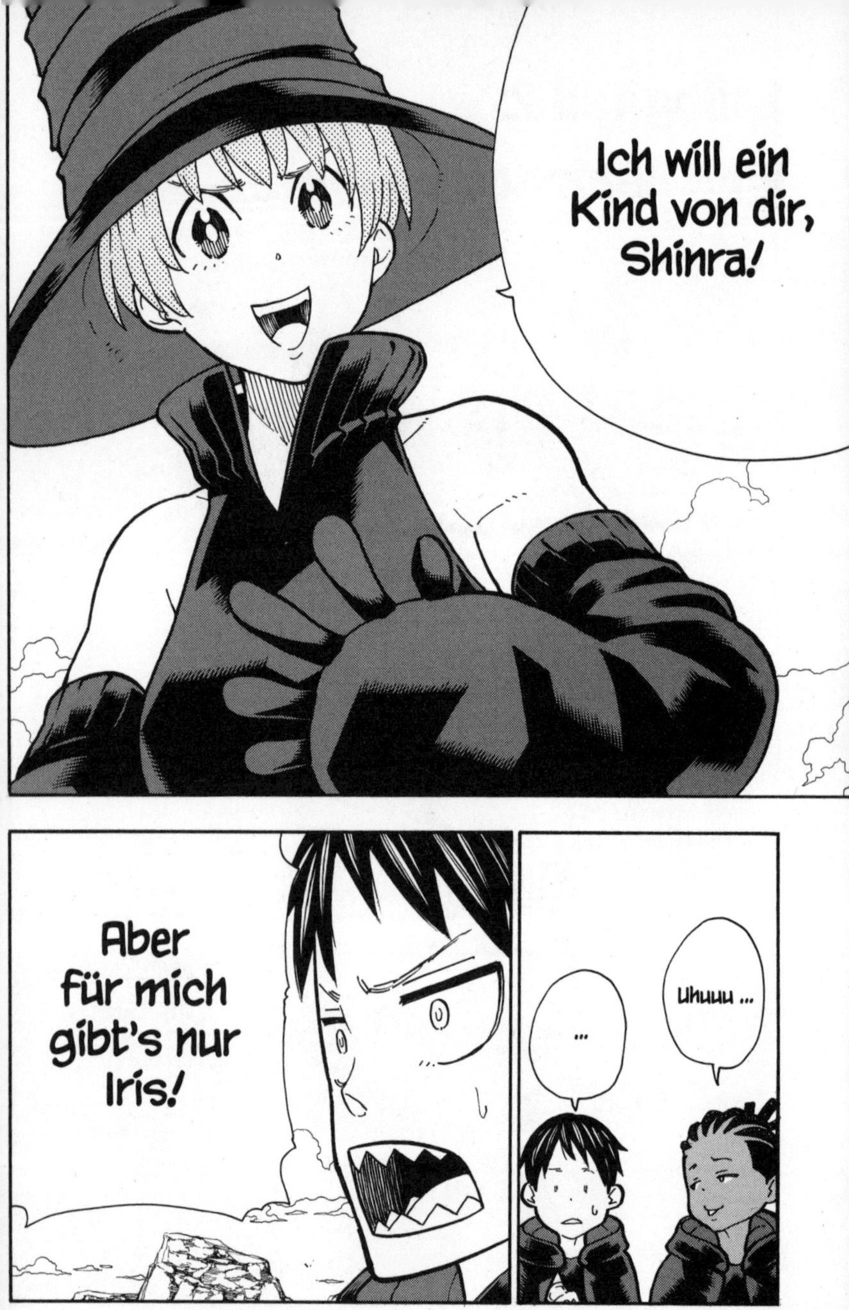
Ich will ein
Kind von dir,
Shinra!
Aber
für mich
gibt's nur
Iris!
Uhuuu ...
...

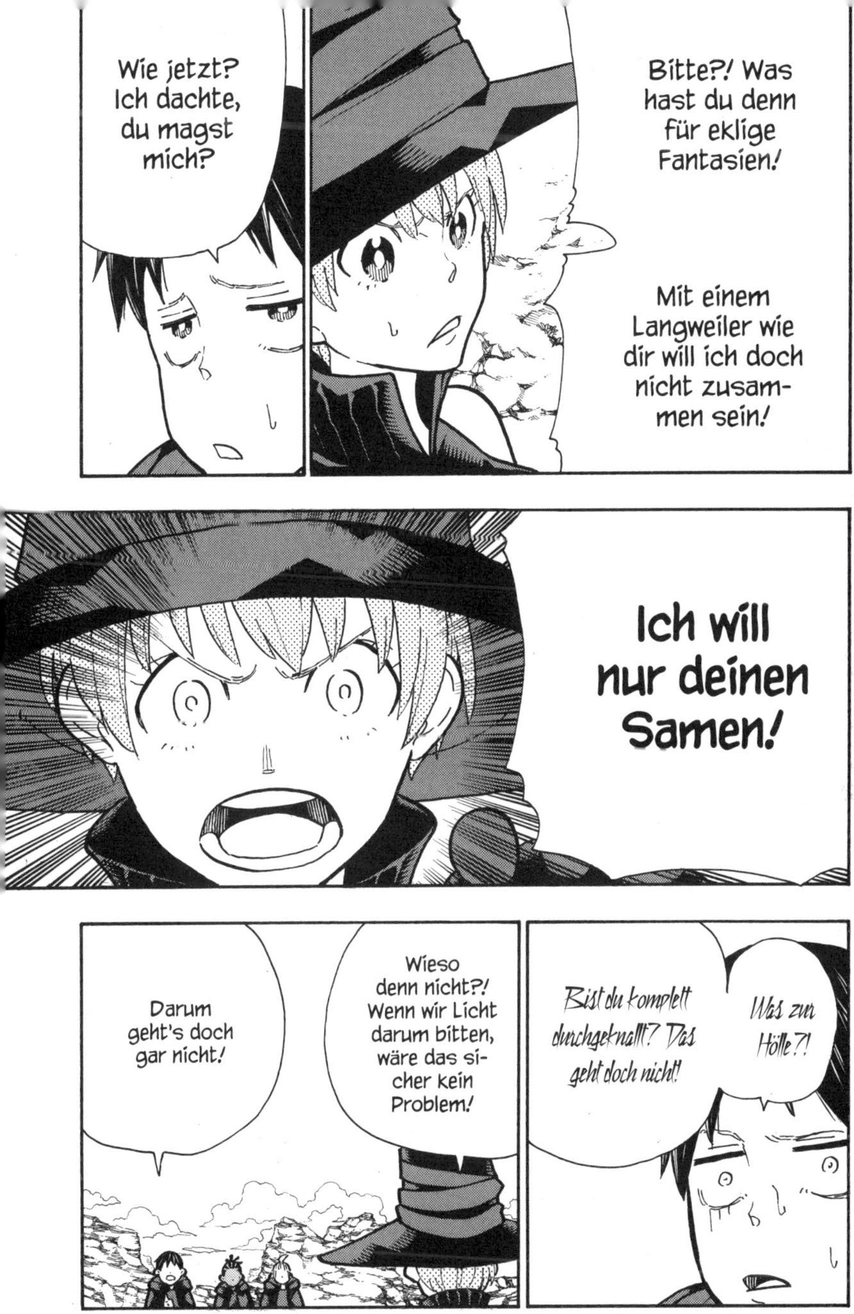

Bitte?! Was hast du denn für eklige Fantasien!
Mit einem Langweiler wie dir will ich doch nicht zusammen sein!
Wie jetzt? Ich dachte, du magst mich?
Ich will nur deinen Samen!
Was zur Hölle?!
Bist du komplett durchgeknallt? Das geht doch nicht!
Wieso denn nicht?! Wenn wir Licht darum bitten, wäre das sicher kein Problem!
Darum geht's doch gar nicht!

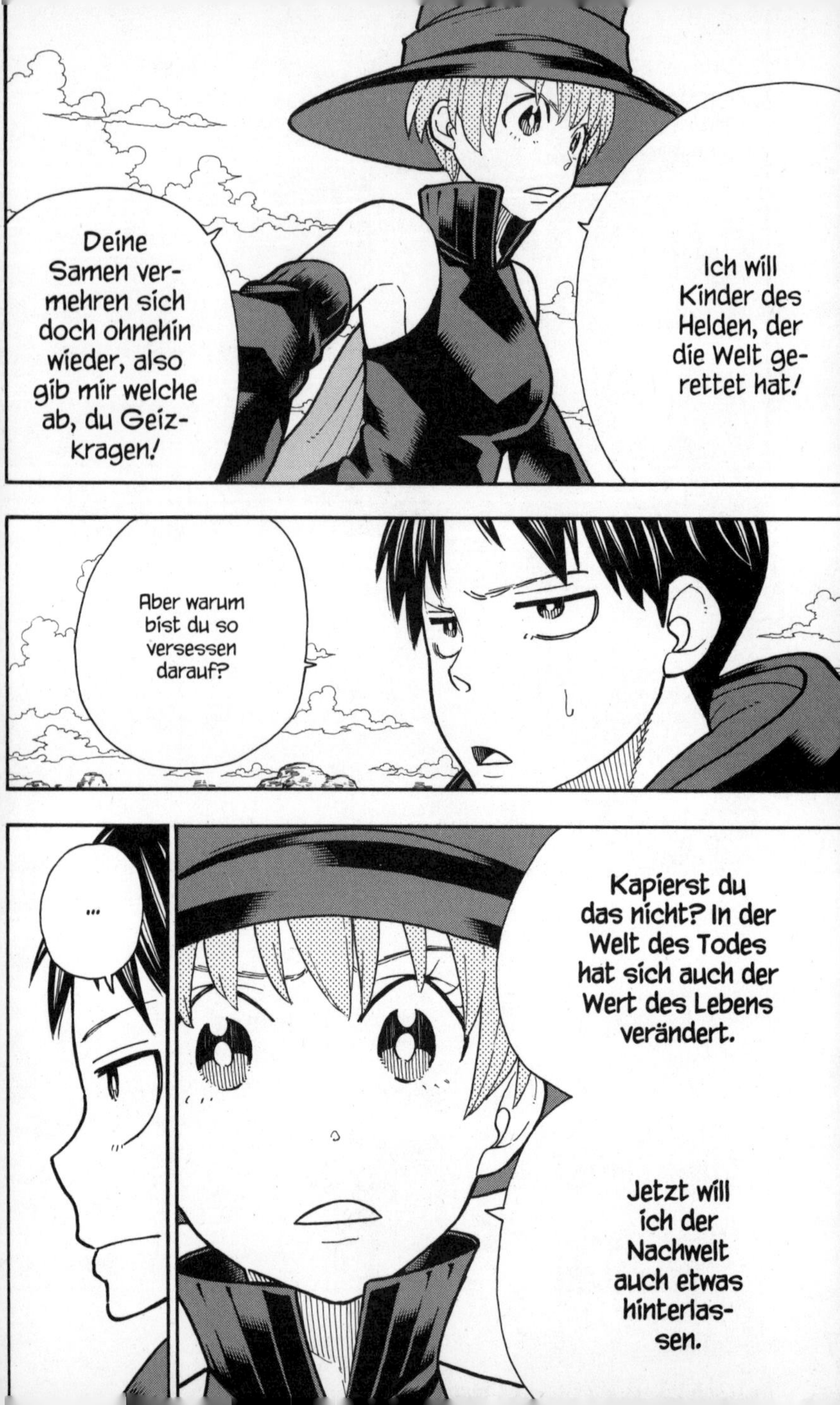
Ich will Kinder des Helden, der die Welt gerettet hat!
Deine Samen vermehren sich doch ohnehin wieder, also gib mir welche ab, du Geizkragen!
Aber warum bist du so versessen darauf?
Kapierst du das nicht? In der Welt des Todes hat sich auch der Wert des Lebens verändert.
...
Jetzt will ich der Nachwelt auch etwas hinterlassen.

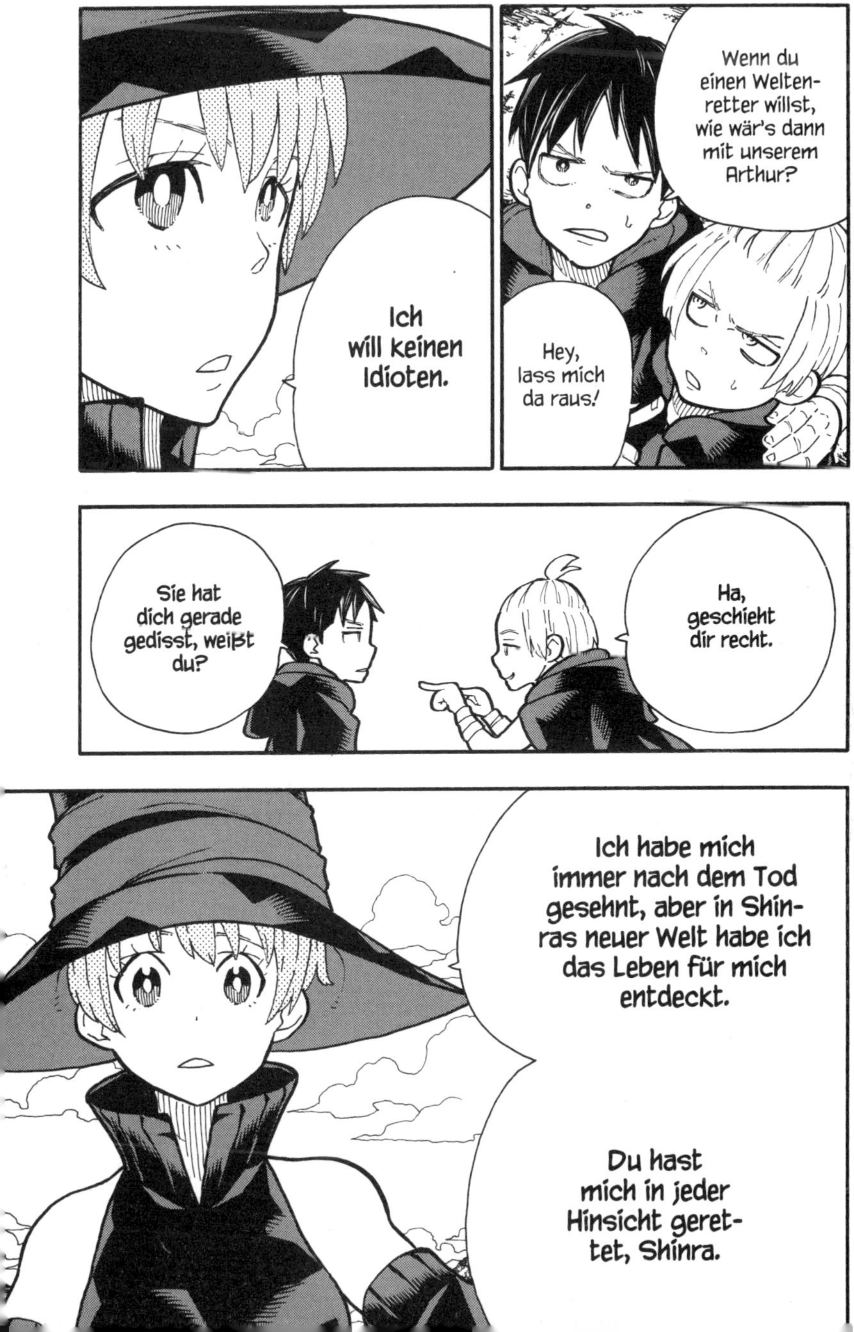
Wenn du einen Welten-retter willst, wie wär's dann mit unserem Arthur?
Hey, lass mich da raus!
Ich will keinen Idioten.
Ha, geschieht dir recht.
Sie hat dich gerade gedisst, weißt du?
Ich habe mich immer nach dem Tod gesehnt, aber in Shinras neuer Welt habe ich das Leben für mich entdeckt.
Du hast mich in jeder Hinsicht gerettet, Shinra.

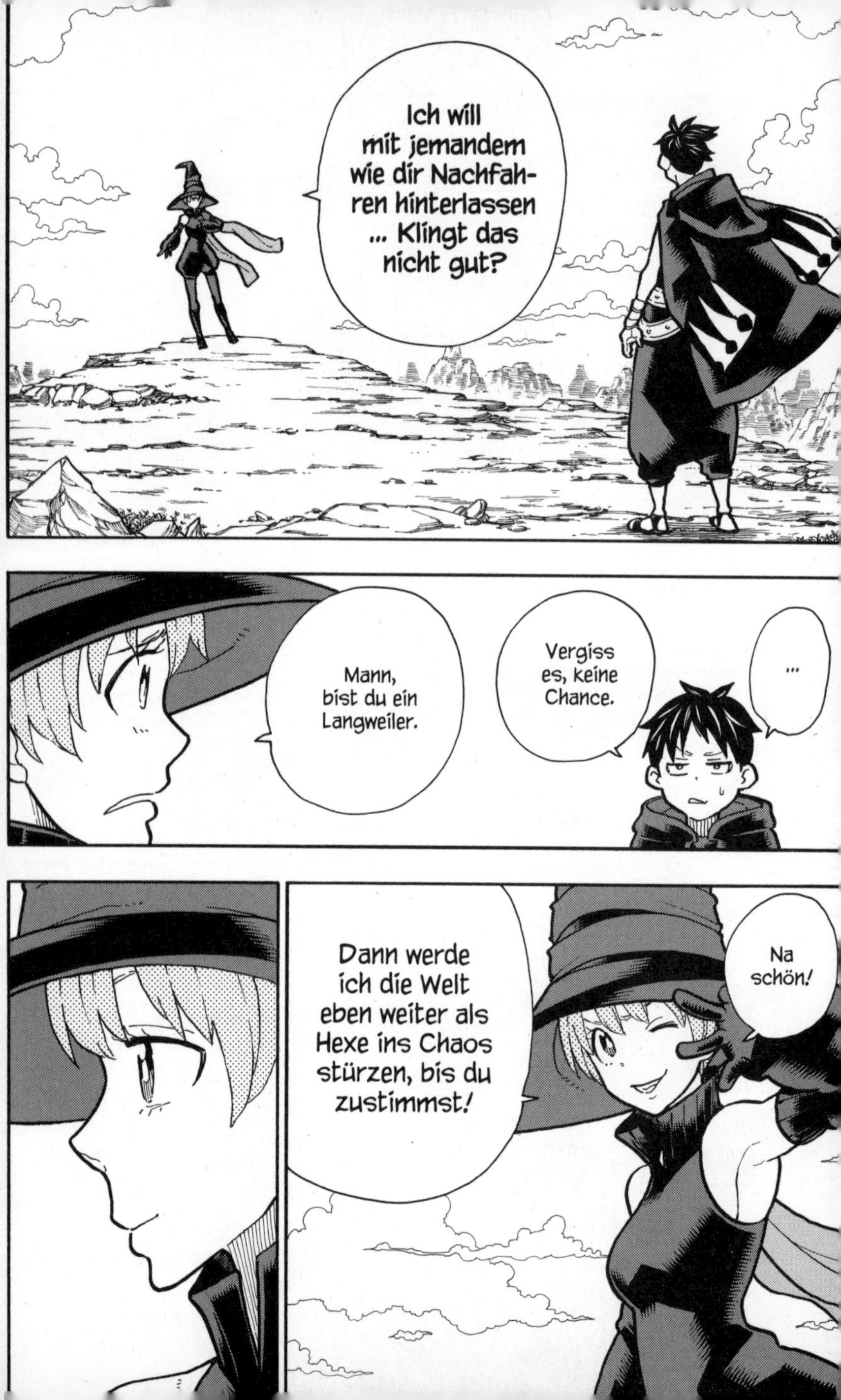
Ich will mit jemandem wie dir Nachfahren hinterlassen ... Klingt das nicht gut?
...
Vergiss es, keine Chance.
Mann, bist du ein Langweiler.
Na schön!
Dann werde ich die Welt eben weiter als Hexe ins Chaos stürzen, bis du zustimmst!

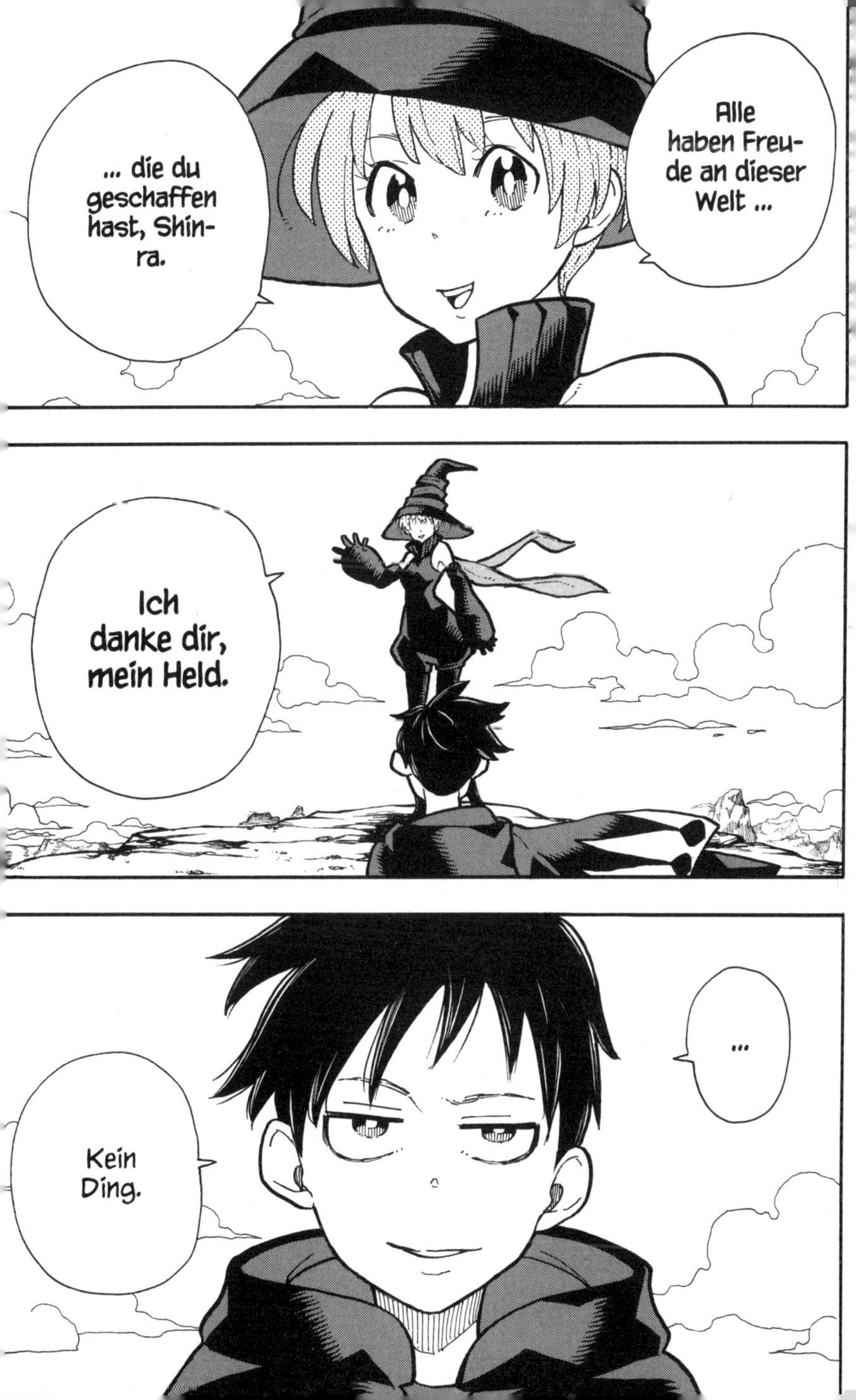
Alle haben Freude an dieser Welt ...
... die du geschaffen hast, Shinra.
Ich danke dir, mein Held.
...
Kein Ding.

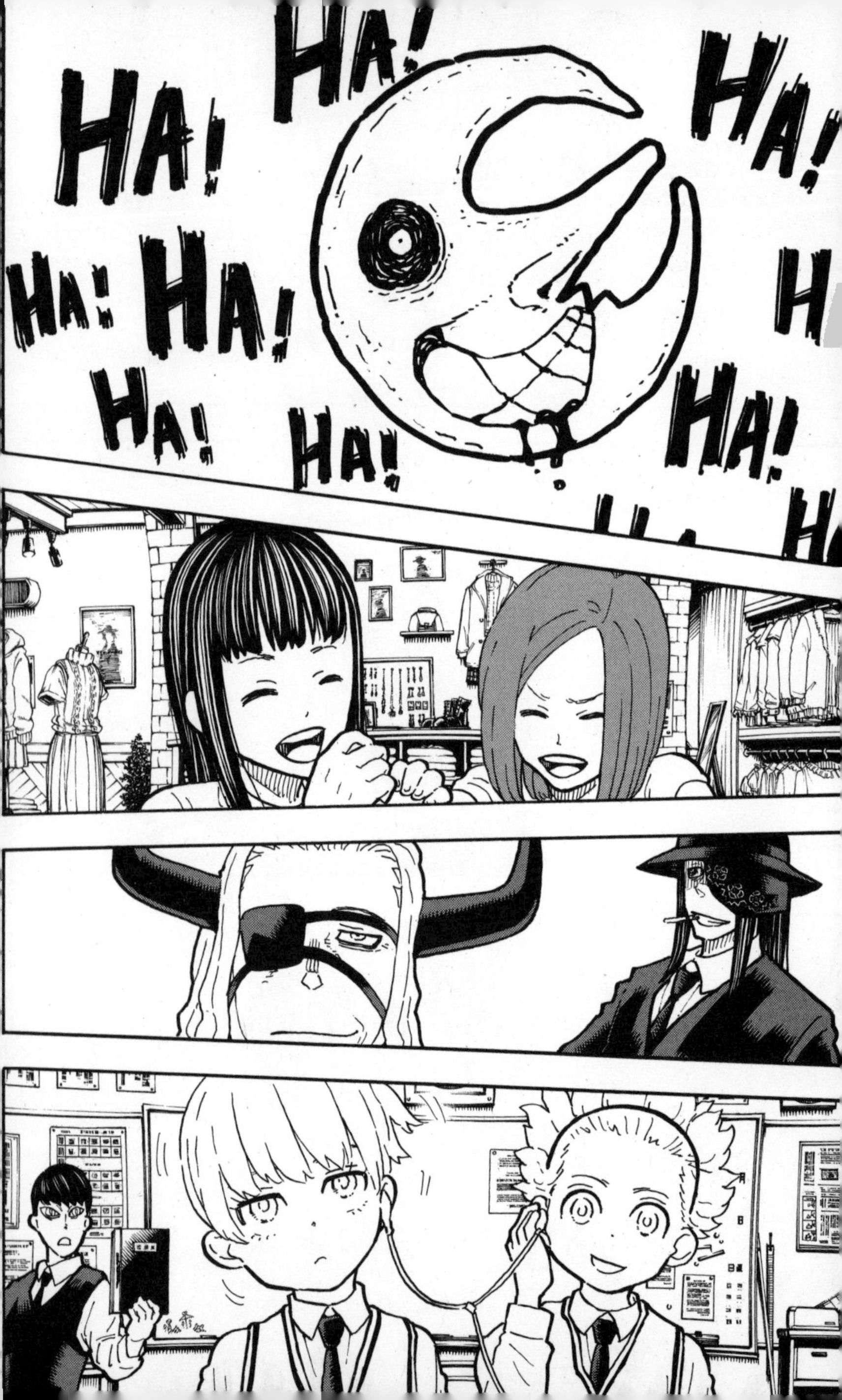
HA!
HA!
HA!
HA!
HA!
HA!
HA!
HA!

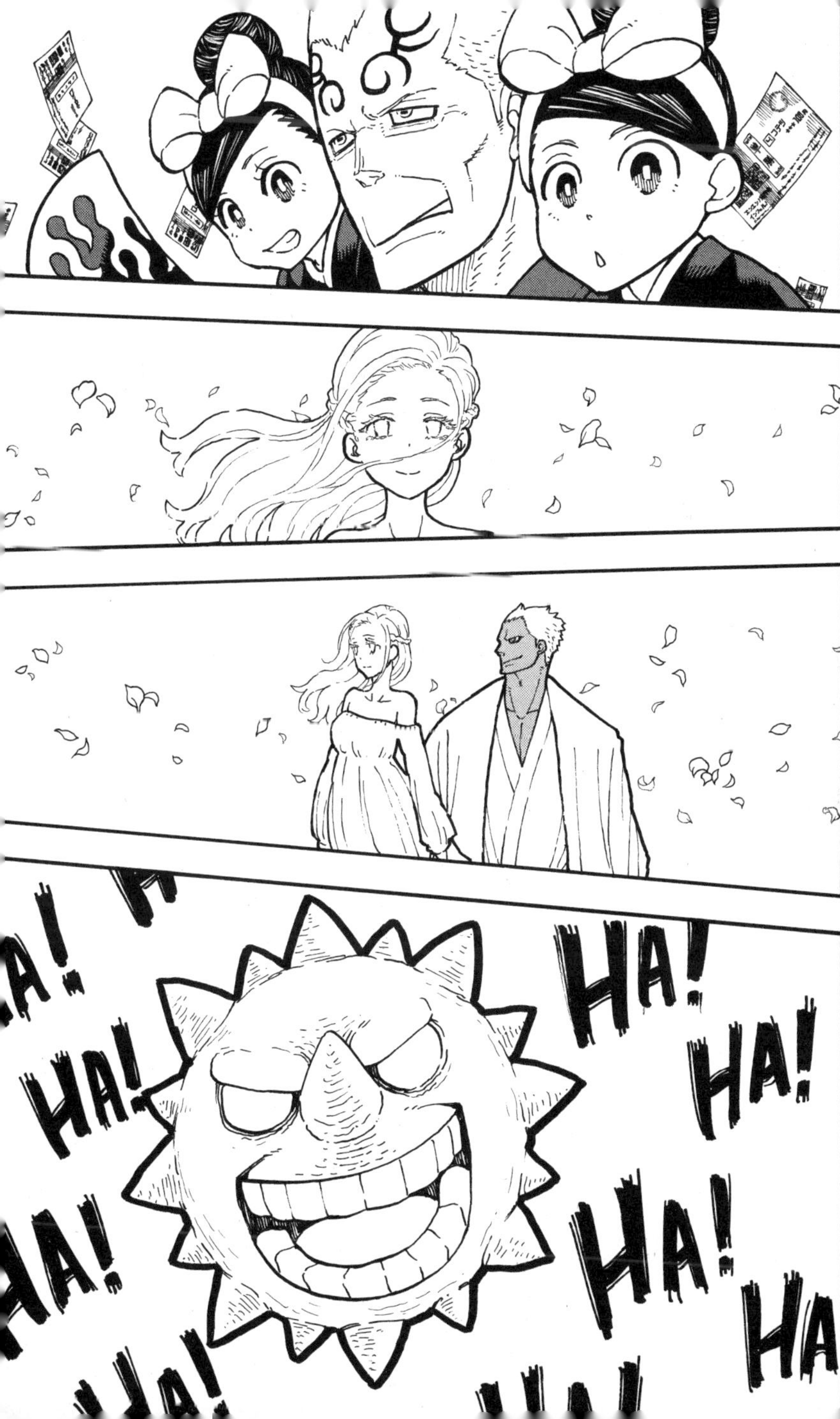
HA!
HA!
HA!
HA!
HA!
HA

25 Jahre später

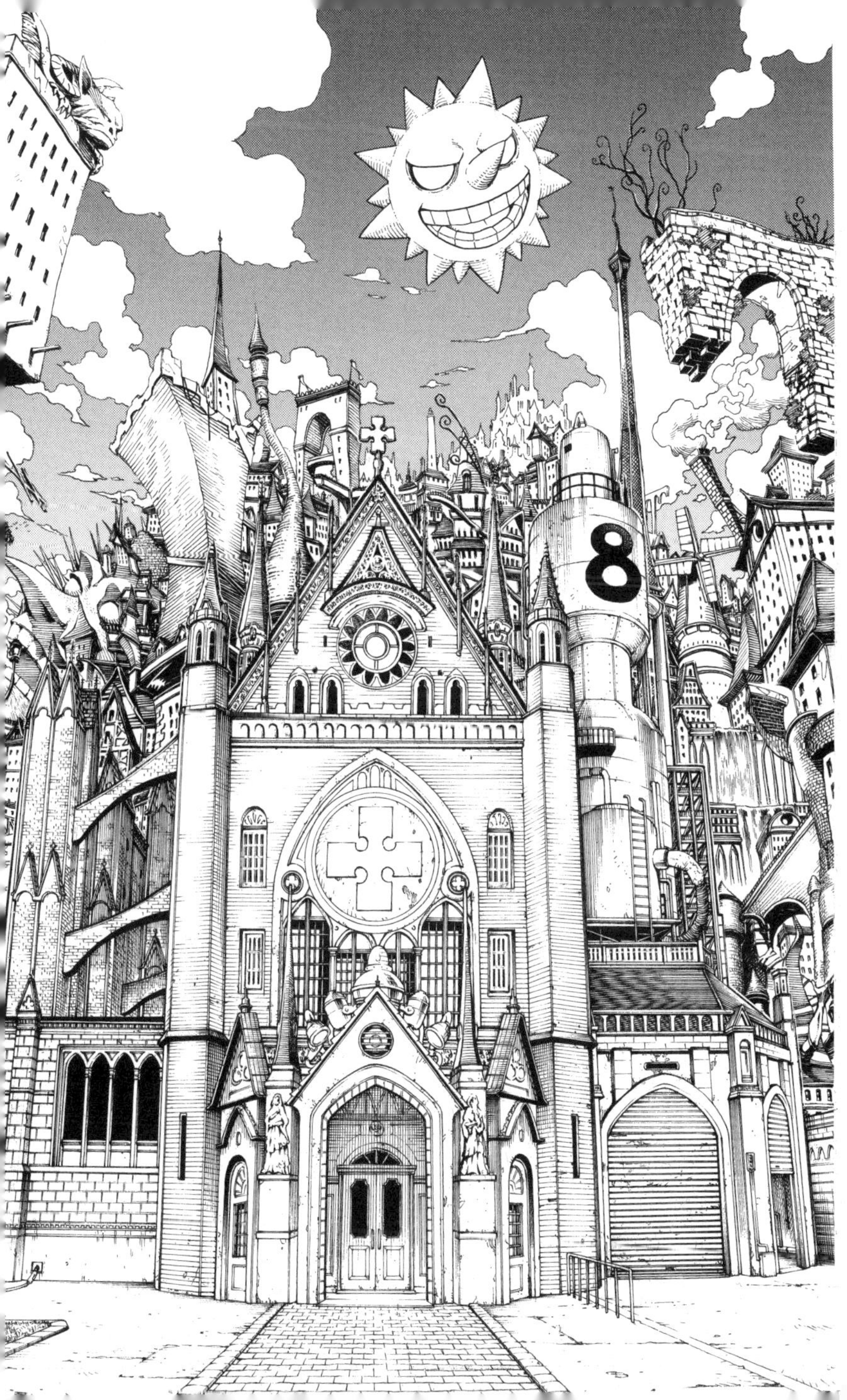
8

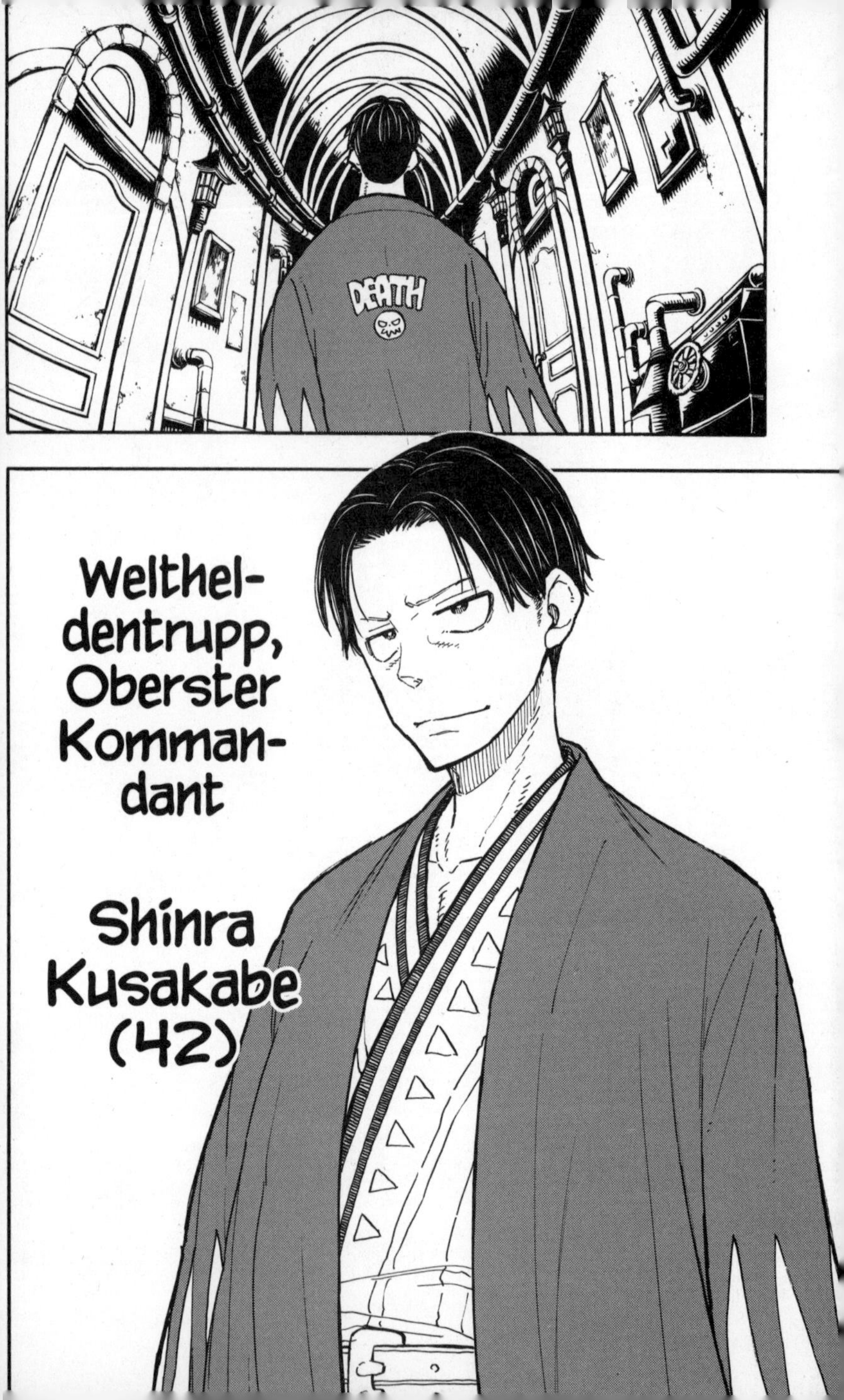
DEATH
Welthel-
dentrupp,
Oberster
Komman-
dant
Shinra
Kusakabe
(42)

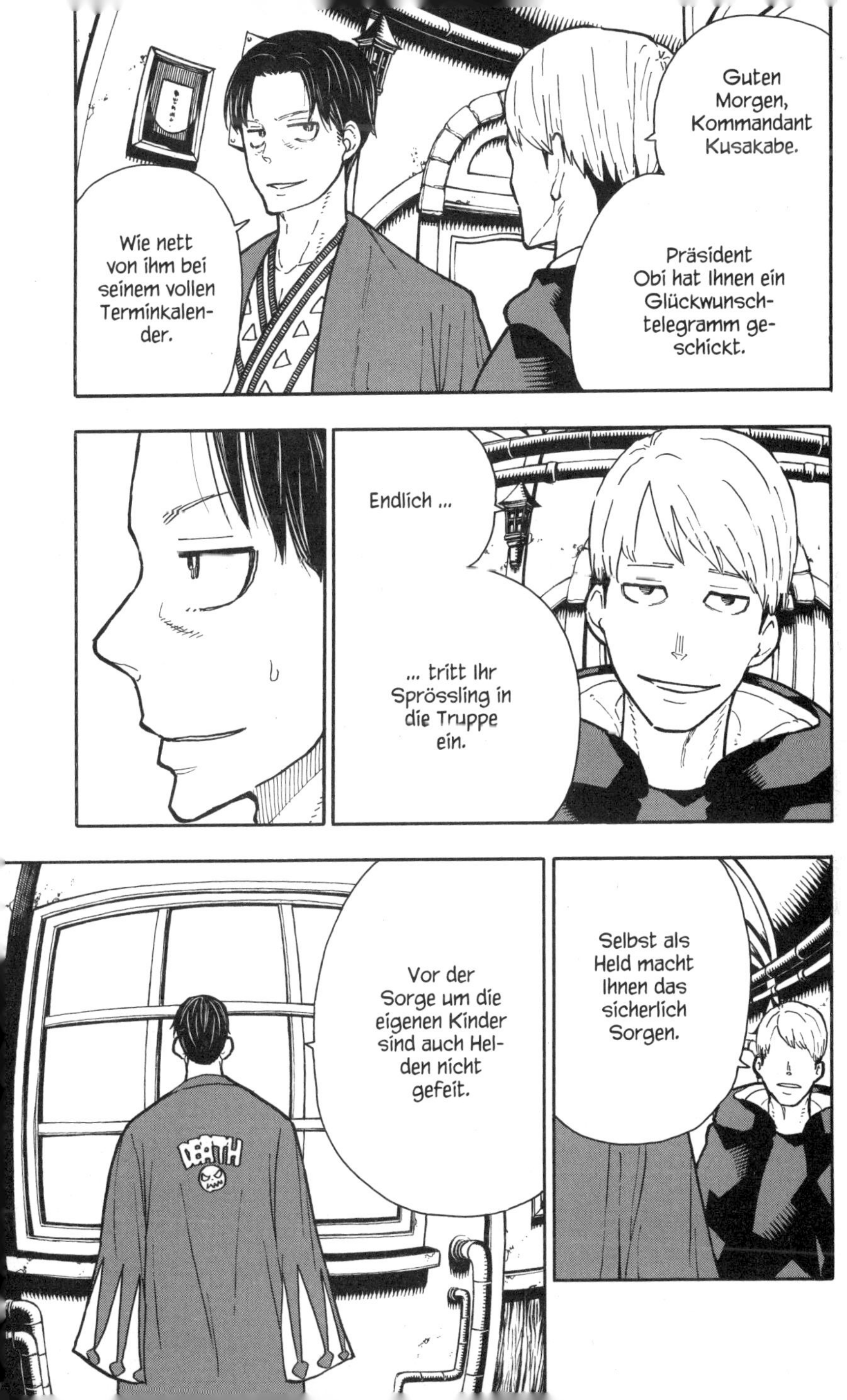
Guten Morgen, Kommandant Kusakabe.
Präsident Obi hat Ihnen ein Glückwunsch-telegramm ge-schickt.
Wie nett von ihm bei seinem vollen Terminkalen-der.
Endlich ...
... tritt Ihr Sprössling in die Truppe ein.
Selbst als Held macht Ihnen das sicherlich Sorgen.
Vor der Sorge um die eigenen Kinder sind auch Hel-den nicht gefeit.
DEATH

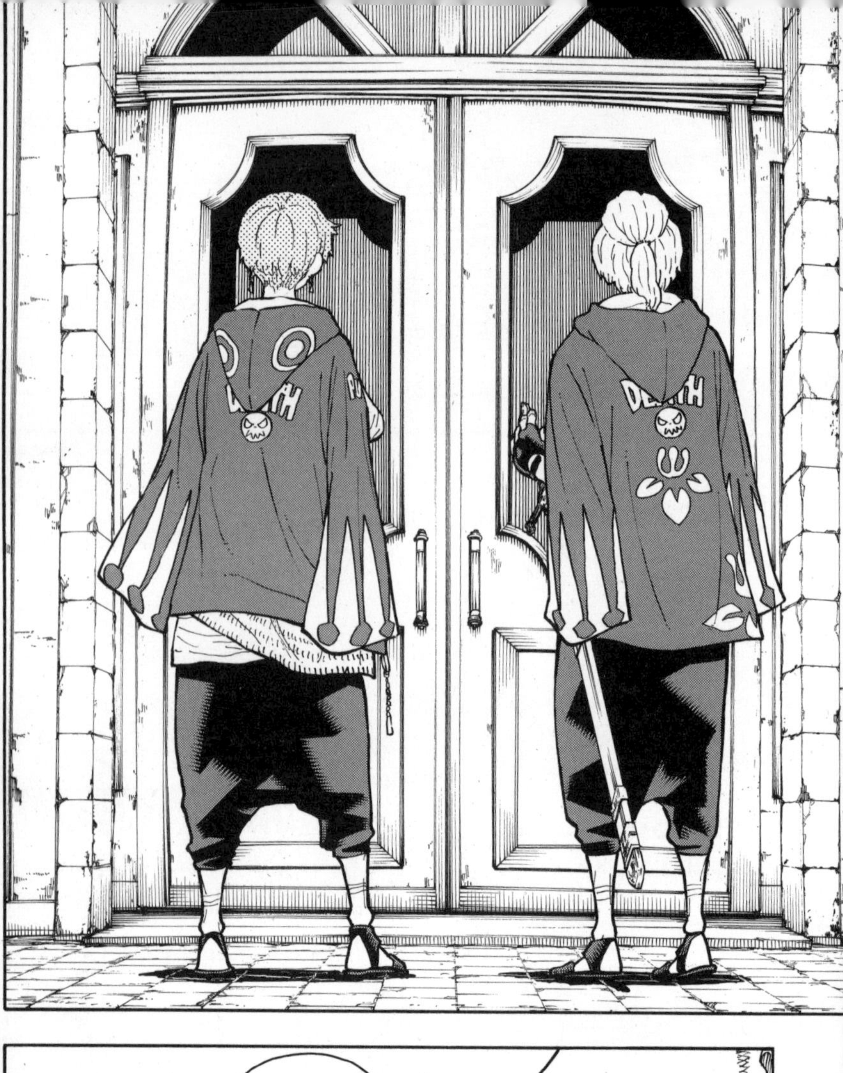
Keine Ahnung, was uns da erwartet ...
... aber ich freu mich drauf!

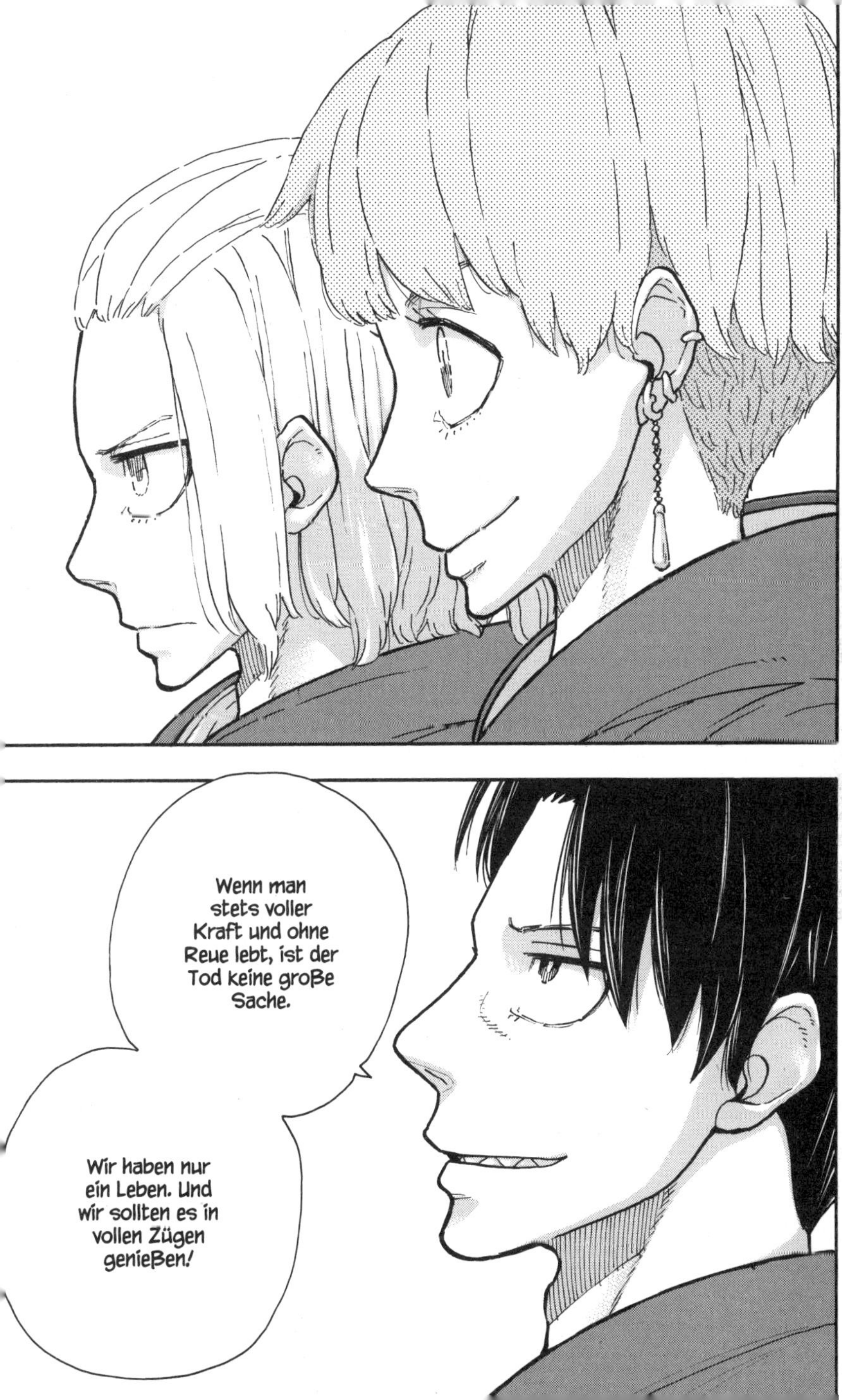

Wenn man stets voller Kraft und ohne Reue lebt, ist der Tod keine große Sache.
Wir haben nur ein Leben. Und wir sollten es in vollen Zügen genießen!

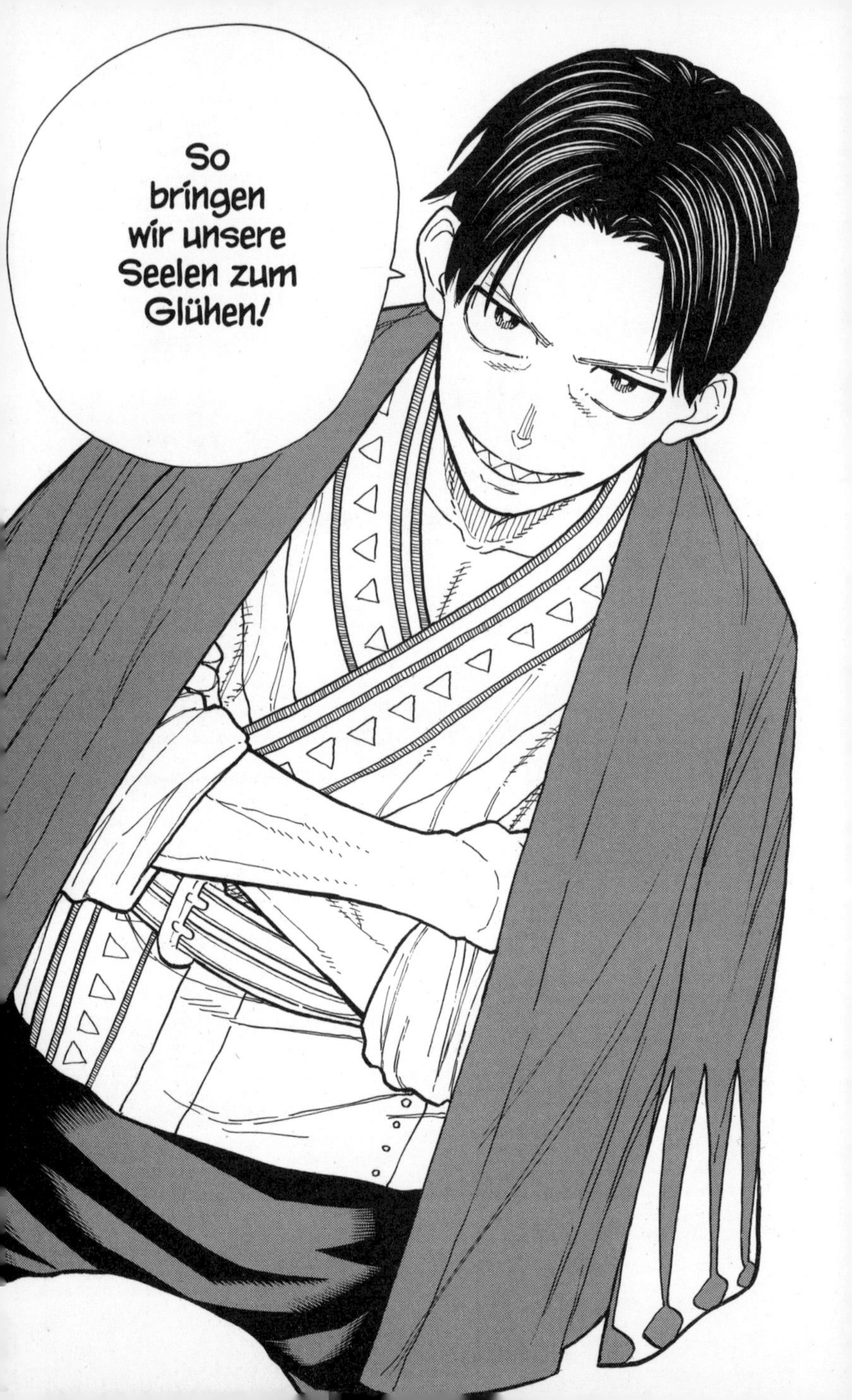
So bringen wir unsere Seelen zum Glühen!

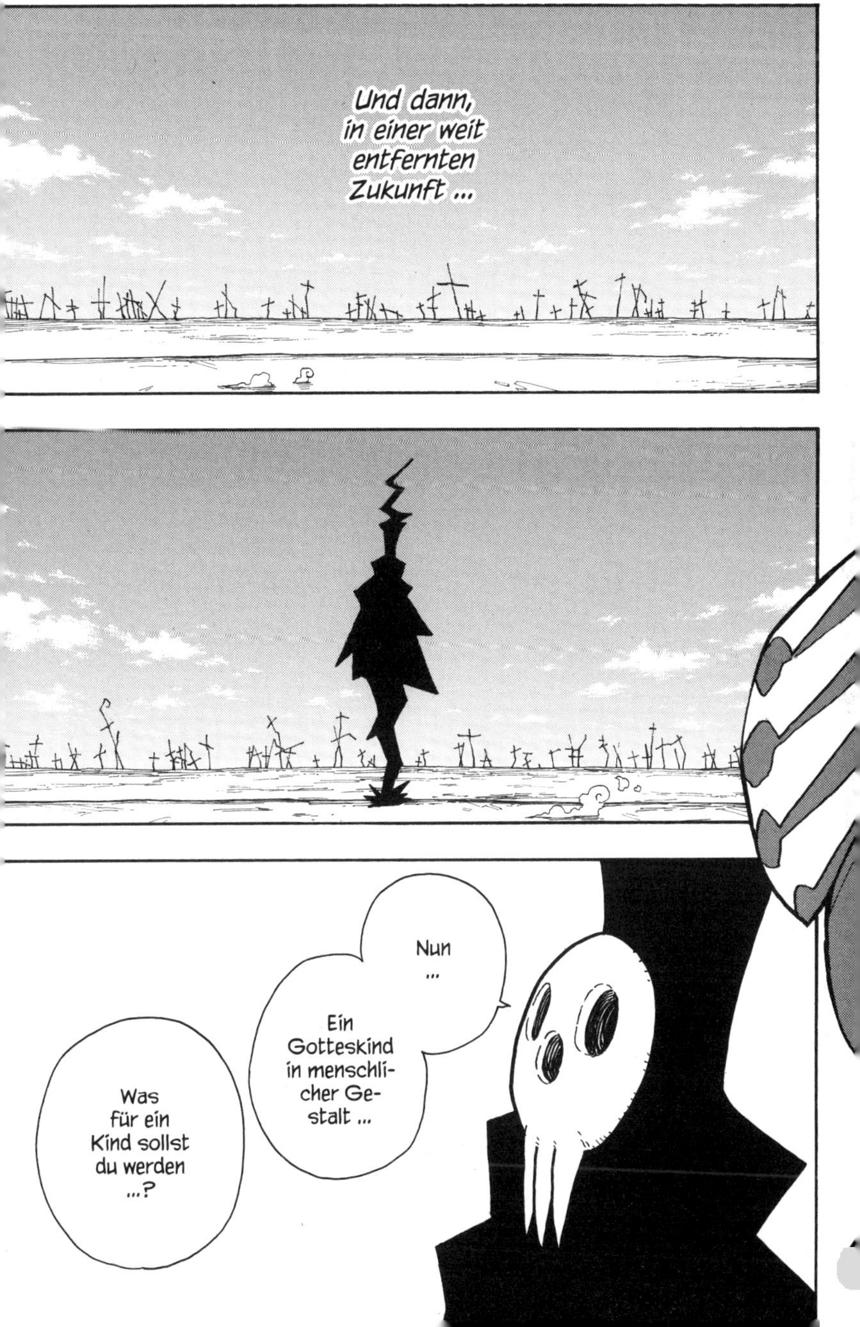

Und dann, in einer weit entfernten Zukunft ...
Nun ...
Ein Gotteskind in menschlicher Gestalt ...
Was für ein Kind sollst du werden ...?

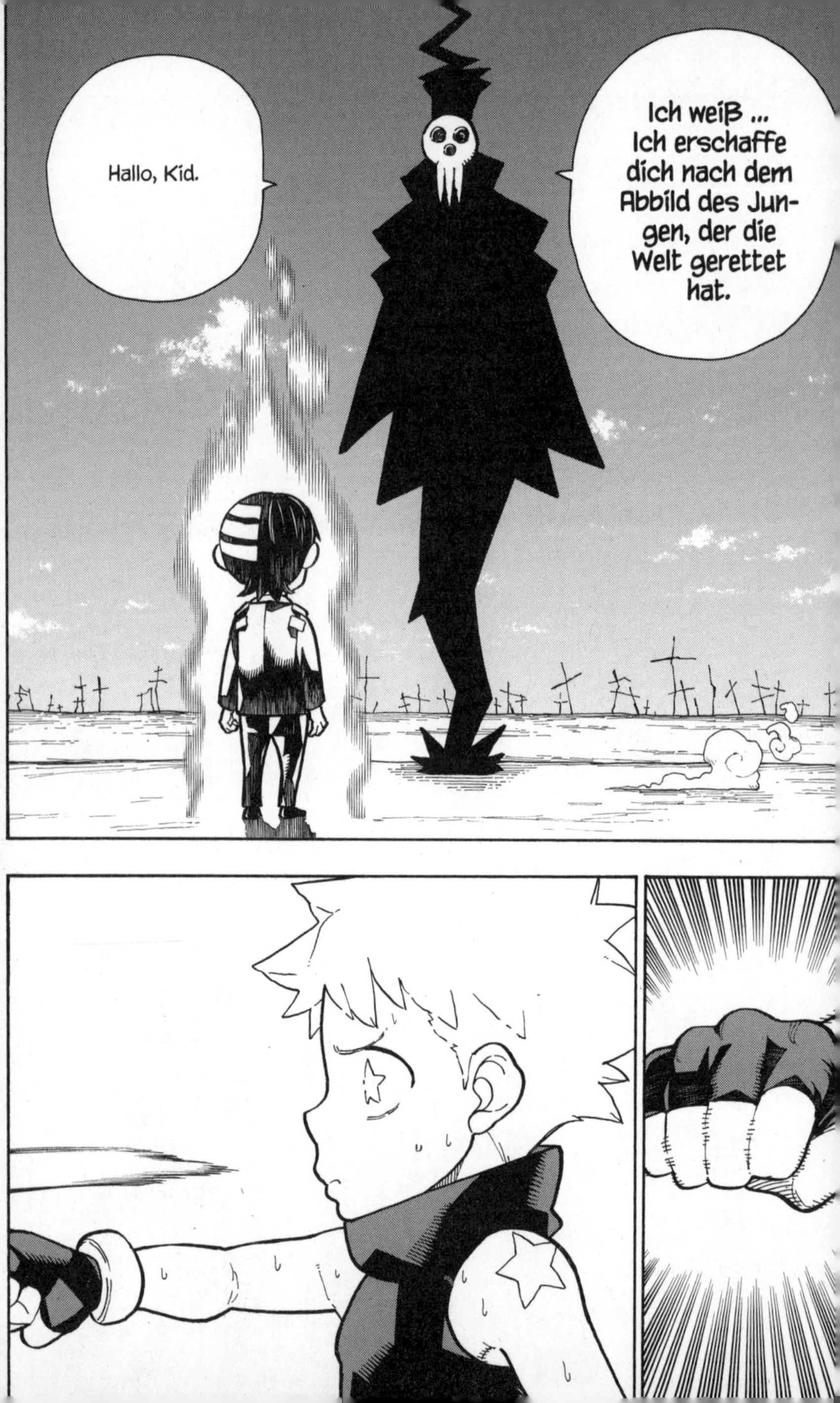
Ich weiß ... Ich erschaffe dich nach dem Abbild des Jungen, der die Welt gerettet hat.
Hallo, Kid.

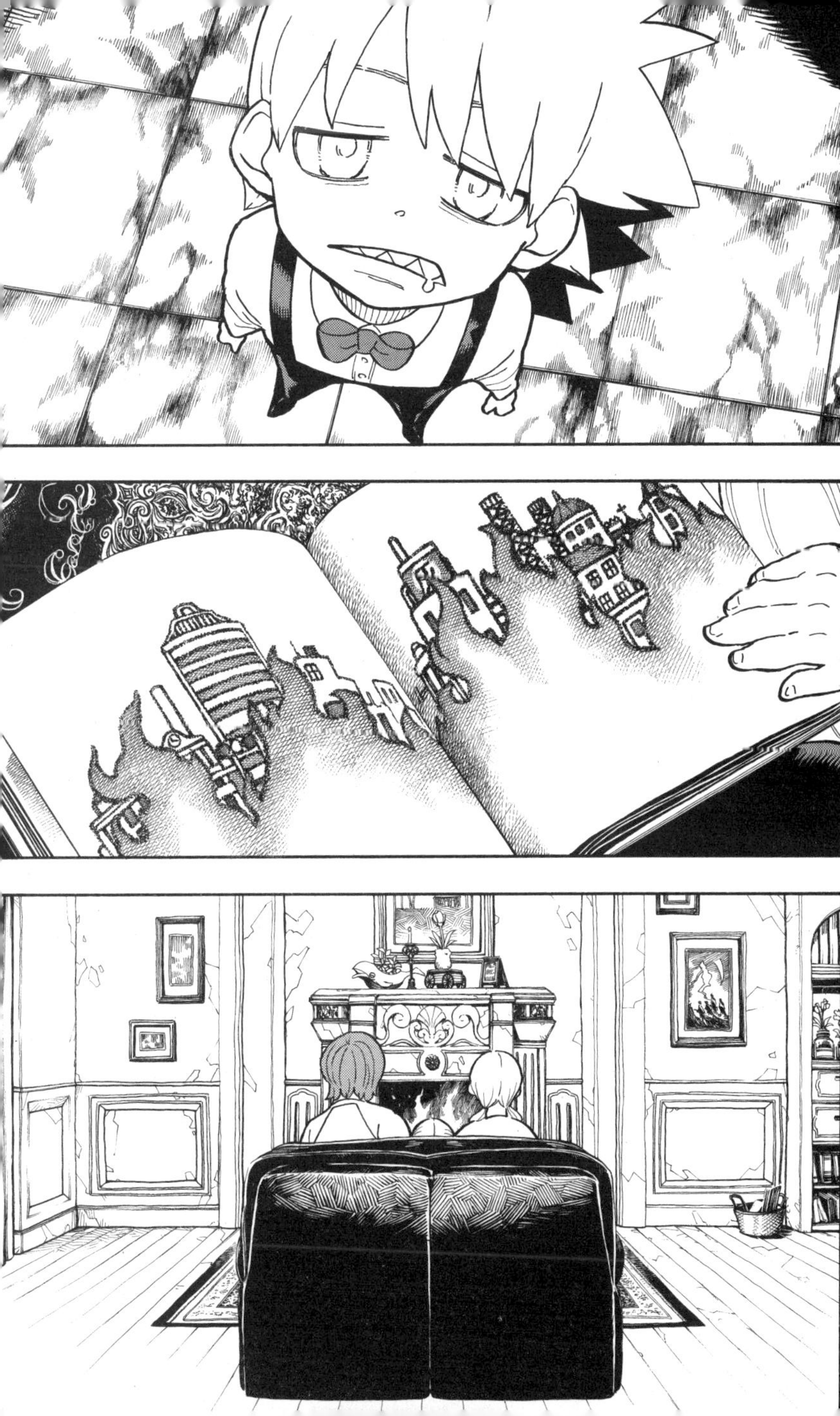

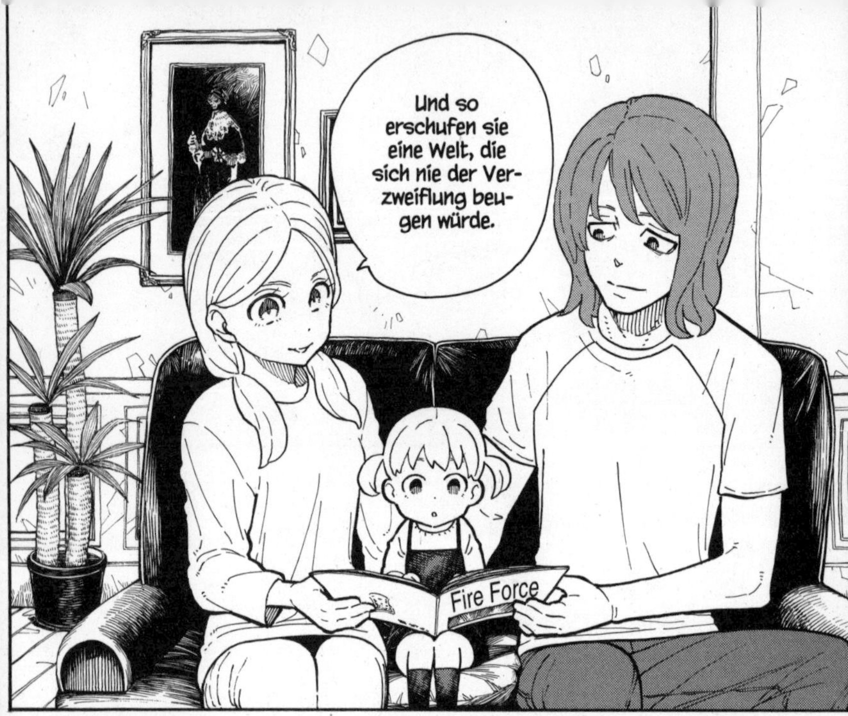

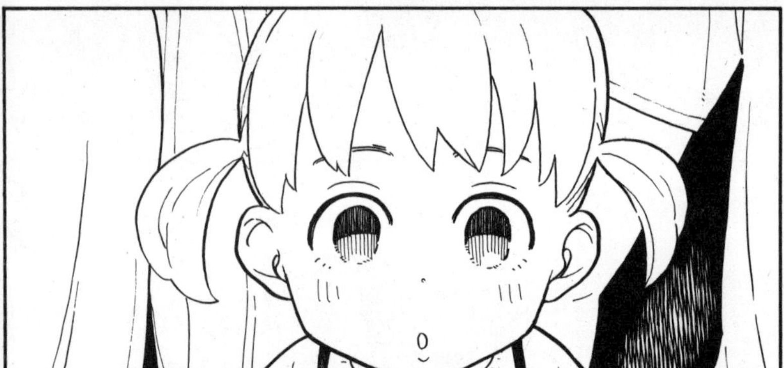

NEXT IS
SOUL WORLD

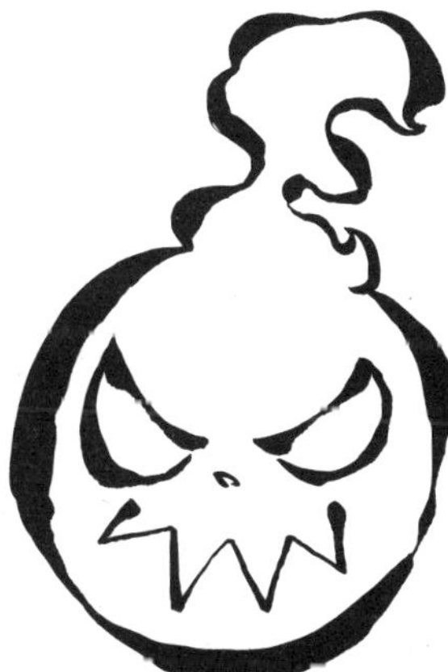

GOOD BYE!

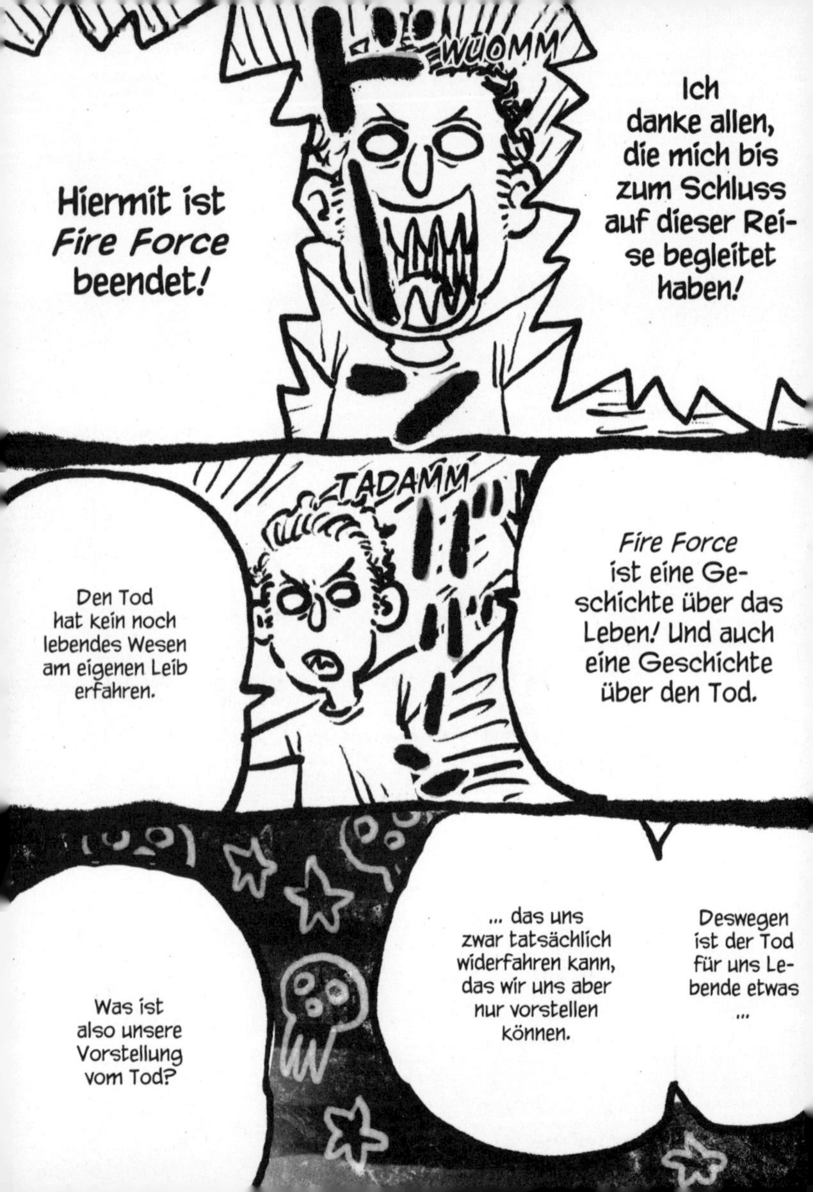
WUOMM
Hiermit ist *Fire Force* beendet!
Ich danke allen, die mich bis zum Schluss auf dieser Reise begleitet haben!
TADAMM
Den Tod hat kein noch lebendes Wesen am eigenen Leib erfahren.
Fire Force ist eine Geschichte über das Leben! Und auch eine Geschichte über den Tod.
Was ist also unsere Vorstellung vom Tod?
... das uns zwar tatsächlich widerfahren kann, das wir uns aber nur vorstellen können.
Deswegen ist der Tod für uns Lebende etwas ...

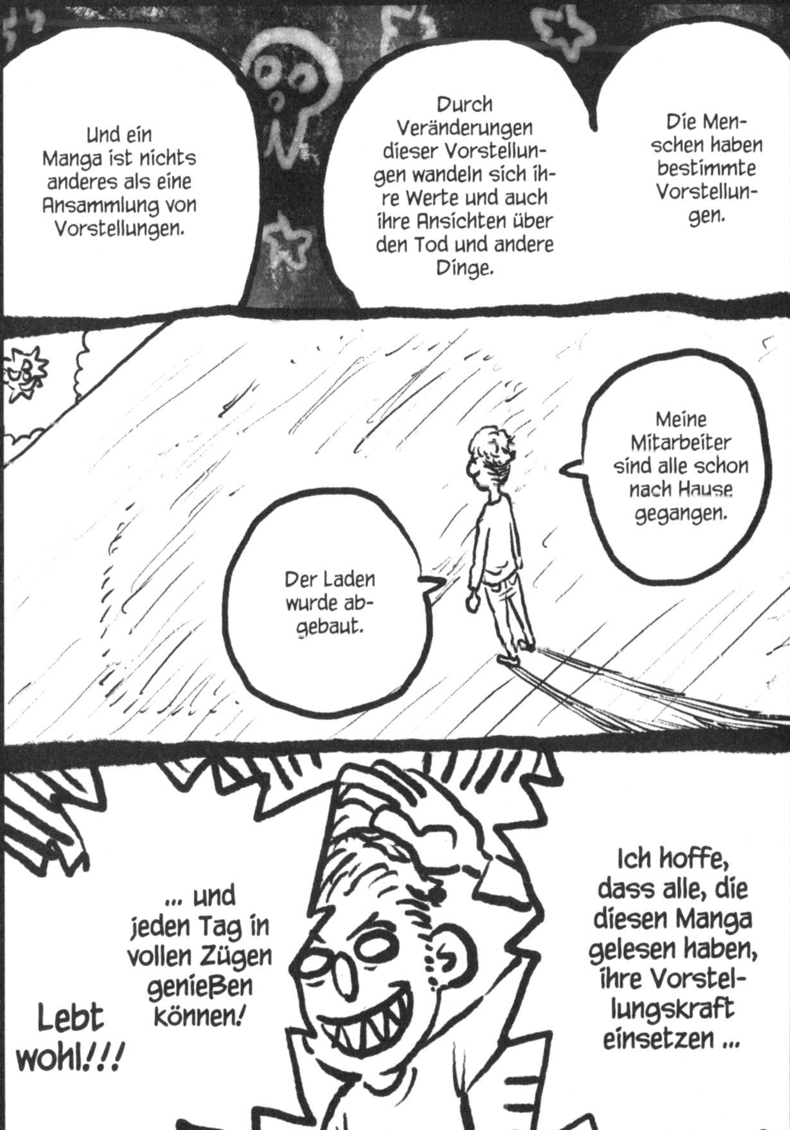
Die Menschen haben bestimmte Vorstellungen.
Durch Veränderungen dieser Vorstellungen wandeln sich ihre Werte und auch ihre Ansichten über den Tod und andere Dinge.
Und ein Manga ist nichts anderes als eine Ansammlung von Vorstellungen.
Meine Mitarbeiter sind alle schon nach Hause gegangen.
Der Laden wurde abgebaut.
Ich hoffe, dass alle, die diesen Manga gelesen haben, ihre Vorstellungskraft einsetzen ...
... und jeden Tag in vollen Zügen genießen können!
Lebt wohl!!!

Charakterprofil

Shinra Kusakabe

Zugehörigkeit:
8. Sondereinheit der Feuerwehr

Rang:
Feuerwehrsoldat zweiten Ranges

Fähigkeit: **Dritte Generation**
Kann an seinen Füßen Flammen entzünden.

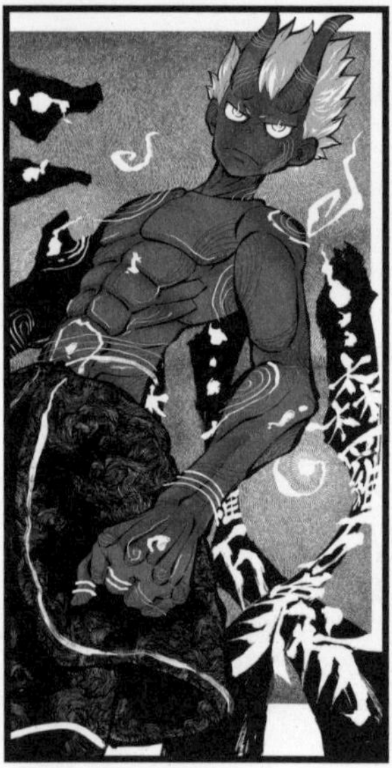

Körpergröße:	173 cm
Gewicht:	67 kg
Alter:	17 Jahre
Geburtstag:	29. Oktober
Sternzeichen:	Skorpion
Blutgruppe:	AB
Spitzname:	des Teufels Fußspuren
Selbstbezeichnung:	Held
Lieblingsessen:	Ramen
	Hamburger
	frittiertes Hühnchen
Hassessen:	keins
Lieblingsmusik:	temporeiche, coole Lieder
Lieblingstier:	Leopard
	schnelle Tiere
Lieblingsfarbe:	Rot
Mag:	schöne Menschen
Respektspersonen:	Kommandeur Obi
	Mutter
Mag nicht:	schöne Menschen
	Arthur
Hat Angst vor:	Hauptmann Hinawa
Hobbys:	Fußball
	Futsal
Tagesroutine:	Breakdance
Traum:	ein Held werden
Schuhgröße:	43
Sehschärfe:	2.0
Lieblingsfach:	Mathematik
Hassfach:	Japanisch

FIRE FORCE

TOKYOPOP GmbH
Hamburg

TOKYOPOP
2. Auflage, 2024
Deutsche Ausgabe/German Edition

Aus dem Japanischen von Miryll Ihrens

KODANSHA

Redaktion: Sabine Scholz
Lettering: Vibrant Publishing Studio
Herstellung: Shujun Wong
Druck und buchbinderische Verarbeitung:
CPI – Clausen & Bosse GmbH, Leck
Printed in Germany

MIX
Papier
FSC FSC® C083411

Wir achten auf die Umwelt.
Dieses Produkt besteht aus FSC®-zertifizierten und anderen kontrollierten Materialien.

ISBN 978-3-8420-8952-5

www.tokyopop.de

STOPP!

**Dies ist die letzte Seite des Buches!
Du willst dir doch nicht den Spaß verderben
und das Ende zuerst lesen, oder?**

Um die Geschichte unverfälscht und originalgetreu mitverfolgen zu können, musst du es wie die Japaner machen und von rechts nach links lesen. Deshalb schnell das Buch umdrehen und loslegen!

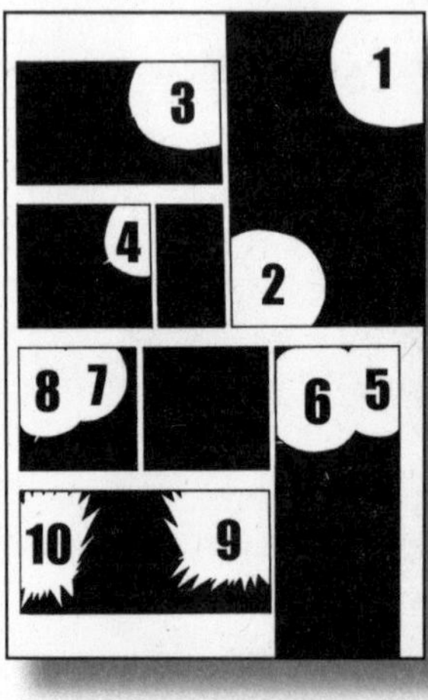

So geht's:

Wenn dies das erste Mal sein sollte, dass du einen Manga in den Händen hältst, kann dir die Grafik helfen, dich zurechtzufinden: Fang einfach oben rechts an zu lesen und arbeite dich nach unten links vor.
Viel Spaß dabei wünscht dir TOKYOPOP®!